Gewalt gegen behinderte Kinder und Jugendliche

Folgen und Formen der Verarbeitung von Diskriminierungen

von

Oliver Grieb

Tectum Verlag
Marburg 2002

Die Deutsche Bibliothek - CIP-Einheitsaufnahme

Grieb, Oliver:
Gewalt gegen behinderte Kinder und Jugendliche.
Folgen und Formen der Verarbeitung von Diskriminierungen.
/ von Oliver Grieb
- Marburg : Tectum Verlag, 2002
ISBN 978-3-8288-8375-8

© Tectum Verlag

Tectum Verlag
Marburg 2002

Inhaltsverzeichnis

ANHANG

Vorwort

Menschen mit Behinderungen sind einer Vielzahl von Diskriminierungen ausgesetzt. Um aktuelle Informationen über unterschiedlichste Formen von Diskriminierungen aus „erster" Hand zu bekommen, entschied ich mich, Interviews mit Eltern körperbehinderter Kinder durchzuführen.

Dieses Vorwort will ich als Möglichkeit nutzen, mich bei all jenen, die mich in meiner Arbeit unterstützt haben, an dieser Stelle zu bedanken.

Meinen ausdrücklichen Dank will ich zuallererst all jenen Eltern aussprechen, die die Zeit gefunden haben, an einem Interview teilzunehmen und mir in einer sehr netten offenen Art und Weise entgegengekommen sind.

„Danke! Ohne Sie wäre diese Arbeit nie möglich gewesen!"

Auch den Eltern, die sich bereit erklärt hatten an einem Interview teilzunehmen, denen ich jedoch auf Grund der Anzahl der Zusagen und der Fülle von Informationen, die ich während der Arbeit bekam, absagen musste, ein herzlicher Dank.

Dem Zentrum für Körperbehinderte in Würzburg am Heuchelhof, und dort ganz besonders der Leiterin der Tagesstätte, Frau Edith Fischer und allen ErzieherInnen, LehrerInnen und all denen, die sich dafür eingesetzt haben, dass die Elternbriefe bei den Eltern ankamen und diese nach der Rücksendung durch die Eltern einsammelten, gilt mein bester Dank.

„Nur durch Ihre Hilfe, Ihr Vertrauen und Ihre Unterstützung konnte ich die Eltern erreichen!"

Auch Herrn Dr. Alfred Fries – „Ladies first"; daher erst jetzt – ein herzliches Dankeschön. Dr. Fries war der Dozent, der mir sein volles Vertrauen entgegengebracht hat, dieses doch sehr heikle Thema zu untersuchen. Zudem konnte ich mich während der kompletten praktischen sowie theoretischen Arbeit wochentags sowie am Wochenende an ihn wenden, wobei er mir immer mit Rat und Tat zur Seite stand.

„Ihnen, Herr Dr. Fries, vielen Dank für die Zeit und das Engagement, das Sie für mich aufgebracht haben!"

Ein weiteres Dankeschön gilt meiner Mutter Gitti, Simone, meiner langjährigen Studienkollegin Christiane und Sigi. Allen danke ich für das Durch- und Nach-

8

lesen der von mir geschriebenen Entwürfe und deren kritische, fachlich versierte und mich motivierenden Kommentare.

„Danke, dass ihr für mich da wart und seid!"

Frau Sibylle Tögel-Kneifel möchte ich auch meinen Dank aussprechen. Vor allem zu Beginn der Arbeit stellte sie eine wichtige Person in dieser dar. Der Grund dafür ist Folgender: Sybille untersuchte eine ähnliche Fragestellung mit dem Thema „Gewalt gegenüber Menschen mit Behinderung" an einer Universität am Bodensee. Dem Dank an Frau Tögel-Kneifel soll sogleich auch der Vermerk folgen, dass ihre Arbeit in gewisser Weise eine Ergänzung zu meiner Arbeit darstellen kann und von daher dem interessierten Leser zu empfehlen ist.

„Danke für die guten Tipps!"

Auch all den Personen, die mich in irgendeiner Weise zudem hilfreich unterstützt haben, ein

„Dankeschön".

Kürnach/Würzburg, im August 2000   Oliver Grieb

1 Einleitung

„Niemand darf aufgrund seiner Behinderung benachteiligt werden!"

Diese Forderung ist im Grundgesetz (Artikel 3, Absatz 3) verankert, doch die Realität sieht ganz anders aus. Menschen mit Behinderung werden aus Lokalen verwiesen, sie werden von Passanten in der Fußgängerzone angestarrt, dürfen Discotheken nicht besuchen, werden beschimpft, gehänselt und benachteiligt. Durch ihre Behinderung sind sie einer ständigen Gefahr der Stigmatisierung und Diskriminierung ausgesetzt, welche nicht ohne Folgen bleibt.

Die vorliegende Arbeit beschäftigt sich mit dieser Diskriminierung gegenüber Menschen mit Behinderungen, mit den teilweise sehr tiefgreifenden Auswirkungen und Folgen dieser extremen Form von Stigmatisierung und mit den möglichen Formen der Verarbeitung und Bewältigung.

Da es jedoch zu umfangreich ist, Diskriminierung gegenüber „allen" behinderten Menschen zu untersuchen, werden im Folgenden körperbehinderte Kinder und Jugendliche betrachtet, welche eine Schule für Körperbehinderte besuchen und bei bzw. mit ihren Eltern leben.

Von Diskriminierungen sind jedoch in diesem speziellen Fall nicht nur die körperbehinderten Kinder und Jugendlichen selbst, sondern auch deren Eltern betroffen. Durchaus machen sich bei den Eltern Folgen und Konsequenzen auf Grund der Diskriminierung ihrer Kinder bemerkbar. Manchmal sind sie, die Eltern, sogar direkt die „Herabgewürdigten". Zudem fungieren Eltern bei stattfindender Diskriminierung ihrer körperbehinderten Kinder häufig als „Puffer" zwischen der Gesellschaft und ihren Kindern. Die Ansicht, dass Eltern einen „Puffer" darstellen, soll ausdrücken, dass sie die unterschiedlichen Formen von Diskriminierung auf der einen Seite abfangen und damit in ihrer Wirkung auf das Kind abschwächen, auf der anderen Seite aber auch selbst davon getroffen werden können.

Selbst wenn sie nicht direkt Situationen miterleben, in welchen sich Diskriminierungen gegenüber ihren Kindern zeigen, so nehmen sie meist doch auf einem indirekten Weg davon Kenntnis. Dieser indirekte Weg kann sein, dass Kinder bestimmte, für sie als belastend empfundene Erlebnisse den Eltern erzählen oder die Eltern an dem Verhalten der Kinder erkennen können, dass „wieder etwas passiert ist".

Idee dieser Arbeit ist es daher, Eltern körperbehinderter Kinder zu Wort kommen zu lassen.

Dadurch soll dem sogenannten „Normalen", also dem Nichtbehinderten, der sich gegenüber Menschen mit Behinderungen oft unbewusst diskriminierend verhält, ein Einblick gegeben werden in mögliche als diskriminierend empfundene Reaktionen und Verhaltensweisen. Ebenso werden die nicht zwangsläufigen Auswirkungen und Folgen dieser, besonders auf die Identität bezogen, untersucht.

Die gewonnene Kenntnis von Diskriminierung, dem Entstehen dieser und den möglichen Folgen kann einen Beitrag leisten, Interaktionsspannungen zwischen Nichtbehinderten und behinderten Menschen abzuschwächen. Ebenso kann es vielleicht eine Hilfe für den „Normalen" darstellen, sich in künftigen Begegnungen mit behinderten Menschen bewusst weniger diskriminierend zu verhalten. Auf der anderen Seite kann vielleicht auch die affektiv-emotionale Seite beim Nichtbehinderten angesprochen werden und über die Informationen, welche über Behinderung, behinderte Menschen, Gründe für Behinderungen u.ä. gegeben werden, die Einstellungen gegenüber Behinderten ein wenig zum Positiven beeinflussen.

Als Grundlage dafür gibt diese Arbeit zuerst einen Einblick in verschiedene Methoden der Sozialforschung und bringt dem Leser folgende Begriffe, deren jeweilige Differenzierung sowie deren Zusammenhänge nahe: Wert, Einstellung, Vorurteil, Stigma, Kategorisierung, Stigmatisierung, Diskriminierung, Interaktionsspannungen, Selbstwertgefühl, Selbstbild, Selbstkonzept, Identität, Fremdbild, Stigma-Identitäts-These, Coping, u.a.

Über die qualitative Methode des Interviews verbunden mit der quantitativen Methode des Fragebogens werden in einer wissenschaftlich-empirischen Untersuchung Ergebnisse und Erkenntnisse durch Auswertungen von Interviews – mit Eltern körperbehinderter Kinder geführt – zu Formen von Diskriminierungen, Belastung dieser und Formen der Bewältigung gewonnen.

Diese Methode unterstützt somit die Zielsetzung, indem sie es ermöglicht, dass die Betroffenen selbst, und zwar die Eltern körperbehinderter Kinder, zu Wort kommen und man es somit mit Informationen aus erster Hand bzw. Informationen aus zweiter Hand (von den Eltern über Ihre Kinder) zu tun hat.

An dieser Stelle schildere ich noch kurz den Aufbau der Arbeit und möchte auf das Vorwort verweisen, mit welchem ich meinen Dank all den Personen ausgesprochen habe, die mich bei dieser Arbeit in unterschiedlichster Weise unterstützten.

Nach dieser Einleitung, dem ersten Kapitel, in welcher Gegenstand, Ziel und Methode erläutert wurden, wird im zweiten Kapitel die Form der Untersuchung, die methodische Vorgehensweise, vorgestellt. Im dritten Kapitel wird die theoretische Grundlage der Arbeit dargelegt. Abschließend fasst ein Schaubild die „Theoretische Grundlage der wissenschaftlichen Untersuchung" zusammen. Das vierte Kapitel befasst sich mit der kompletten Vorstellung der Befragung, samt der Darstellung der Untersuchung und der Vorstellung des Interviewleitfadens und der Fragebögen. In einem fünften Kapitel werden dann die Ergebnisse der Interviews und die der Fragebögen in übersichtlicher Form dargestellt. Das sechste Kapitel, ein abschließendes Schlusswort, stellt das Ende der Arbeit dar. Hinzuweisen ist zudem noch auf den Anhang, der den Elternbrief sowie den Interviewleitfaden mit Fragebögen enthält.

2 Methodische Grundlagen der wissenschaftlichen Untersuchung

Bei dem Untersuchungsgegenstand dieser Arbeit, welcher schon in der Einleitung kurz erwähnt wurde, handelt es sich um einen sehr sensiblen Themenbereich. Daher habe ich mich bei der Auswahl der Methode weder für eine rein qualitative noch für eine rein quantitative Methode für die Datenerfassung entschieden.

Damit ist der Forderung von Schnell, Hill, Esser (1989), in dem Buch „Methoden der empirischen Sozialforschung" Rechnung getragen, wenn sie fordern, dass

*„die Wahl der Erhebungstechnik **immer** an der Angemessenheit in bezug auf das spezielle sozialwissenschaftliche Untersuchungsziel beurteilt werden sollte" (Schnell, Hill, Esser 1989, S. 299).*

In diesem Fall bedeutet das, sich sowohl der qualitativen Sozialforschung als auch der quantitativen Sozialforschung zu bedienen.

Unter den Begriff „qualitative Sozialforschung" fallen nach Lamnek (1988) neben der Einzelfallstudie, der Gruppendiskussion, der qualitativen Inhaltsanalyse, der teilnehmenden Beobachtung und der biographischen Methode auch unterschiedliche Formen des qualitativen Interviews. Für die vorliegende Arbeit wurde eine Form des qualitativen Interviews herangezogen, und zwar das problemzentrierte Interview, welches noch vorgestellt wird.

Doch wie schon erwähnt, wurden zusätzlich quantitative Aspekte mit in den Untersuchungsablauf eingeflochten. Es handelt sich dabei um schriftliche Befragungen.

Dies bedeutet also, dass der Großteil der Ergebnisse dieser wissenschaftlichen Untersuchung durch qualitative Interviews, mit all den noch zu erläuternden Kennzeichen, gewonnen und daneben aber auch einzelne Aspekte durch vorgelegte Fragebögen, also quantitativ, erfasst werden.

„Gewisse Verteidiger des Interviews weisen häufig darauf hin, dass der Fragebogen mit festgelegten Antwortkategorien die Möglichkeit ausschließt, unantizipierte Situationsdefinitionen, die die privaten Gedanken und Gefühle der Versuchsperson enthüllen, zu erhalten. Während festgelegte Alternativen adäquat und notwendig sein mögen zur Erhebung von Tatsachendaten, kann die

Suche nach Information über den sozialen Prozess durch dieses Mittel die Versuchsperson zwingen, präzise Antworten auf Ergebnisse und Gegensätze zu geben, denen gegenüber sie unwissend und unsicher sein mag" (Aaron V. Cicourel 1974, S.152).

Im Folgenden werden nun die zwei Richtungen der Sozialforschung, die quantitative und die qualitative Sozialforschung, mit besonderem Augenmerk auf das qualitative problemzentrierte Interview und dessen Merkmale genauer dargestellt.

2.1 Quantitative und Qualitative Sozialforschung – ein kurzer Einblick

In den 90er Jahren hat sich, wie es auch Lamnek in seinem Buch „Qualitative Sozialforschung, Band 1, Methodologie" (1988) kurz erläutert,

„eine neue Richtung empirischer Sozialforschung entwickelt, die gemeinhin mit dem Schlagwort „qualitativ" in Abhebung zu den sog. „quantifizierenden" Verfahren belegt wird" (Lamnek 1988, S. 1).

Manche Autoren und Wissenschaftler gehen sogar soweit und bezeichnen qualitative Erhebungsmethoden als eine Art *„Königsweg"* der Sozialforschung (nach Küchler 1983 in Lamnek 1988, S.1). Dieses neuere Verfahren beschäftigt sich vor allem mit der

„empirischen Erfassung der sozialen Wirklichkeit" (Lamnek 1988, S. 1).

„Sie bemüht sich dabei, ein möglichst detailliertes und vollständiges Bild der zu erschließenden Wirklichkeitsausschnitte zu liefern" (Flick, Kardoff, Keupp, Rosenstiel, Wolff, S.4).

Um jedoch eine soziale Wirklichkeit zu erfassen, müssen die in dieser lebenden Menschen zu Wort kommen dürfen, wobei

„die bewusste Wahrnehmung und Einbeziehung des Forschers und der Kommunikation mit den „Beforschten" als konstitutives Element des Erkenntnisprozesses ... eine zusätzliche, allen qualitativen Ansätzen gemeinsame Eigenschaft" (Flick, Kardoff, Keupp, Rosenstiel, Wolff 1991, S. 4) ist.

Daher erfasst qualitative Sozialforschung persönliches Verhalten und untersucht soziale Zusammenhänge, Meinungen, Einstellungen, Erlebnisse,

– „qualitative Sozialforschung interessiert sich primär für Deutungs- und Handlungsmuster, die eine gewisse kollektive Verbindlichkeit besitzen (vgl. Hopf 1982, S. 311 ff.)" (Lamnek 1988, S. 24) –

in einer Art und Weise, die keinesfalls mit quantitativen Erhebungsverfahren vergleichbar ist.

Bei Flick (1991) ist der Terminus „Beschreibung des Gegenstandes" eine Möglichkeit, qualitative Forschung von quantitativer Forschung zu unterscheiden.

„Die erste Stufe in der Erforschung ist die Beschreibung des Gegenstands. .... . Beschreibung heißt in der quantitativen Forschung „Messung", die Abbildung eines Merkmals auf einer Skala . In der qualitativen Forschung heißt Beschreibung zunächst: Abbildende Wiedergabe durch Sprache" (Flick, Kardoff, Keupp, Rosenstiel, Wolff 1991, S. 16) .

Zudem ist zu beachten, dass

„der Begriff „qualitative Forschung" ein Sammelbegriff für sehr unterschiedliche theoretische, methodologische und methodische Zugänge zur sozialen Wirklichkeit ist" (Flick, Kardoff, Keupp, Rosenstiel, Wolff 1991, S. 3)

„Gerade im qualitativen Interview hat der Befragte die Möglichkeit, seine Wirklichkeitsdefinitionen dem Forscher mitzuteilen, während in der quantitativen Befragung, "

meist in Form von Fragebögen,

„also bei weitestgehender Standardisierung, der Forscher mit einem theoretischen Konzept, das er selbst und quasi unabhängig vom zu untersuchenden Objektbereich entwickelt hat, "

(bei der vorliegenden Arbeit beispielsweise der vorgefertigte Itemkatalog)

„also mit seiner operationalisierten Wirklichkeitsdefinition, zum Befragten kommt und dieser dann in das Schema des Forschers hineingezwängt wird" (Lamnek 1989, S. 61).

Aus diesem Verständnis heraus, sich bei der qualitativen Forschung nicht an vorgefertigten Antwortmöglichkeiten orientieren zu müssen, ständig im direkten Kontakt mit dem Probanden zu sein und das Gespräch sich entwickeln zu lassen, ergeben sich die drei Hauptcharakteristika der qualitativen Sozialforschung (nach Lamnek 1988).

Diese sind die **Offenheit**, die **Kommunikation** und der **Prozesscharakter**, welche im Folgenden einzeln dargestellt werden, obwohl sie sehr eng miteinander verbunden sind und sich gegenseitig bedingen und ergänzen.

Als Veranschaulichung dieser drei Aspekte der qualitativen Sozialforschung dient das Schaubild auf Seite 19.

2.2 Qualitative Sozialforschung

2.2.1 Hauptcharakteristika qualitativer Sozialforschung

2.2.1.1 Die Offenheit

Das erste Hauptcharakteristikum der qualitativen Sozialforschung, das an dieser Stelle erläutert wird, ist das Prinzip der Offenheit, welches einer Vorformulierung von Antwortkategorien in der quantitativen Sozialforschung gegenüber steht. Eine solche Vorformulierung von Antwortkategorien, welche einer Reduzierung von Aspekten, bis eben auf die z. B. im Fragebogen dargebotenen Antwortkategorien, gleichkommt, ist einem lang dauernden intensiven Entscheidungsprozess des Forschers gleichzusetzen.

Da aber jede Entscheidung immer auch ein Verlust ist, kann man von *„informationsreduzierender Selektion" (Lamnek 1988, S. 22)* sprechen.

Durch das Prinzip der Offenheit soll eine derartige aspektreduzierende Auswahl verhindert werden. Es ist somit möglich, dass vom Forscher im Vorhinein nicht bedachte Aspekte mit zur Sprache kommen können die evtl. neue Blickwinkel eröffnen.

„Demgegenüber plädieren die Vertreter einer primär qualitativ orientierten Vorgehensweise dafür, den Wahrnehmungstrichter ... offen zu halten, um dadurch auch unerwartete, aber dafür umso instruktivere Informationen zu erhalten" (Lamnek 1988, S. 22)

Nach Lamnek (1988) hat die Offenheit drei Bezugspunkte. Es beinhaltet eine Offenheit zum einen gegenüber den Untersuchungspersonen selbst (inklusive ihrer individuellen Eigenarten), zum anderen gegenüber der Untersuchungssituation und zu guter Letzt noch gegenüber den im einzelnen anzuwendenden Methoden (nach Lamnek 1988, S.22).

Konkreter ausgedrückt, ist in dieses Prinzip somit schon eine Akzeptanz bzw. Annahme der zu interviewenden Person eingeschlossen, sowie das Schaffen einer gesprächsfördernden Atmosphäre und auch die Verwendung passender gesprächstherapeutischer Methoden, z.B. die des aktiven Zuhörens. Somit ist es möglich, von einer zu Beginn gestellten, sehr abstrakt gehaltenen Frage im Verlaufe eines Gesprächs hin zu den konkreten Vorkommnissen, dem Kern der

Sache, zu gelangen. Hierdurch verringert man auch die Verzerrung der Ergebnisse während eines Gesprächs, da dieses mit Hilfestellungen und mit Nachfragemöglichkeiten bei Verständnisproblemen abläuft. Durch das Prinzip der Offenheit bleibt immer auch wieder Platz frei, für im Vorhinein unerwartete Wendungen während des Gesprächs.

„Qualitative Sozialforschung versteht sich demnach nicht als hypothesenprüfendes, sondern als hypothesen- generierendes Verfahren. Die Hypothesen sollen einer Empfehlung von GLASER und STRAUSS zufolge erst auf der Grundlage der im Forschungsprozess erhobenen Daten entwickelt und, nicht wie in der quantitativen Sozialforschung üblich, die vorab formulierten Hypothesen auf der Grundlage der Daten empirisch überprüft werden (vergl. Glaser/ Strauss 1965/1967)" (Lamnek 1988, S. 23)

2.2.1.2 Die Kommunikation

Neben dem Prinzip der Offenheit spielt die Kommunikation in der qualitativen Sozialforschung und dort besonders im (problemzentrierten) Interview eine grundlegende Rolle. Sobald zwei Personen in Kontakt treten, existiert schon Kommunikation. Watzlawik (1969) stellte daher unter anderem folgendes Axiom menschlicher Kommunikation auf:

„Man kann nicht nicht kommunizieren."

Kommunikation findet also immer statt; im Fall der qualitativen Sozialforschung

„insbesondere als Kommunikation und Interaktion zwischen Forscher und zu Erforschendem" (Lamnek 1988, S. 23).

Küchler geht sogar soweit und meint, dass

„die qualitative Seite die Kommunikation zwischen Forscher und Beforschtem als konstitutiven Bestandteil des Forschungsprozesses (vgl. Küchler 1983, S. 10)" (Lamnek 1988, S. 23) begreift.

Somit kann es keine Unabhängigkeit zwischen dem Interviewer und dem Interviewten während einer qualitativen Datenerfassung in Form eines Interviews geben, was sich bis auf die quantitativen Teilabschnitte der Befragung ausweitet.

Zudem behandelt der Sozialforscher *„das informierende Gesellschaftsmitglied als prinzipiell orientierungs-, deutungs- und theoriemächtiges Subjekt" (Schütze 1978, S. 118; in Lamnek 1988, S. 23)* im Sinne von alltäglichen Situationen.

Somit bekommt man als Sozialforscher in einem Interview – ständige Kommunikation – jeweils subjektive Sichtweisen der Wirklichkeit des Befragten vermittelt.

Wichtig für den Forscher ist es, sich jeweils auf diese Wirklichkeit einzulassen, indem er sich an den kommunikativen Regeln des täglichen Handelns orientiert, also eine angenehme Kommunikationssituation schafft. In dieser soll sich der Proband verstanden fühlen und erzählen wollen. Dieses „Erzählenwollen" ist ausschlaggebend für die Ergebnisse der qualitativen Sozialforschung.

Zu berücksichtigen ist jedoch noch ein weiteres kommunikatives Axiom von Watzlawik (1969):

„Jede Kommunikation hat einen Inhalts- und Beziehungsaspekt, in der Art, dass Letzterer den Ersteren beeinflusst."

Es ist daher wichtig, zu Beginn eines Interviews zuerst eine angenehme Gesprächsatmosphäre zu schaffen, in Beziehung zueinander zu treten, bevor man dann vom Beziehungsaspekt zum Inhaltsaspekt übergehen kann!

Von Bedeutung ist also, dass empirisches Material durch Kommunikation gewonnen wird, somit Interpretationen und Deutungen der Menschen freigesetzt werden und die je subjektive Wirklichkeit konstituiert wird (nach Lamnek 1989, S. 196).

2.2.1.3 Der Prozesscharakter

Als drittes Hauptcharakteristika der qualitativen Sozialforschung nennt Lamnek (1988) den *„Prozesscharakter von Forschung und Gegenstand"*. Ein Prozess wird in dem Buch „Die neue deutsche Rechtschreibung" von U. Hermann (Bertelsmann Lexikon Verlag 1996, S. 759) als *„Ablauf, Verlauf, Vorgang"* bezeichnet. Bei einem Prozess ist somit also etwas im Gange, es verändert sich ständig etwas, entwickelt sich.

„Die Prozesshaftigkeit ist dabei nicht nur dem Forschungsakt zu unterstellen, der als Kommunikation und damit als Interaktionsprozess begriffen wird, sondern auch dem Forschungsgegenstand. ... Das Forschungsinteresse ist damit auf den Prozess der Konstitution von Wirklichkeit und auf den Prozess der Konstitution von Deutungs- und Handlungsmustern gerichtet, mit deren Hilfe die Welt gedeutet und praktisch gehandhabt wird" (Lamnek 1988, S. 24).

An dieser Stelle kann man nun noch einmal auf die qualitative Sozialforschung als *„hypothesengenerierendes Verfahren"* *(Lamnek 1988, S. 23)* zurückkommen. Nur unter der Voraussetzung, dass ein Verfahren Prozesscharakter hat, kann es ein „hypothesengenerierendes Verfahren" sein und umgekehrt.

Man muss also beide, sowohl das Prinzip der Offenheit als auch das der Kommunikation berücksichtigen. Hiermit wird nochmals deutlich, dass es bei der qualitativen Sozialforschung sehr wichtig ist, nicht festzuhalten an einem festen Raster, sondern immer flexibel zu sein.

2.2.1.4 Schaubild der Hauptcharakteristika der qualitativen Sozialforschung

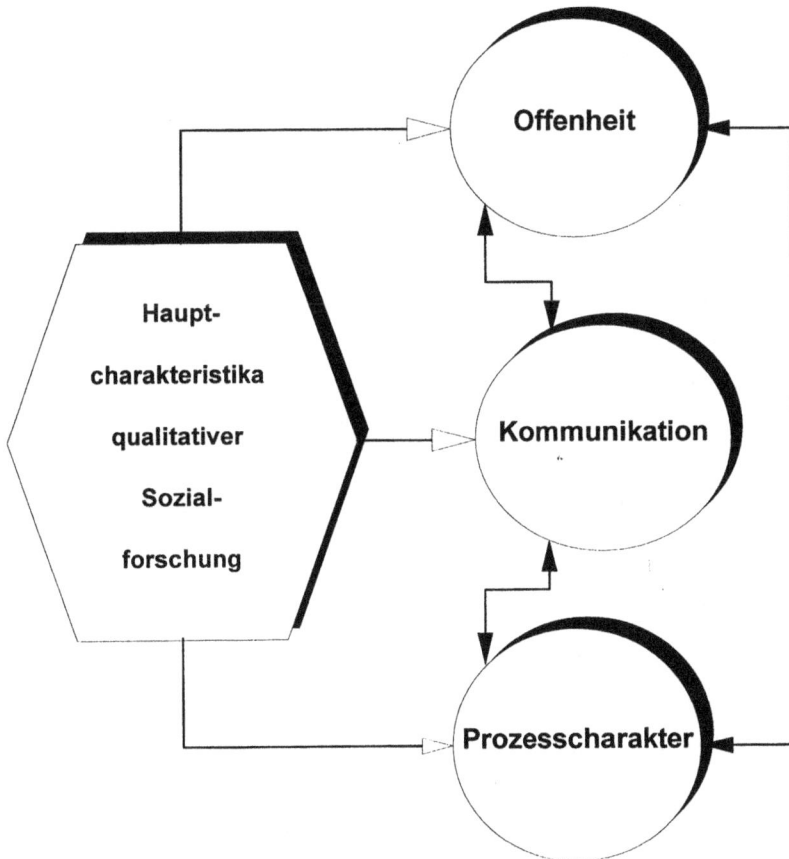

2.2.2 Das Interview als qualitative Methode

„Eine alte und zugleich moderne Methode, die sich heute größter Beliebtheit und Verbreitung erfreut, ist das Interview in seinen diversen qualitativen Formen" (Lamnek 1989, S. 35).

In der qualitativen Sozialforschung gibt es eine Vielzahl von Methoden. Eine dieser Methoden ist das qualitative oder auch offene Interview. In diesem Namen steckt schon eines der drei Hauptcharakteristika der qualitativen Methode, und zwar das Prinzip der Offenheit.

Interviews zeichnen sich besonders dadurch aus,

„..., dass die Informationen in statu nascendi aufgezeichnet werden können, unverzerrt authentisch sind, intersubjektiv nachvollzogen und beliebig reproduziert werden können" (Lamnek 1989, S. 35).

Dennoch ist zu beachten dass „bei einer Befragung der/die Befragte nicht nur auf die gestellten Fragen, sondern möglicherweise auch auf die Person und das Auftreten desjenigen, der die Frage stellt" (Schnell, Hill, Esser 1989, S. 297) reagiert. Dies steckt vor allem in dem Charakteristikum der Kommunikation (Inhalts- und Beziehungsaspekt!).

2.2.2.1 Das problemzentrierte Interview als eine wichtige Form des qualitativen Interviews

Der Forscher tritt bei dieser Art des Interviews mit einem gewissen theoretisch-wissenschaftlichen Vorverständnis in die Erhebungsphase ein (nach Lamnek, 1989, S. 74).

Dieses Vorverständnis, welches der *„Forscher durch Literaturstudium, eigene Erkundungen im Untersuchungsfeld" (Lamnek, 1989, S. 74)* oder Erfahrungen im Bezug auf das Untersuchungsfeld gewinnt, wird für die „Konstruktion" eines Interviewleitfadens herangezogen.

Schnell, Hill, Esser (1989) verwenden den Begriff *„Gesprächsleitfaden" (ebd. S. 300)*,

Hinze (1993) *„Explorationsleitfaden" (ebd., S.57)*.

„Ziel und Vorteil von Leitfadengesprächen werden im Allgemeinen darin gesehen, dass durch die offene Gesprächsführung und die Erweiterung von Antwortspielräumen der Bezugsrahmen des Befragten bei der Fragenbeantwortung mit erfasst werden kann, um so einen Einblick in die Relevanzstrukturen und die

Erfahrungshintergründe des Befragten zu erlangen" (Schnell, Hill, Esser 1989, S. 353)

Ein solcher Leitfaden ist nach Witzel (1982), neben dem Kurzfragebogen, der Tonbandaufnahme und dem Postskript, ein Instrumentarium der qualitativen Sozialforschung. Auch Lamnek greift dies auf und schreibt:

„Die Datenerfassung kann im wesentlichen mit Hilfe von vier Techniken erfolgen:

1. ... Kurzfragebogen .... 2. ... der Leitfaden ... . 3. ... Tonbandgerät ... . 4. Zusätzlich zum Transkript ..., ... Postskript ..." (Lamnek 1989, S. 76/77).

In der vorliegenden Arbeit entspricht der Kurzfragebogen der Gewinnung von

"Deckblatt-(Identifizierungs-)Informationen" (Kerlinger 1979, S. 736).

Im Anschluss daran beginnt der Interviewer mit einer sogenannten *„allgemeinen Sondierung" (Lamnek 1989, S.75)*, wodurch er mit Hilfe eines Erzählbeispiels die narrative Phase des Befragten stimuliert und diesen zu Erzählungen anregt (nach Lamnek 1989, S. 75).

Der Interviewleitfaden stellt im weiteren Verlauf des Interviews eine Orientierungshilfe für den Interviewer dar und ermöglicht eine Art *„spezifische Sondierung" (Lamnek 1989, S. 75).*

„Der Leitfaden hat nicht die Aufgabe, ein Skelett für einen strukturieren Fragebogen abzugeben, sondern soll das Hintergrundwissen des Forschers/Interviewers thematisch organisieren, um zu einer kontrollierten und vergleichbaren Herangehensweise an den Forschungsgegenstand zu kommen. Der Leitfaden ist Orientierungsrahmen bzw. Gedächtnisstütze für den Interviewer und dient der Unterstützung und Ausdifferenzierung von Erzählsequenzen des Interviewten. In ihm ist der gesamte Problembereich in Form von einzelnen, thematischen Feldern formuliert, unter die in Stichpunkten oder in Frageform gefaßte Inhalte des jeweiligen Feldes subsumiert sind. Die innere Logik des Aufbaues der Themenfelder sowie die Reihenfolge der einzelnen, unter die jeweilige Thematik fallenden Fragerichtungen ist nur der „leitende Faden" für die Problemzentrierung des Interviewers, soll also dem Untersuchten nicht aufoktroyiert werden" (Witzel 1982, S. 90).

Die Tonbandaufzeichnung des Interviews muss im Vorfeld mit dem Interviewten abgesprochen werden. Sie ermöglicht,

„daß ... der gesamte Gesprächskontext und damit auch die Rolle, die der Inter-
viewer im Gespräch spielt, erfaßt wird. .... . Der Interviewer hat mit Hilfe des
Tonbandgerätes die Chance, sich voll auf das Gespräch zu konzentrieren und
gleichzeitig situative und nonverbale Elemente beobachten zu können" (Witzel
1982, S. 91).

Macht man bei Interviews Tonbandaufzeichnungen, ist die vollständige
Transkription des Gesprächs Voraussetzung für eine adäquate Analyse (nach
Witzel 1982, S. 91).

Gleich im Anschluss an das Interview sollte der Interviewer noch ein Postskript
verfassen.

„Dieses enthält Angaben über den Inhalt der Gespräche, die vor und nach dem
Einschalten des Tonbandgerätes geführt worden sind, – falls erforderlich – über
die Rahmenbedingungen des Interviews sowie über nonverbale Reaktionen
(Gestik, Mimik, Motorik etc.) des Befragten" (Lamnek 1989, S. 77).

Während der Interviewer sich ein paar derartige Notizen macht, kann man dem
Interviewten noch eine Art „Bewertung des Gesprächs" in Form eines kurzen
Fragebogens vorlegen. Ein solches Vorgehen beschreibt Hinze (1993) in seinem
Buch „Väter und Mütter behinderter Kinder – Der Prozess der Auseinanderset-
zung im Vergleich".

2.3 Quantitative Sozialforschung – der Fragebogen als quantitative Methode

Bei der quantitativen Sozialforschung steht u.a. die Methode des Fragebogens
für diese Arbeit im Vordergrund. Dieser ist neben dem Interview auch ein In-
strument wissenschaftlicher Forschung. Durch das Erfassen von Informationen
mit Hilfe dieser Erhebungsmethode, schaltet also der Fragebogen den *„größten*
Nachteil des Interviews ...nämlich einen großen Zeitaufwand" (Kerlinger 1979,
S. 734) aus und kann daher als ökonomischere Methode bezeichnet werden.

In der vorliegenden Arbeit werden durch Fragebögen zum einen *"Deckblatt-*
(Identifizierungs-)Informationen" (ebd. S. 736) und zum anderen *„Informatio-*
nen über das zu untersuchende Problem" (ebd. S. 737) gewonnen. Bei den Fragen zu den Deckblattinformationen handelt es sich um *„Fragen mit festgelegten*
Antwortalternativen" (ebd. S. 737), geschlossene Fragen oder offene Fragen.

Um beim Nachdenken an erlebte Diskriminierung gegenüber den eigenen Kindern z.B. Informationen über Empfindungen zu erhalten, wobei es sich also um

Informationen über das zu untersuchende Problem handelt, wurden Skalenfragen konstruiert.

„Eine Skala umfaßt eine Reihe verbal formulierter abgestufter Zwischenkategorien, die es dem Probanden ermöglicht, verschiedene Grade der Zustimmung oder Ablehnung auszudrücken" (ebd. S. 740).

Der Proband hat hierbei keine Möglichkeit, seine eigenen Vorschläge anzubringen, sondern wird durch die Vorgabe der Items in gewisser Weise eingeschränkt, was bei der qualitativen Methode so gut wie nur möglich verhindert werden soll.

2.4 Fazit

Die Vorgehensweise bei der Datenerfassung dieser Arbeit kann man insgesamt als ein Interview bezeichnen, auch wenn durch einzelne quantitative Aspekte keine rein qualitative Untersuchungsmethode vorliegt. Dies ist damit zu rechtfertigen, dass der Interviewer dem Interviewten auch während der schriftlichen Beantwortung von Fragen immer noch zur Verfügung steht, sollten Unklarheiten auftreten.

Der Wechsel zwischen Interview und schriftlicher Befragung soll als eine Art Rhythmisierung betrachtet werden, bei der beide Methoden miteinander verknüpft sind. Zudem bietet diese Vorgehensweise dem Interviewten Abwechslung zum „Interview".

Der Interviewleitfaden, welcher alle wichtigen Fragen für das Interview und alle Fragebögen enthält, wird unter Kapitel 4 noch einmal genauer vorgestellt. Die endgültige Fassung des Leitfadens ist im Anhang (S. 193ff. „Interviewleitfaden mit Fragebögen") angeführt und dort nachzulesen.

Das nun folgende Kapitel wird sich nun neben den methodischen Grundlagen mit den theoretischen Grundlagen der Themenstellung auseinandersetzen. Sie stellt zugleich einen Teil des Literaturstudiums dar, welches für die Konstruktion der Fragebögen und für die Interviewüberlegungen ausschlaggebend war.

3 Theoretische Grundlage der wissenschaftlich-empirischen Untersuchung

Im folgenden Kapitel wird der Versuch unternommen, einen Bogen zu spannen von den subjektiven Werten eines Menschen (nach Cloerkes (1997) *„stehen sie sozusagen „hinter" den Einstellungen und sind daher die entscheidende Variable" (ebd., S. 76)* für positive oder negative Einstellungen) über dessen Einstellungen und Vorurteile gegenüber behinderten Menschen, hin zu Interaktionsspannungen von Nichtbehinderten zu Menschen mit Behinderungen, Stigmatisierung und Diskriminierung letzterer bis letztendlich zu Folgen für das Selbstwertgefühl und die Identität behinderter Menschen und ihrer Eltern samt diesen zur Verfügung stehenden Coping-Stategien.

Meine Vorgehensweise wird folgendermaßen aussehen:

Nach der Beschreibung des Zusammenhangs von Einstellungen und Vorurteilen zum Verhalten von Einstellungsträgern (nach Markefka (1995) gegenüber Minderheiten teils als „diskriminierendes Handeln" zu verstehen), werde ich einen Exkurs mit dem Thema „Interaktionsspannungen zwischen Körperbehinderten und Nichtbehinderten" unternehmen. In diesem Exkurs werde ich Aspekte und Ergebnisse einer Untersuchung von Heinrich Tröster (1988) anführen, die mir für das Verständnis meiner Arbeit wichtig erscheinen.

Besondere Bedeutung wird auch der „Stigma-Identitäts-These" zukommen, um mögliche Folgen von Diskriminierung aufzuzeigen. Die *„gängigen soziologischen Identitätskonzeptionen von Goffman und Krappmann/Thimm"* (Cloerkes 1997, S. 152) werden jedoch nicht separat, sondern verarbeitet in *„einem neuen und überzeugenderen Identitätsmodell durch Hans-Peter Frey (1983; vgl. auch Frey/Haußer 1987)"* (Cloerkes 1997, S. 152) dargestellt.

Bevor ich zu guter Letzt ein Schaubild mit allen wichtigen Komponenten und Beziehungsgeflechten des „Bogens" erstelle, werde ich dem Leser noch einen Einblick in die Coping-Forschung gewähren, um in diesem Zusammenhang Strategien zur Wahrung der Identität und des Selbstwertgefühls zuzeigen.

3.1 Von Einstellungen zu Diskriminierungen

Mit einem Einblick in den Bereich der Einstellungen von Menschen will ich dem Leser mit diesem Themenbereich vertraut machen, bevor ich von den Einstellungen über Vorurteile bis hin zur Diskriminierung kommen werde. Auch Folgen von Diskriminierung werden angesprochen, wobei dies in 3.2 noch näher beleuchtet wird.

3.1.1 Einstellungsforschung – ein grober Abriss

Wenn man von Einstellungen und Verhalten spricht, deren Zusammenhang viel komplizierter ist als man vielleicht im ersten Moment annimmt, dann darf, neben vielen anderen bedeutenden Personen, ein Name nicht vergessen werden: Gordon Allport. Allport hat als erster Sozialpsychologe den Aspekt der Bedeutung der Einstellungen auf menschliches Verhalten mit einbezogen und distanzierte sich von den Reiz-Reaktions-Vorstellungen der Behavioristen.

„Menschliches Verhalten wird nicht so sehr von den objektiven Stimulusbedingungen beeinflusst, sondern von der Art und Weise, wie die einzelne Person ihre Situation wahrnimmt und interpretiert" (Bierbauer 1996, S. 113).

Im Psychologischen Wörterbuch ist *„Einstellung"* nach Allport *„ein seelischer und nervlicher Bereitschaftszustand, der – durch die Erfahrung organisiert – einen richtenden oder dynamischen Einfluss auf die Reaktionen des Individuums auf alle Objekte und Situationen ausübt, mit denen es verbunden ist" (→ attitude)" (Dorsch, S. 163).*

Auch hier wird unmissverständlich der Einfluss von Einstellungen auf das Verhalten von Menschen deutlich. Ebenfalls kann man erkennen, dass es sich bei Einstellungen um eine Art theoretische Konstrukte handelt, welche sich nur als angenommene Ursachen erschließen lassen, da sie eben nicht direkt zu beobachten sind (vgl. Bierbauer 1996, S. 114).

Als Definition von Einstellungen kann man daher formulieren:

Eine Einstellung ist ein stabiles System von positiven und negativen Bewertungen und Reaktionen, gefühlsmäßigen Haltungen und Handlungstendenzen gegenüber Personen, Objekten, Situationen oder Sachverhalten, also sozialer Objekte, einschließlich abstrakter Ideen oder sozialer Konstrukte (vgl. Krech/ Crutchfield/Ballachey 1962, S. 177; in Cloerkes 1997, S. 76 und Bem 1974 in Bierbauer 1996, S. 114).

Somit gelten nach Bierbauer (1996, S. 115) für Einstellungen folgende vier Merkmale:

1. sie beziehen sich auf Personen, Objekte usw.,

2. sie enthalten positive oder negative Bewertungen,

3. sie sind relativ überdauernd,

4. sie sind verhaltenswirksam.

Im Zusammenhang mit Einstellungen darf auch der Verweis auf deren mehrdimensionales System mit konsistenztheoretischer Beziehung, die „Drei Komponenten-Struktur des Einstellungssystems" von Rosenberg und Hovland (1960), welches der *„Trias psychologischer Phänomene: Kognition, Affekte und Motivation" (Bierbauer 1996, S. 115)* entspricht, nicht fehlen.

Abb. 3.1 (in Bierbauer 1996, S. 116)

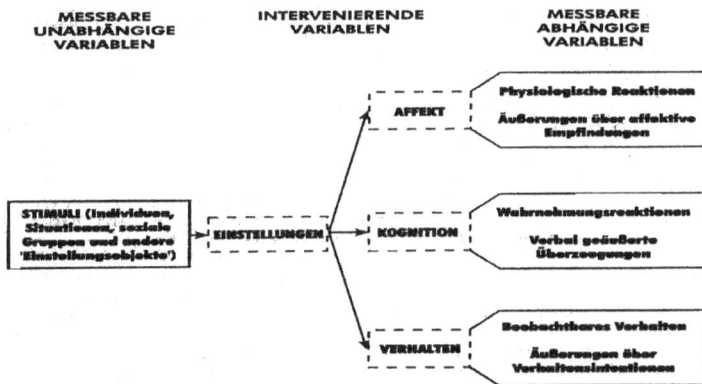

Einstellungen bestehen hiernach, worin sich die meisten Einstellungstheoretiker und Sozialpsychologen auch einig sind, aus einer komplexen Struktur dreier Komponenten (vgl. Bierbauer 1996, S. 115; Cloerkes 1997, S. 76/77):

- Die **kognitive** Komponente bezieht sich auf Wissenselemente; sie zeigt sich in den Überzeugungen, Vorstellungen und bewertenden Urteilen eines Individuums gegenüber einem Einstellungsobjekt.

- Die **„affektive", bewertende oder „Gefühlskomponente"** umschreibt den emotionalen Aspekt, die (positiven oder negativen) Gefühle und subjektiven Bewertungen des Individuums gegenüber einem Einstellungsobjekt.

- Die **handlungsintentionale oder sogenannte „konative Komponente"** ist Ausdruck einer Verhaltensabsicht oder Handlungstendenzen des Individuums gegenüber einem Einstellungsobjekt.

Wie schon kurz angeklungen ist, beziehen sich diese drei Komponenten aufeinander, beeinflussen sich also gegenseitig und haben eine Tendenz, miteinander konsistent zu sein (vgl. Bierbauer 1996, S. 116).

Die affektive oder „Gefühlskomponente" wird, so Bierbauer (1996), als die wichtigste Komponente angesehen, *„denn die Bewertung ... verleiht Einstellungen ihren motivierenden Charakter zur Initiierung und Steuerung nachfolgenden Verhaltens" (Bierbauer 1996, S. 116).*

Trotzdem: *„Zwischen Sagen und Tun, zwischen Wollen und Handeln"* liegen oft (noch) Welten (vgl. Bierbauer 1996, S. 119).

Doch wie lange noch? Und liegen tatsächlich noch Welten dazwischen?

Vielleicht kann diese Arbeit helfen, eine Antwort auf diese Fragen zu finden.

3.1.2 Vorurteil und Stigma

Wenn man nun Vorurteile als *„extrem starre, negative Einstellungen, die sich weitgehend einer Beeinflussung widersetzen" (Cloerkes 1997, S. 77),* betrachtet, welche sich genauso wie Einstellungen gegenüber Personen, Gruppen, Objekten, Situationen und Sachverhalten ausbilden können, kann man wahrscheinlich von Glück sprechen, dass zwischen Sagen und Handeln „noch" Welten liegen. Dies gilt besonders in Anbetracht der Vorurteile gegenüber Minderheiten, wie zum Beispiel Ausländern, Behinderten usw..

Im Internetlexikon (http://www.111er.de/lexikon/inhalt.htm#TOP) werden unter Vorurteilen *„positive oder negative Urteile über Personen, Gruppen, Nationen und Sachverhalte verstanden, die nicht auf objektiven Fakten basieren. Es können stereotype Vereinfachungen, unkritisch übernommene Meinungen oder auch Erfindungen sein".*

Dies bedeutet also, dass „Vor-Urteile" gegenüber Personen oder Gruppen Urteile sind, die vorher, bevor man mit den entsprechenden Personen und Gruppen z.B. Kontakt hat, bestehen, und diesen Kontakt dann entweder negativ beeinflussen oder erst gar nicht zustande kommen lassen.

Für das weitere Verständnis ist es an diesem Punkt notwendig einen Terminus miteinzubeziehen, den vor allem Goffman geprägt hat: Den Begriff „Stigma".

Nach Cloerkes ist *„ein „Stigma" der Sonderfall eines sozialen Vorurteils und meint die Zuschreibung bzw. die negative Definition eines Merkmals oder einer Eigenschaft" (ebd. 1997, S. 77)*.

Im Psychologischen Wörterbuch wird Stigma hingegen als ein *„Kennzeichen, Merkmal oder Wundmal (Stigmatisation)" (Dorsch 1987, S. 658)* verstanden.

Goffman (1967) schreibt in seinem Buch „Stigma – Über Techniken der Bewältigung beschädigter Identität" folgendes: *„Manchmal wird es auch ein Fehler genannt, eine Unzulänglichkeit, ein Handikap. ... . Der Terminus Stigma wird also in bezug auf eine Eigenschaft gebraucht werden, die zutiefst diskreditierend ist, ..." (Goffman 1967, S. 11)*. Der Begriff „diskreditierend" stammt von dem Substantiv *„Diskredit [lat.] Misskredit, übler Ruf" (Bertelsmann 1996, S. 313)* und kann mit *„verleumdend, in Verruf bringend" (ebd., S. 313)* gleichgesetzt werden.

Diese drei Erklärungen führen zu der Erkenntnis, dass bestimmten Personen durch ein Stigma negative Eigenschaften zugeschrieben werden, wobei es nicht um das Merkmal selbst, sondern um die *„negative Definition des Merkmals bzw. dessen Zuschreibung" (Hohmeier 1975, S. 7; in Cloerkes 1997, S. 147)* geht.

Im Bezug zu Menschen mit Behinderungen ist die Behinderung das Stigma einer Person, *„welches sich der Aufmerksamkeit in negativer Weise aufdrängt" (vgl. Goffman 1967, S. 13)*.

Der Mensch mit einem Stigma *„ist in unerwünschter Weise anders, als wir es antizipiert hatten" (ebd., S. 13)*.

Wenn sich nun eine Behinderung eines Menschen der Aufmerksamkeit eines Nichtbehinderten in negativer Weise aufdrängt, inwiefern hat das dann Auswirkungen auf die Einstellungen gegenüber behinderten Menschen und was bedeutet das nun für die Interaktion zwischen Menschen mit Behinderungen und Nichtbehinderten?

Dies soll nun verdeutlicht werden.

3.1.3 Einstellungen gegenüber Menschen mit Behinderungen

Mit diesem Themenbereich haben sich Cloerkes („Einstellungen und Verhalten gegenüber Behinderten" 1979; ... 1985), Hohmeier („Einstellungen und Verhalten gegenüber Körperbehinderten" 1979) und andere auseinandergesetzt. An dieser Stelle werde ich jedoch nur einen kleinen Aspekt beider Autoren darlegen. Dabei handelt es sich um die Determinanten von Einstellungen gegenüber

Behinderten, welche auch nur im Groben dargestellt werden. Dabei werde ich im Folgenden auf die **Art der Behinderung, sozio-ökonomische bzw. demographische Merkmale** und auf den Aspekt **Kontakt** mit behinderten Menschen eingehen.

• Art der Behinderung

Von besonderer Bedeutung für Einstellungen Nichtbehinderter gegenüber behinderten Menschen ist vor allem *„die Art der Behinderung, insbesondere aber das Ausmaß ihrer Sichtbarkeit, sowie das Ausmaß, in dem sie gesellschaftlich hochbewertete Funktionsleistungen (Mobilität, Flexibilität, Intelligenz, Kontakt- und Kommunikationsfähigkeit) beeinträchtigt (vgl. u.a. Bächthold 1984, 35f.; Cloerkes 1985, 167ff.), ebenso eine eventuell angenommene Behindertenbedrohlichkeit für andere. .... . Abweichungen im geistigen oder psychischen Bereich werden deutlich ungünstiger bewertet als solche im körperlichen Bereich"* *(Cloerkes 1997, S. 77).*

Wie Cloerkes schon angedeutet hat, geht es bei der Art der Behinderung besonders um folgende Kriterien:

- Schwere der Behinderung

Die Schwere der Behinderung sieht Cloerkes als keinen besonders gravierenden Einstellungsfaktor (ebd., S. 77) und bestätigt damit die Annahmen von Titley (1965; 1969) und Münzing (1970, S. 109). Diese *„kamen zu dem Schluss, dass die Ablehnung einer körperbehinderten Person keine Funktion der Schwere, sondern weit eher der Sichtbarkeit der Behinderung bzw. mangelhaften Ausdrucksvermögens sei"* *(Hohmeier 1979, S. 173).*

Dennoch kann man als gesichert ansehen, *„dass leichter behinderten Personen negativere Einstellungen entgegengebracht werden als schwerer behinderten Personen"* *(Hohmeier 1979, S. 172).*

Dies lässt sich einmal dadurch erklären, dass man einen schwer behinderten Menschen leichter als Behinderten einordnen kann, während man einem leichter behinderten Menschen mit einer größeren Verhaltensunsicherheit gegenübertritt.

Zum anderen ist es häufig so, dass einem leichter behinderten Menschen ähnliche Erwartungshaltungen im Bezug auf seine Leistung entgegengebracht werden wie nichtbehinderten Menschen, vor allem wenn die Behinderung im ersten Moment nicht sofort visibel ist. Auch reagiert die soziale Umwelt gegenüber leichter behinderten Menschen oft im Bezug auf das Verhalten dieser negativer, da die Nichtbehinderten „nichtnormgerechtes" Verhalten als ungezogen, unverschämt, kindisch, lächerlich, ... hinstellen, obwohl es unter Umständen behinderungsbedingt sein kann (vgl. Hohmeier 1979, S. 174).

Dies leitet uns zu dem nächsten Aspekt, der Visibilität der Behinderung.

- Sichtbarkeit der Behinderung

Das bei der Schwere einer Behinderung eben ausgeführte, gilt in ähnlicher Weise auch bei der Sichtbarkeit einer Behinderung, wobei diese beiden Aspekte nicht gleichzusetzen sind.

„Sichtbar körperbehinderte Personen werden im Vergleich zu Personen mit nicht sichtbaren Behinderungen viel negativer eingestuft (Smits, 1964; 1965)" (Hohmeier 1979, S. 178).

Dies kann die interpersonalen Beziehungen zwischen Behinderten und Nichtbehinderten (Zahn, 1970; 1973, 122) stark negativ beeinflussen mit der Folge der *„ 'Entfremdung' von seiten der Gesellschaft, verstanden als soziale Isolation in Verbindung mit Gefühlen der Minderwertigkeit und des Nichtsnutzes (Titley, 1965; 1969)" (Hohmeier 1979, S. 178/179).*

Damit stellt die Visibilität eines Stigmas, in unserem Fall die Sichtbarkeit der Behinderung, den für negative Reaktionen, Stigmatisierungen und Diskriminierungen von Seiten der sozialen Umwelt wichtigsten behinderungsspezifischen Aspekt dar (vgl. Hohmeier 1979, S. 177).

- Funktionsbeeinträchtigung durch die Behinderung

Da wir in einer Leistungsgesellschaft leben, in der die Funktionstüchtigkeit und Leistung einer hohen gesellschaftlichen Bewertung unterliegt, haben starke funktionelle Beeinträchtigungen einen großen Einfluss auf das Ausmaß negativer Einstellungen (vgl. Barker 1964, ...; in Hohmeier 1979, S. 175). So hat zum Beispiel der Verlust der Kommunikationsfähigkeit außerordentlich negative Folgen für alle Arten von sozialen Beziehungen (vgl. Zahn 1973; in Hohmeier 1979, S. 176).

Stellt man diese Aspekte nebeneinander, so sind nach Hohmeier (1979) vor allem die Sichtbarkeit und die Funktionsbeeinträchtigung auf Grund der Behinderung die behinderungsspezifischen Bestandteile, durch welche sich Einstellungen nichtbehinderter Menschen entwickeln (vgl. ebd., S.180).

• Sozio-ökonomische bzw. demographische Merkmale

Betrachtet man den Einfluss sozio-ökonomischer bzw. demographischer Merkmale der Einstellungsträger, so läßt sich erkennen, dass dieser im Vergleich zu der Art der Behinderung, der Sichtbarkeit und der angenommenen Behindertenbedrohlichkeit für andere sehr gering ist. Bei den Variablen Geschlechtszugehörigkeit und Lebensalter lassen sich Zusammenhänge feststellen. So sind Frauen und jüngere Personen Menschen mit Behinderungen gegenüber eher akzeptierend eingestellt als Männer und ältere Menschen. Die Variable des Lebensalters verläuft jedoch nicht linear. Mit 50 hat sie bereits ihren Höhepunkt erreicht (vgl. Cloerkes 1997, S. 77).

Die Variablen Bildungsgrad und Wissen *„stehen nach neueren Erkenntnissen kaum in einem bedeutenden Zusammenhang mit Einstellungen gegenüber Behinderten (Jordan und Horn 1975, 813)"* (Hohmeier 1979, S. 166).

• Kontakt mit Behinderten

Einige Autoren gehen davon aus, dass Kontakt von Nichtbehinderten mit Menschen mit Behinderungen die Einstellungen der Nichtbehinderten zwangsläufig positiv beeinflusst.

Dies ist so jedoch nicht der Fall, weil es u.a. auf die Qualität des Kontaktes ankommt, auch wenn man sagen kann, dass es sich bei dem Aspekt Kontakt um eine wichtige Determinante für die Qualität der Einstellungen Nichtbehinderter gegenüber Behinderten handelt. Hieraus hat sich eine Kontakthypothese entwickelt, welche einer empirischen Untersuchung unterworfen wurde. Sekundäranalysen liegen von Cloerkes (1985) und von Yuker (1988b) vor. Es existiert zwar eine Kausalbeziehung zwischen Kontakt mit und Einstellungen gegenüber Menschen mit Behinderungen, es konnte jedoch kein Zusammenhang – Kontakt mit Menschen mit Behinderung → positive Einstellungen gegenüber behinderten Menschen – festgestellt werden.

„Kontakt kann nämlich unter Umständen sogar negative Auswirkungen haben" (Cloerkes 1997, S. 126).

Der Grund dafür ist eine Anzahl von qualitativen Bedingungen des Kontakts (vgl. Hohmeier 1979; Cloerkes 1997). Diese werden an dieser Stelle jedoch nicht dargestellt.

Auf der folgenden Seite sind noch einmal die eben genannten Determinanten der Einstellungen gegenüber Menschen mit Behinderungen, sowie zwei weitere von Cloerkes (1997, S. 78, 79) erwähnte Aspekte in einem Schaubild dargestellt.

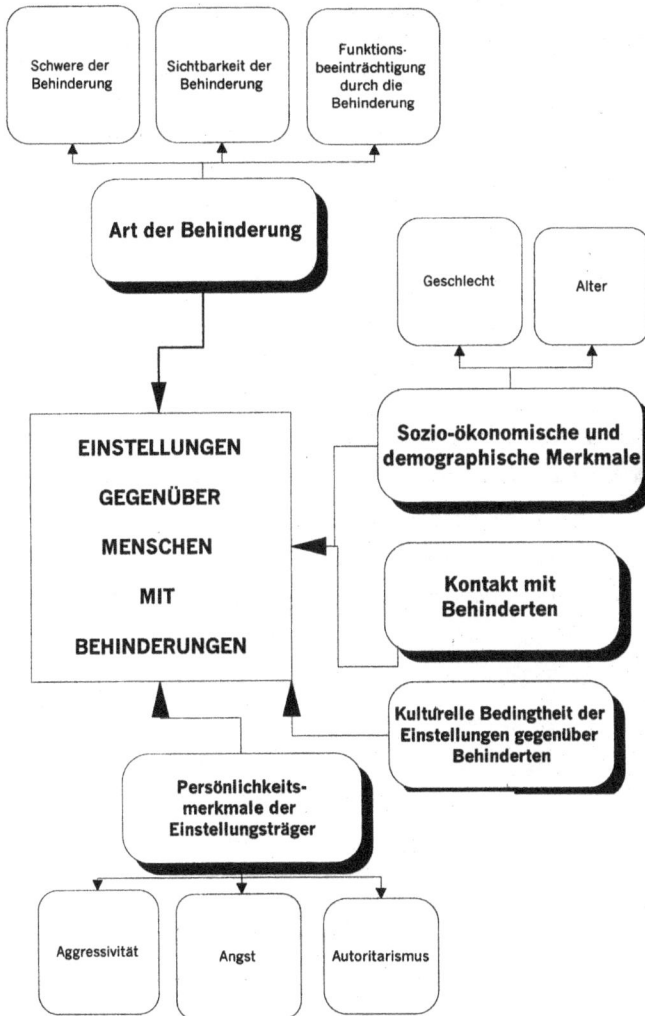

3.1.4 Exkurs: „Interaktionsspannungen zwischen Körperbehinderten und Nichtbehinderten" – ein kurzer Einblick in die Untersuchungen von Tröster (1988)

Eine ausführliche Darstellung der Untersuchung von Tröster würde im Rahmen dieser Arbeit zu weit führen. Daher werde ich einen Einblick in sein Vorgehen geben, was einem groben Überblick des Inhaltes seines Buches gleichkommt. Einige Aspekt, die mir wichtig erscheinen, werde ich kurz anführen, bevor ich die Zusammenfassung der Ergebnisse in gekürzter Form wiedergeben werde.

In einer kurzen **Vorbemerkung**, in der Tröster eine Einführung in den Themenbereich der Untersuchung gibt, beschreibt er seine Arbeit wie folgt:

„Die vorliegende Untersuchung versucht, durch die Erfassung des offenen Verhaltens gegenüber körperbehinderten Interaktionspartnern Anhaltspunkte für die Mechanismen zu gewinnen, die Spannungen und Unbehagen zwischen Behinderten und Nichtbehinderten verursachen und aufrechterhalten" *(Tröster 1988, S. 2).*

Denn: *„Spannungen, Unbehagen und Verlegenheit zwischen Behinderten und Nichtbehinderten erschweren es behinderten Menschen, soziale Kontakte zu Nichtbehinderten aufzubauen und aufrechtzuerhalten"(Tröster 1988, S. 263).*

Ebenso fragt er nach einem möglichen Beitrag der sozialpsychologischen Forschung zum Abbau von Spannungen und Unbehagen zwischen Behinderten und Nichtbehinderten.

Daraufhin erörtert Tröster sehr ausführlich den **Stand der Forschung (1., S. 4 – 68)**.

In einem ersten Punkt geht er auf Interaktionsspannungen zwischen Behinderten und Nichtbehinderten ein. Er zeigt, dass für Menschen mit Behinderungen eine *„Beeinträchtigung sozialer Kontaktmöglichkeiten" (ebd., S. 4) „auf der Ebene konkreter sozialer Interaktionen im Alltag erfahrbar" (ebd., S. 4)* wird, welche eine volle gesellschaftliche Partizipation verhindert und zur sozialen Isolation behinderter Menschen beiträgt (vgl. ebd., S. 4). Als „psychologische Barriere" in der sozialen Interaktion mit Nichtbehinderten beschreibt Tröster die Behinderung (vgl. ebd., S. 4), welche zugleich ein Stigma darstellt.

Diese Barriere in den Köpfen *„erschwert die Entwicklung tragfähiger sozialer Beziehungen für den Behinderten nachhaltig" (Tröster 1988, S. 4).* Als aufkommende Gefühle in erstmaligen Begegnungen nennt er *ein „beiderseitiges*

Unbehagen", eine *„unterschwellige Beklommenheit"* (vgl. ebd., S. 4/5). Solche Begegnungen bzw. Interaktionen zwischen Behinderten und Nichtbehinderten bezeichnet Tröster als „gemischte" Interaktion, die möglicherweise auftretenden Schwierigkeiten als „Interaktionsspannungen". Demgegenüber beschreibt Cloerkes (1979) dies als eine *„pathologische Grundstruktur der Interaktion mit psychisch abweichenden Personen"(Cloerkes 1997, S. 411; in Tröster 1988, S. 5)*.

Da jedoch in vorangegangenen Untersuchungen nicht deutlich wurde, *„in welchen Verhaltensweisen sich Interaktionsspannungen während einer konkreten Interaktion zwischen Behinderten und Nichtbehinderten manifestieren und welche psychischen Mechanismen der Interaktionsstörung zugrunde liegen"*, versucht Tröster diese Lücke durch Erforschung der *„Auswirkungen der Behinderung auf das verbale und nonverbale Verhalten nichtbehinderter Interaktionspartner zu untersuchen" (Tröster 1988, S. 5)*.

Tröster geht mit seiner Untersuchung also der Frage nach:

Was ist die Verhaltensgrundlage von Interaktionsspannungen von Nichtbehinderten und Behinderten?

Im Folgenden präzisiert Tröster die Begriffe Interaktion und Behinderung und stellt Belastungen sozialer Kontakte aus der Sicht Körperbehinderter und Nichtbehinderter dar. Dabei zeigt sich, um nur einige Beispiel zu nennen, dass Neugierverhalten Nichtbehinderter von Menschen mit Behinderung als belastend erlebt wird.

Dies macht sich auch bei der von mir durchgeführten Untersuchung bemerkbar!

Ebenfalls ist angeführt, dass für Nichtbehinderte ihre eigene Verhaltensunsicherheit als belastend erleben.

In einem zweiten Punkt führt Tröster einige soziologische Beiträge zur Analyse von Interaktionsspannungen an, so z.B. die Behinderung als Mittelpunkt der Interaktion und als widersprüchlicher niedriger Statusfaktor; zudem noch die Uneindeutigkeit normativer Verhaltensregeln und die Ambivalenz sozialer Normen. Mit der Uneindeutigkeit normativer Verhaltensregeln ist gemeint, dass Nichtbehinderte durch nur geringe oder gar keine Erfahrungen im Umgang mit Menschen mit Behinderungen auch nur geringe oder keine verhaltensorientierende Normen für die Interaktion mit Behinderten zur Verfügung haben, was somit zu Interaktionsspannungen führen kann (vgl. Tröster 1988, S. 16).

Um Einstellungen gegenüber Behinderten geht es Tröster in einem dritten Punkt. Da ich den Aspekt der Einstellungen in dieser Arbeit bereits schon von Grund auf dargelegt habe, will ich hier nur zwei Begriffe näher erläutern, die mir im Bezug auf Menschen mit Behinderungen wichtig erscheinen. Den Personalisierungs-Effekt und den Sympathie-Effekt der Behinderung.

- Personalisierungs-Effekt

   Whiteman&Lukoff (1965) zeigten, *„dass die verbalen Reaktionen auf die Eigenschaft „Behinderung" negativer sind als auf eine Person, die diese Eigenschaft besitzt" (Tröster 1988, S. 27)*

   (Körperbehinderung ⇔ körperbehinderte Person).

   Nach Cloerkes *(1979, S. 390) „kann man eher etwas „Schlechtes" über eine Behinderung sagen als über einen behinderten Menschen" (Tröster 1988, S. 28).*

- Sympathie-Effekt

   „Unter diesem Effekt ist eine positivere Bewertung einer behinderten im Vergleich zu einer nichtbehinderten Stimulusperson" (Tröster 1988, S. 30) gemeint, was nach Tröster evtl. auf eine Tendenz der sozialen Erwünschtheit zurückzuführen ist (vgl. ebd., S. 30ff.).

Tröster erkennt, dass es für seine Untersuchung notwendig ist, Verhaltensaspekte Nichtbehinderter in Face-to-face-Kontakten mit Körperbehinderten zu untersuchen (vgl. ebd., S. 33), was er im vierten Punkt darstellt. Damit wird er einer erneuten Annäherung an die alltäglichen sozialen Interaktionsbedingungen gerecht. Dabei erkennt Tröster wiederum den Sympathie-Effekt sowie *„positiv gefärbte, unrealistische Rückmeldungen" (Tröster 1988, S. 35)* im verbalen Verhalten, einen erhöhten Herzschlag als Beispiel für einen physiologischen Indikator der vegetativen Aktivierung bei Nichtbehinderten, Auswirkungen auf nonverbale Signale (räumliche Distanz, Blickkontakt, sprachliche Dauer) im nonverbalen Verhalten und eine Diskrepanz zwischen verbalem und nonverbalem Verhalten Nichtbehinderter gegenüber Körperbehinderten in Face-to-face-Kontakten.

Unter dem fünften Punkt, theoretische Erklärungsansätze, erörtert Tröster sozialpsychologische Hypothesen, *„die eine Erklärungsgrundlage für positive und negative Reaktionen gegenüber Behinderten bieten" (Tröster 1988, S. 54ff.; vergleiche auch Cloerkes 1997).*

Bei den Erklärungsansätzen handelt es sich um die 'Just-World'-Hypothese, die 'Komplexitäts-Polarisierungs'-Hypothese, die 'Novel-Stimulus'-Hypothese (ein neuer, ungewohnter Aspekt der Umwelt) und die 'Ambivalence-Amplification'-Hypothese, die hier nicht näher erläutert werden.

Was sich jedoch zeigt, ist, *„daß vorliegende theoretische Erklärungsansätze den Ergebnissen experimenteller Untersuchungen des Interaktionsverhaltens Nichtbehinderter gegenüber behinderten Interaktionspartnern nur unzureichend gerecht werden"* *(Tröster 1988, S. 263)*.

Der **Problemstellung der Untersuchung (2., S. 69 – 97)** widmet Tröster dann seine Aufmerksamkeit.

Tröster stellt zuerst theoretische Grundlagen und Fragestellungen der Untersuchung dar. Besonders hebt er dabei das Diskrepanzmodell zur Erklärung des Verhaltens Nichtbehinderter in Interaktionen mit Körperbehinderten hervor und verdeutlicht dies anhand von Ergebnissen experimenteller Interaktionsstudien. Zudem stößt Tröster bei Befunden auf folgende theoretische Überlegungen, die sehr wichtig sind, da sie Diskrepanz zwischen dem verbalen und nonverbalen Verhalten gegenüber körperbehinderter Interaktionspartner verdeutlichen. Zum einen verweist er auf eine negative Akzentuierung des nonverbalen Verhaltens (nicht-intentional, unbewußt), zum anderen auf eine positive Akzentuierung des verbalen Verhaltens (intentional, bewußt; vgl. Sympathie-Effekt) gegenüber körperbehinderten Interaktionspartnern (vgl. Tröster 1988, S. 70). Zudem ist Tröster der Ansicht, dass „ein erstmaliges Zusammentreffen mit einem unbekannten Behinderten eine erhöhte Selbstaufmerksamkeit des Nichtbehinderten zufolge haben könnte" (Tröster 1988, S. 77), was ihn zu folgendem Schaubild verhilft *(Abb. 2.2 „Spannungen Nichtbehinderter in Erstkontakt mit Behinderten", ebd., S. 78):*

THEORETISCHE ANNAHMEN | BEOBACHTBARES VERHALTEN

ERSTKONTAKT MIT BEHINDERTEM INTERAKTIONSPARTNER

SELBSTAUFMERKSAMKEIT FÜR GEFÜHLE GEGENÜBER BEHINDERTEM INTERAKTIONSPARTNER → NEGATIVE AFFEKTIV-MOTIVATIONALE DISPOSITION → NICHT-INTENTIONAL → NEGATIV-AKZENTUIERTES NONVERBALES VERHALTEN

Zurückhaltung / Spannung im nonverbalen Verhalten z.B. verminderter Blickkontakt, größere Distanz, reduzierte Gestik

DISKREPANZ — SPANNUNGEN

SELBSTAUFMERKSAMKEIT FÜR WERTHALTUNGEN GEGENÜBER BEHINDERTEN INTERAKTIONSPARTNER → POSITIVE KOGNITIV-NORMATIVE DISPOSITION → INTENTIONAL → POSITIV-AKZENTUIERTES VERBALES VERHALTEN

'Sympathie-Effekt' der Behinderung: positive Beurteilung des beh. Interaktionspartners, Vermeidung abweichender Meinungsäußerungen, betont höfliches Verhalten

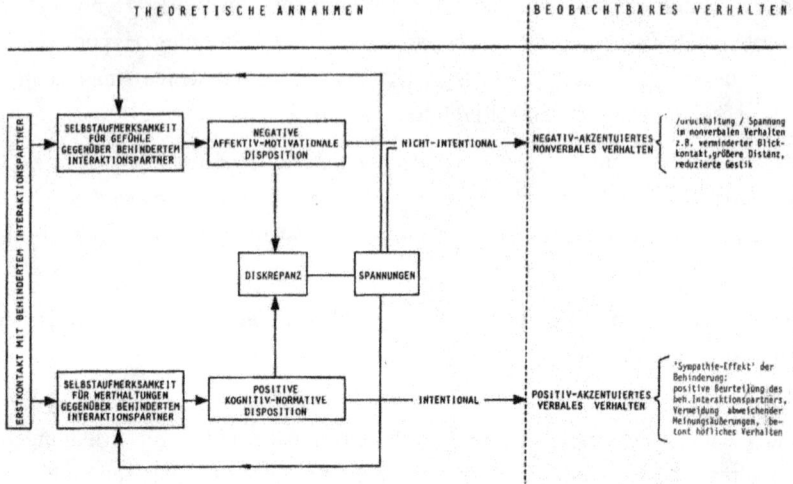

Des Weiteren führt Tröster gestörte Rückmeldungsprozesse in Interaktionen zwischen Nichtbehinderten und Körperbehinderten an und weist sowohl auf die Intimität des Kontaktes, die Stigma-Nähe-Hypothese, die „psychische Nähe" der Interaktion und die Reziprozitätshypothese hin. Diese sagt aus, *„dass das Ausmaß an Selbstöffnung der Vp (Versuchsperson) mit der Einstellung gegenüber dem Gesprächspartner korreliert"* (Tröster 1988, S. 96).

Im Folgenden stellt Tröster die **Methode (3., S. 98 – 153)** vor.

Dazu sei nur soviel gesagt: *„Für die Untersuchung des verbalen und nonverbalen Verhaltens gegenüber Behinderten wurde eine Begegnungssituation in Form eines Interviews zwischen der Vp und einer behinderten oder nichtbehinderten konföderierten Interviewerin arrangiert. Jede der Vpn nahm an zwei Interviews teil, ..."* (Tröster 1988, S. 100), wobei neben dem Aspekt, „Behinderung" ⇔ „Nichtbehinderung", auch die Art der Interviewführung, „hohes Ausmaß Psychischer Nähe" ⇔ „niedriges Ausmaß Psychischer Nähe", für die Hälfte der Versuchspersonen variiert wurde. Somit nahmen 50% an zwei Interviews mit „hohem Ausmaß an Psychischer Nähe" und die anderen 50% an zwei Interviews mit „niedrigem Ausmaß Psychischer Nähe" teil, je ein Interview mit einer behinderten und eines mit einer nichtbehinderten Interviewerin (vgl. Tröster 1988, S. 100). Das Ziel dieser Methode („experimentell kontrollierten Interviews") war es, *„spannungserzeugende Verhaltensmuster in 'gemischten' Interaktionen aufzuzeigen"* *(Tröster 1988, S. 163).*

Im Anschluss daran erläutert Tröster die **Ergebnisse der Untersuchung (4., S. 154 – 238)** und unter dem Punkt **die Diskussion der Ergebnisse (5., S. 239 – 262)** geht er näher auf diese ein in Bezug auf den Ausgangspunkt der Untersuchung.

Tröster liefert daneben eine Zusammenfassung der Ergebnisse, wobei er nach den zu Beginn dargestellten verbalen und nonverbalen Verhaltensaspekten differenziert, stellt gegensätzliche Dispositionen nichtbehinderter gegenüber körperbehinderten Interaktionspartnern dar, wobei sich *„das Verhalten der Interviewpartnerinnen gegenüber der behinderten Interviewerin in einigen Aspekten statistisch bedeutsam von ihrem Verhalten gegenüber der nichtbehinderten Interviewerin unterschied"* *(Tröster 1988, S. 250)*, verweist auf den Einfluss der „Psychischen Nähe" auf das Verhalten gegenüber körperbehinderten Interaktionspartnern und bezeichnet gestörte Rückmeldungsprozesse als Grundlage von Interaktionsspannungen zwischen Behinderten und Nichtbehinderten, da *„die Untersuchung einen bedeutsamen Einfluß der Körperbehinderung des Gegenübers auf das Interaktionsverhalten nichtbehinderter Interaktionspartner zeigt"* *(Tröster 1988, S. 258).*

Besonders hervorzuheben ist noch einmal an dieser Stelle,

dass *„das Modell zur Erklärung des Verhaltens Nichtbehinderter gegenüber behinderten Interaktionspartnern"(Tröster 1988, S. 263)* herangezogen werden kann, wonach *„das Bemühen eines behinderten Interaktionspartners um einen persönlichen Kontakt beim nichtbehinderten Interaktionspartner infolge einer erhöhten Selbstaufmerksamkeit zur Aktualisierung einer negativ-gefärbten, affektiv-motivationalen und einer positiv-getönten, kognitiv-normativen Disposition führt. Die positive, kognitiv-normative Disposition wird über intentionale Steuerungsprozesse im verbalen Verhalten gegenüber dem behinderten Interaktionspartner wirksam, während sich die negative, affektiv-motivationale Disposition in überwiegend nicht-intentional kontrollierten, nonverbalen Verhaltensaspekten durchsetzt"* *(Tröster 1988, S. 263).*

Das eben Beschriebene stellt eine Erweiterung der oben angeführten Abbildung dar.

Unter anderem konnte des weiteren *„die „Stigma-Nähe"-Hypothese nicht bestätigt werden. ... Die Körperbehinderung der Interviewerin führte zu einer ne-*

gativen Akzentuierung einiger nonverbaler Verhaltens- aspekte und zu einer positiven Akzentuierung verbaler Verhaltensaspekte der Interviewpartnerinnen. ...

Während das nonverbale Verhalten gegenüber der behinderten Interviewerin auf Spannungs- und Vermeidungstendenzen der Interviewpartnerinnen schließen läßt, zeigte sich in ihren verbalen Eindruckurteilen über die Interviewerin und ihr Interview ein 'Sympathie-Effekt' der Körperbehinderung. ... Die Ergebnisse verweisen auf eine Diskrepanz im Interaktionsverhalten Nichtbehinderter gegenüber körperbehinderten Interaktionspartnern

[intentionales (verbalen) Verhalten Nichtbehinderter mit freundlich, zuvorkommende Haltung

$$\Leftrightarrow$$

nicht-intentionalen (nonverbalen) Verhalten mit Spannungs- und Vermeidungstendenzen].

Damit können Interaktionsspannungen zwischen Behinderten und Nichtbehinderten auf eine, durch ein diskrepantes Interaktionsverhalten Nichtbehinderter hervorgerufene Störung der Rückmeldungsprozesse zurückgeführt werden" *(Tröster 1988, S. 264).*

Dies kann als Ergebnis für weitere Überlegungen gelten!

3.1.5 Diskriminierung als Folge des Handlungsaspektes der Stigmatisierung

Nach diesem kurzen Exkurs will ich nun die Aufmerksamkeit auf den nächsten Aspekt des „zu spannenden Bogens" lenken.

Im Absatz 3.1.2 „Vorurteil und Stigma" habe ich einen Zusammenhang von Einstellungen zu Vorurteilen dargestellt. Unter Punkt 3.1.3 „Einstellungen gegenüber Menschen mit Behinderung" wurden besonders die Determinanten dazu erörtert.

Der folgende Abschnitt führt uns jetzt einen bedeutenden Schritt weiter.

Hier geht es jetzt nicht mehr nur um Einstellungen bzw. Vorurteile gegenüber Menschen mit Behinderungen, welche zu Interaktionsspannungen führen können, in den Köpfen der Menschen – Tröster hat durch seine Untersuchungen ja festgestellt, dass das verbale Verhalten meist positiv, da bewusst, gegenüber Menschen mit Behinderungen gesehen werden kann (aber „Scheinakzeptanz"!), das nonverbale Verhalten jedoch deutliche Faktoren von Unsicherheit u.ä. erkennen lässt –, sondern um ganz konkretes Verhalten, das sich in Worten oder sogar Taten gegenüber behinderten Menschen zeigt. Es dreht sich also um Diskriminierung von Menschen mit Behinderungen.

3.1.5.1 Die Begriffe Stigmatisierung und Diskriminierung

Wie schon an anderer Stelle beschrieben, handelt es sich bei der Behinderung um ein Stigma, *„ein Fehler, eine Unzulänglichkeit, ein Handikap" (Goffman 1967, S. 11).*

Aus dem Begriff Stigma ist ein weiterer Begriff entstanden, welcher zuallererst näher unter die Lupe genommen wird und die Abschnitte 3.1.2 und 3.1.3 miteinander verbindet.

Es handelt sich hierbei um den Begriff Stigmatisierung.

„Stigmatisierungen knüpfen bei Merkmalen von Personen an" (Cloerkes 1997, S. 148), wobei diese Merkmale visibel oder unscheinbar sein können.

Als Beispiele nennt Cloerkes körperliche Behinderung, Gruppenzugehörigkeit oder ein Verhalten (vgl. Cloerkes 1997, S. 148). Zudem führt er jedoch noch eine bedeutende Determinante der Einstellungen gegenüber Menschen mit Behinderungen an und folgert:

„Die „Visibilität" oder Sichtbarkeit erleichtert das Stigmatisieren. Auf der Grundlage eines Stigmas tendieren die „Normalen" dazu, weitere Unvollkommenheiten und negative Eigenschaften zu unterstellen" (Generalisierung → Stigma wird zum alles beherrschenden „master status") (Cloerkes 1997, S. 148).

Dieses Verknüpfen von „Stigma" und „Visibilität" des Stigmas stellt für mich die Verknüpfung der beiden Abschnitte 3.1.2 und 3.1.3 dar. Ein Mensch mit einem Stigma wird als Träger eines solchen erkannt und dementsprechend bilden sich Einstellungen und Vorurteile von Seiten der „Nicht-Stigma-Träger" und es kann zu der beschriebenen Generalisierung kommen. Meiner Ansicht nach kann das auch als eine Art Kategorisierung verstanden werden. Der Mensch wird einer bestimmte Kategorie zugeordnet und *„all dies also auf Grund des Merkmals einer Person" (Cloerkes 1997, S. 148)*, was als Stigmatisierung im Sinne von Cloerkes (1997) verstanden werden kann.

Im Gegensatz zu Cloerkes hat Goffman (1967) in diesem Zusammenhang folgendes geschrieben:

„Von der Definition her glauben wir natürlich, dass eine Person mit einem Stigma nicht ganz menschlich ist. Unter dieser Voraussetzung üben wir eine Vielzahl von Diskriminationen aus, durch die wir ihre Lebenschancen wirksam, wenn auch oft gedankenlos, reduzieren" (ebd., S. 13/14).

In diesem Zitat von Goffman (1967) kommt nicht der Begriff Stigmatisierung vor, denn er ist hier schon einen Schritt weiter gegangen, indem er von *„einer Vielzahl von Diskriminationen"* spricht, *„die wir ausüben"* und die *„ihre Lebenschancen"* – die der stigmatisierten Person – *wirksam reduzieren" (vgl. ebd., S. 13/14).*

Diskriminierung kann somit als Folge des Handlungsaspektes der Stigmatisierung verstanden werden.

In dem Buch „Niemand darf wegen seiner Behinderung benachteiligt werden" von H.-G. Heiden (1996) wird Diskriminierung folgendermaßen erklärt:

„Unter Diskriminierung versteht man ganz generell laut Fremdwörterduden „1. Herabsetzung, Herabwürdigung; 2. Unterschiedliche Behandlung". Diese Herabwürdigung oder unterschiedliche Behandlung erfolgt aufgrund eines körperlichen, geistigen oder seelischen Merkmals. Vergleichbar sind die bekannten Diskriminierungen aufgrund von Geschlecht, Hautfarbe, Nationalität oder sexueller Orientierung" (Heiden 1996, S. 25).

M. Markefka (1995) beschreibt Diskriminierung in ähnlicher Weise:

„Diskriminierung wird als Handlung verstanden, als eine registrierbare Folge individuellen Handelns, die eingetreten ist, weil Akteure andere Akteure aufgrund wahrgenommener sozialer oder ethnischer Merkmale als ungleiche bzw. minderwertige Partner angesehen und, im Vergleich zu den Angehörigen des eigenen Kollektivs, entsprechend abwertend behandelt haben" (Markefka 1995, S. 43).

Wie man aus diesen beiden Zitaten schließen kann, kann Diskriminierung als die Folge von Stigmatisierung angesehen werden und zwar auf der Ebene gesellschaftlicher Teilhabe.

3.1.5.2 Überblick über Folgen von Stigmatisierung und Diskriminierung

Diese *„benachteiligende, ungleiche Behandlung" (Internetlexikon)* von Stigmatisierten, wie man die Träger eines Stigmas bezeichnet, führen evtl. zu Kontaktverlust, zu Isolation und Ausgliederung (vgl. Cloerkes 1997, S. 149).

Sie können die Lebenschancen reduzieren (vgl. Goffman 1967) und auf der Ebene des Selbstwertgefühls und damit „*der Identität drohen daher erhebliche Gefährdungen und Probleme" (Cloerkes 1997, S. 149)*.

Dies zeigt sich auch bei Markefka (1995), der herausgefunden hat, dass Mitglieder von Minderheiten, also auch behinderte Menschen, als „minderwertige Partner" angesehen werden (vgl. ebd., S. 43) und dies auf das Selbstwertgefühl Auswirkungen haben kann.

Hohmeier (1975) ist der Ansicht, dass Folgen von Stigmatisierungen und Diskriminierung für Betroffene tiefgreifend und außerordentlich schwer rückgängig zu machen sind (vgl. Hoh- meier 1975, S. 12-14; in Cloerkes 1997, S. 149).

Neben dieser gesellschaftlichen Benachteiligung in Form von Stigmatisierung und Diskriminierung, Seywald (1980) nennt sie „*sekundäre" Benachteiligung (vgl. ebd., S. 12)*, sind Menschen mit Behinderungen jedoch noch „*vorgesellschaftlich, „primär", aus biologischer Ursache" (Seywald 1980, S. 12)* benachteiligt. Hierbei ist es jedoch nach Seywald (1980) so, dass „*Behinderte die gesellschaftliche Abwertung schlimmer empfinden als die „natürliche" Defizienz, das ... als die primäre Benachteiligung Behinderter ihre sekundäre (das heißt gesellschaftliche) Benachteiligung gelten kann" (ebd., S. 12)*.

Zudem kann man nach Seywald (1980) die Stigmatisierung als eine Folgeerscheinung der physischen Defizienz (körperliche Behinderung) verstehen (vgl. Seywald 1980, S. 13), was ich im Laufe dieses Abschnittes bereits heraus gestellt habe.

3.1.5.3 Diskriminierung hat viele Gesichter

Bevor ich jedoch diese Auswirkungen, welche stigmatisierende Zuschreibung und Diskriminierungen für die Identität und das Selbstwertgefühl Stigmatisierter haben können, mit Hilfe der „Stigma-Identitäts-These" von H.P. Frey (1983) ausführlich erarbeiten werde, möchte ich noch kurz den Diskriminierungsbegriff, wobei ich mich auf H.-G. Heiden (1996) beziehe, auffächern. Dies ist besonders in Anbetracht der von mir durchgeführten empirischen Untersuchung, „Diskriminierung und Gewalt gegenüber Menschen mit Behinderungen – Folgen für das Erleben und Verhalten behinderter Kinder und Jugendlicher und deren Eltern und Formen der Verarbeitung", deren Ergebnisse später vorgestellt werden, meiner Ansicht nach von Nöten.

Schon im Elternbrief, in welchem ich Eltern körperbehinderter Kinder um die Teilnahme an einem Interview bat, habe ich den Diskriminierungsbegriff aufgefächert, indem ich folgendes geschrieben habe:

„Diskriminierung und Gewalt haben vielfältige Gesichter. Es gibt sowohl körperliche, offensichtliche Gewalt als auch „versteckte" Gewalt in Form von Worten, Blicken und Gesten oder fehlenden Hilfsangeboten der Gesellschaft für Menschen mit Behinderungen" (siehe Anhang S. 191, „Elternbrief").

Heiden (1996) versteht darunter jedoch nur einen Aspekt von Diskriminierung, den er mit direkter Diskriminierung bezeichnet. Er unterscheidet Diskriminierung daher nach offener also direkter und struktureller Diskriminierung, indem er wie folgt argumentiert:

„Unter direkter Diskriminierung sind Herabwürdigungen zu verstehen, die sich zum Beispiel in wüsten Beschimpfungen, wie," „Du blöder Spasti!" ... *äußern. Der Rausschmiss aus Lokalen oder direkte gewalttätige Übergriffe sowie das In-Brand-Setzen von Behinderteneinrichtungen gehören natürlich auch hierher.*

Versteckter sind die in Gesetzen und Verordnungen angelegten oder durch Unterlassung entstandenen strukturellen bzw. indirekten Diskriminierungen, um die es in diesem Buch vorwiegend gehen wird. ... *Diskriminierung kann ein Tun, aber auch ein Unterlassen sein" (Heiden 1996, S. 26).*

Im Kapitel 5 werden auch hierzu Auszüge aus den Interviews angeführt, die derartige Diskriminierungen, besonders Arten von direkter Diskriminierung, noch einmal verdeutlichen.

3.1.6 Zusammenfassung von 3.1 „Von Einstellungen zu Diskriminierungen"

Das Verhalten eines Menschen ist kein reines Reiz-Reaktions-Geschehen, sondern ist unter anderem von den Einstellungen eines Menschen abhängig. Hinter diesen Einstellungen stehen Werte, welche subjektiv sind. Die Einstellungen besitzen zum einen bestimmte Merkmale und zum anderen sind sie ein mehrdimensionales System. Dieses System ist durch drei Komponenten gekennzeichnet, der kognitiven, der affektiven und der handlungsbezogenen Komponente. Einstellungen sind jedoch nicht grundsätzlich Auslöser bestimmten Verhaltens.

Sowie es positive Einstellungen gibt, so gibt es auch negative Einstellungen. Diese negativen Einstellungen können sich „gegen" Personen, Gruppen, Objekte u.a. richten und sofern sie zudem noch extrem änderungsresistent sind, bezeichnet man sie als Vorurteile. Hierbei ist jedoch zu beachten, dass diese Vorurteile häufig ohne Realitätsprüfung entstehen und bestehen können.

Besitzt ein Individuum ein bestimmtes Merkmal, dass von anderen Menschen kaum übersehen werden kann, so wird dieses als Stigma bezeichnet. Dieses Stigma kann zur Zuschreibung weiterer negativer Eigenschaften führen (Vorurteile). Besonders bei Menschen mit Behinderungen sind diese Stigmata häufig sehr schnell sichtbar. Je nach Sichtbarkeit hat dieses Stigma dann Auswirkungen auf die Einstellungen der „Anderen" gegenüber diesem Menschen mit Behinderung, welche sich unter Umständen in Vorurteilen niederschlagen können. Die Einstellungen gegenüber den „Stigmaträgern" sind jedoch von unterschiedlichen Determinanten abhängig, wie zum Beispiel der Art der Behinderung.

Ebenfalls kann es durch eine Behinderung zu Interaktionsspannungen zwischen dem Nichtbehinderten und dem Behinderten kommen. Die gesellschaftlichen Erwartungen und die gesellschaftliche Erwünschtheit führen jedoch dazu, dass Nichtbehinderte häufig negativ gegenüber Menschen mit Behinderung eingestellt sind, dies jedoch bei direktem Kontakt zu unterdrücken versuchen. Dennoch konnte Tröster einige Faktoren feststellen, die Indiz für negative Einstellungen bzw. ausgeprägte Verhaltensunsicherheit gegenüber behinderten Menschen bestätigen.

Die Folge eines Stigmas einer Person kann Stigmatisierung sein. Darunter fallen die negativen Einstellungen, die sich auf Grund der Merkmale einer Person bilden können. Eine extreme Form der Stigmatisierung stellt die Diskriminierung dar. Sie spielt sich nun nicht mehr nur in den Köpfen ab, sondern im Verhalten der Menschen, die zum Beispiel Menschen mit Behinderungen diskriminieren. Damit ist gemeint, dass sie ihnen mit Worten und Taten entgegentreten und sie somit aktiv herabwürdigen. Auf den Diskriminierten kann dies extreme Folgen haben, unter anderem auf dessen Selbstwertgefühl und somit auf dessen Identität.

3.2 Stigmatisierung und Diskriminierung, Selbstwertgefühl und Identität – oder: Folgen von Diskriminierungen

*„Stigmatisierende Zuschreibungen führen **zwangsläufig** zu einer massiven Gefährdung bzw. Veränderung der Identität stigmatisierter Menschen" (Cloerkes 1997, S. 151).*

46

Dies war eine Auffassung, welche Mitte der 70er Jahre vertreten wurde. Ob diese Aussage jedoch heute noch in dieser Form haltbar ist oder es mittlerweile andere Auffassungen des Zusammenhangs von Stigmatisierung und Identität gibt, wird im Folgenden analysiert und geklärt.

Das Ergebnis, welches ich an dieser Stelle als eine Art Motivierung schon jetzt anführen möchte, um das Interesse bei dem Leser zu wecken, kann in Anlehnung an Cloerkes (1997) in etwa folgendermaßen lauten:

*„Stigmatisierung bedeutet immer eine **unter Umständen** fatale Gefährdung der Identität und der psychischen Integrität von Menschen" (Cloerkes 1997, S. 176).* Oder anders formuliert, was einem Vorgriff auf die Folge der „Stigma-Identitäts-These" gleichkommt: *„Stigmatisierungsfolgen sind also **weder zwangsläufig noch einheitlich**, wie die klassische Stigma-Identitäts-These behauptet. Sie müssen darum im konkreten Fall empirisch ermittelt werden", wobei auf jeden Fall „ein angenehmes Selbst durch unangenehme neue Informationen (z.B. aufgrund von Stigmatisierung) bedroht ist" (Cloerkes 1997, S. 169).*

Nun stellt man sich bestimmt die Frage, wie es zu einer solchen Sichtweisenveränderung kommen konnte. Dies wird in den kommenden Abschnitten dieser Arbeit dargestellt.

Zudem gilt das Augenmerk in diesem Kapitel der Erörterung der Begriffe Selbstwertgefühl und Identität und deren Verflochtenheit miteinander. Zum Ende hin werden noch die Aspekte der Identität nach Goffman und Krappmann kurz angeschnitten, die im Folgenden Kapitel für das Verständnis wichtig sind.

Im nächsten Kapitel (3.3 „Die Stigma-Identitäts-These") wird der Zusammenhang von Stigma und Identität dann anhand der Stigma-Identitäts-These dargestellt.

An dieser Stelle will ich jedoch noch auf die Schwierigkeit hinweisen, die sich ergibt, wenn man sich mit dem Begriff der Identität auseinandersetzt. Haußer (1995) weist in seinem Buch „Identitätspsychologie", welches er in drei Bereiche eingeteilt hat (Teil A: Identität, Teil B: Identitätsentwicklung und Teil C Identitätsentwicklung in gesellschaftlichen Definitionsräumen) folgendermaßen darauf hin:

„Wer sich mit Identitätspsychologie auseinandersetzen will, findet in der Literatur zwei große Lager vor. Auf der einen Seite steht das populärwissenschaftli-

che, lebensnahe und fallbeispielreiche Werk von Erik H. Erikson. ... Auf der anderen Seite steht die Psychologie als Wissenschaft. Sie meidet den Identitätsbegriff nicht selten wegen seines komplexen Charakters. An seine Stelle trat das aufs Kognitive begrenzte „Selbstkonzept", ..." (Haußer 1995 ; S. 2).

Gerade dieser „komplexe Charakter" (Haußer 1995) des Identitätsbegriffes stellt die Schwierigkeit dar. Zudem zeigt er mit dem Ausdruck „Selbstkonzept", welcher an die Stelle von Identität trat, sich aber nur auf das Kognitive begrenzte, dass Identität mit dem Selbst und all den damit im Sinne der Psychologie verwandten Begriffen in Verbindung steht (Selbstwahrnehmung, Selbstbild, Selbstwertgefühl, Selbstdarstellung, ...). Diese Begriffsvielfalt und die jeweiligen Zusammenhänge und Verknüpfungen dieser Ausdrücke können in dieser Arbeit jedoch nicht bis auf das Letzte dargeboten werden.

Wie hängen nun die Begriffe Selbstwertgefühl, Selbstbild, Selbstwahrnehmung, Selbstkonzept und Identität zusammen?

3.2.1 Selbstwertgefühl und Selbstbild

In einem Online Ratgeber für Zufriedenheit, Erfolg und Lebensqualität, „Zeit zu Leben" wird das Selbstwertgefühl wie folgt beschrieben:

„Unser Selbstwertgefühl hängt stark davon ab, wie wir uns selbst sehen – also von unserem Selbst-Bild. Das Selbstbild ist das Bild, das wir von uns selbst in unserer Vorstellung haben. Wenn wir die Art und Weise verändern, wie wir uns selbst sehen, werden wir auch unser Selbstwertgefühl verändern"

(http://www.zeitzuleben.de/inhalte/persoenlichkeitsentwicklung/ selbstmanagement/nlp_9_selbstbild.html).

Neben dem Gesichtspunkt, „wie wir uns selbst *sehen"* ist außerdem für das Selbstwertgefühl entscheidend, wie wir uns mit der Einschätzung unserer selbst *fühlen*. Man darf daneben aber nicht vergessen, dass der Mensch in einer bestimmten sozialen Umwelt lebt. Daher wird das Selbstwertgefühl nicht nur durch die eigene Sicht geprägt, sondern auch dadurch, wie man von anderen gesehen wird. Somit erwirbt man dieses Bewusstsein über sich selbst, über Fähigkeiten, Eigenschaften, Stärken und Schwächen vor allem durch Beziehungsbotschaften, die andere senden. Eine wichtige Rolle spielt dabei insbesondere der Vergleich dieser fremden Sichtweise mit der eigenen und dessen Auswirkungen auf die Identität.

Dorsch (1987) formuliert dies folgendermaßen: *„Das Selbstbild"* – dadurch also auch das Selbstwertgefühl – *„entsteht sowohl durch die Selbstbeobachtung der eigenen Erlebnisse und des eigenen Handelns als auch durch die verschiedenen Formen der Beurteilung durch andere (Lob, Tadel, Lohn und Strafe)" (Dorsch 1987, S. 600).*

Haußer (1995) schreibt, dass *„das Selbstwertgefühl eines Menschen aus den Generalisierungen seiner erfahrungsabhängigen Selbstbewertungen entsteht"* *(ebd., S. 24)*, also *„durch sozialen und individuellen Vergleich als Bezugsnorm"* *(ebd., S. 17)*.

Das Selbstwertgefühl, sei es nun ein stabil positives oder negatives, ist jedoch auf entsprechende bestätigende Erfahrungen oder Einbildungen, *„neue Nahrung"* wie dies Haußer (1995) nennt, angewiesen. Ohne dies kann es auf Dauer nicht fortbestehen (vgl. Haußer 1995, S. 35).

Wird man wertschätzend behandelt, so hat das positive Auswirkungen auf das Selbstwertgefühl, ein positives Selbstkonzept wird aufgebaut. Die entgegengebrachte Wertschätzung entspräche hierbei einer im positiven Sinne *„subjektiv bedeutsamen, betroffen machenden Erfahrung" (Haußer 1995, S. 35)*.

Ist dies nicht der Fall, wird z.B. *„das Gefühl der Gleichwertigkeit verletzt"* *(Hofman 1981, S. 4)* oder kommt es zu Formen von Diskriminierung, kann dies Minderwertigkeitsgefühle zur Folge haben. Hierbei handelt es sich um ein *„Bewußtsein der eigenen Unterlegenheit im Vergleich mit anderen, das im verminderten Selbstwertgefühl und in einem herabgesetzten Anspruchsniveau Ausdruck findet" („Das neue Fischer-Lexikon in Farbe" 1981)*.

3.2.2 Das Selbstwertgefühl – Eine Komponente der Identität und Motiv für Verhalten und für zwischenmenschliche Beziehungen

Das Selbstwertgefühl hat Einfluss auf das ganze Sein eines Menschen, denn es leitet diesen in seinem Denken über sich und dementsprechendem Handeln, auch mit seiner sozialen Umwelt, in starkem Ausmaß.

So kann das Selbstwertgefühl, als eine Komponente der Identität, zum Beispiel ein Motiv für ein bestimmtes Verhalten eines Menschen sein.

Das Verhalten eines Kindes beruht beispielsweise auf dem Wunsch, sein Selbstwertgefühl zu verstärken. Es tut Dinge, die es kann, sucht Lob und Anerkennung und vermeidet Aufgaben, die ihm misslingen würden. Kinder mit motorischen Einschränkungen entwickeln Kompensationstechniken, um ebenfalls

Aufgaben bewältigen zu können und Anerkennung zu erhalten. Bis zu einem bestimmten Grad gelingt dies Kindern mit Behinderungen auch, doch manche Aufgaben können sie, bedingt durch die Behinderung, nicht erfüllen. Ihre Einschränkung wird ersichtlich durch das Misslingen, was negative Auswirkungen auf deren Selbstwertgefühl und deren Selbstkonzept – letztendlich auch auf deren Identität – haben kann.

Neben dem eben erläuterten Aspekt des Selbstwertgefühls, ein Motiv für bestimmtes Verhalten zu sein, steht das Selbstwertgefühl auch in engem Zusammenhang mit dem Eingehen von zwischenmenschlichen Kontakten und menschlichen Beziehungen, einem weiteren Aspekt der Daseinsgestaltung eines Menschen.

Menschen mit einem hohen Selbstwertgefühl haben meist unbeschwerte Beziehungen zu anderen Menschen. Sie gestalten ihr Dasein und die Form von Interaktionen selbst. Gerade dieser Punkt stellt für Menschen mit Körperbehinderungen eine große Schwierigkeit dar. Häufig ist es so, dass die Behinderung schon auf den ersten Blick sichtbar ist oder sich nach einiger Zeit in der Interaktion sichtbar macht. Die Person ist, wie es Goffman (1967) beschrieben hat, „in unerwünschter Weise anders" (ebd., S. 13) als erwartet. Ab dem Moment des Erkennens einer Andersartigkeit beim Gegenüber verläuft die Kommunikation häufig nicht mehr in gewohnter Weise ab. Ein Beispiel hierfür wäre ein Anstarren der behinderten Person, was sich auch bei den Interviewergebnissen als etwas, das verletzend empfunden wird, erwies. Dem Eingehen von Beziehungen ist somit ein Hindernis in den Weg gestellt. Allein schon durch unbewusst distanzierendes, evtl. zögerndes Verhalten auf der Seite der Nichtbehinderten, vor allem auf der nonverbalen Verhaltensschiene (vgl. Tröster 1988), verstärkt noch durch vielleicht aufkommende diskriminierende Äußerungen gegenüber dem Menschen mit Behinderung, wird das Selbstwertgefühl, das Selbstkonzept und auch die Identität des Menschen mit Behinderung an seiner Entfaltung gehindert oder verletzt.

Eine Folge kann sein, dass Menschen mit Behinderungen und teilweise auch Eltern von behinderten Kindern, die ja häufig als „Puffer" zwischen der Gesellschaft und dem behinderten Kind fungieren, gar nicht mehr versuchen neue Kontakte und Beziehungen einzugehen, da sie in der Vergangenheit viele schlechte Erfahrungen gemacht haben und mittlerweile schon ein „angeknackstes" Selbstwertgefühl und somit auch eine evtl. veränderte Identität besitzen.

Diese Feststellung, dass Eltern eine Art „Pufferfunktion" innehaben, war unter anderem ein Ergebnis der von mir durchgeführten Interviews.

Andererseits kann es sich dabei aber auch um eine Strategie handeln, selbstwertgefühls- und identitätsreduzierenden Ereignissen aus dem Weg zu gehen. Darauf wird im Abschnitt 3.4 „Coping" noch näher eingegangen.

3.2.3 Verhältnis von Selbstkonzept und Identität

Wie schon in dem einleitenden Zitat zum „sehr komplexen Charakter des Identitätsbegriffes" beschrieben, trat an die Stelle von Identität das, nach Haußer (1995) aufs Kognitive begrenzte „Selbstkonzept".

Bei der Erläuterung des Begriffes „Selbstwertgefühl" fand an mancher Stelle auch schon das „Selbstkonzept" Erwähnung. Dieses wurde dabei als Folge des Selbstwertgefühls verstanden, so dass man sagen kann, das Selbstkonzept hat das Selbstwertgefühl inne.

Im Folgenden will ich kurz die zwei Komponenten des Selbstkonzeptes bei Oerter (1995) darstellen, wodurch der eben beschriebene Zusammenhang von Selbstkonzept und Selbstwertgefühl verdeutlicht wird. Im Anschluss daran wird ich noch eine weitere, „dritte Komponente" hinzufügen – die handlungsbezogene Komponente –,welches dem Verständnis von Identität nach Haußer (1995) gleichkommt. Diese drei Komponenten stehen miteinander in einem dynamischen Beziehungsverhältnis, was von Gergen (1979) als *„Kernidentität" (ebd., S. 84f.; in Haußer 1995, S. 26)* bezeichnet wird.

3.2.3.1 Die zwei Komponenten des Selbstkonzeptes bzw. der Identität bei Oerter (1995, S. 346 f.)

Das Selbstkonzept setzt sich nach Oerter (1995) aus einer „affektiven Komponente" und einer „kognitiven Komponente" zusammen.

Die affektive Komponente erfasst dabei das ausführlich beschriebene Selbstwertgefühl und das damit verbundene Selbstvertrauen. Die kognitive Komponente setzt sich demgegenüber aus dem Wissen von und über sich und aus der Selbstwahrnehmung zusammen.

Wichtig in diesem Zusammenhang sind noch folgende Sichtweisen von Oerter:

Zum einen setzt er „Selbst" mit Identität gleich, indem er formuliert:

„Dem Begriff der Identität verwandt bzw. mit ihm größtenteils deckungsgleich ist das Selbst" (Oerter 1995 S. 346).

Zum anderen versteht er Identität in dreifacher Weise.

Allgemein, als *„einzigartige Kombination von persönlichen, unverwechselbaren Daten des Individuums" (ebd., S. 346)*, psychologisch, als *„einzigartige Persönlichkeitsstruktur, verbunden mit dem Bild, das andere von dieser Persönlichkeitsstruktur haben" (ebd., S. 346)* und phänomenologisch, wonach „Selbst", also Identität, die Selbstwahrnehmung und das Selbstwertgefühl beinhaltet. Dies führt dazu, dass man in diesem besonderen Fall dann vorwiegend vom Selbstkonzept spricht. Das drückt also im phänomenologischen Sinn aus:

Identität = Selbst = Selbstkonzept

(vgl. Oerter 1995, S. 347).

Zu beachten ist somit, dass Oerter (1995) im Gegensatz zu Haußer (1995), dessen Verständnis von Identität ich im Folgenden darstellen werde, nicht nur die kognitive Seite für die Erklärung des Selbstkonzepts heranzieht, sondern noch eine affektive hinzu nimmt, was seine Gleichstellung „Selbstkonzept = Identität" erklärt.

3.2.3.2 Identität nach Haußer (1995) – Identitätsrelevanz von Erfahrungen und die drei Komponenten der Identität

Bei Haußer (1995) ist die Identität durch die oben erwähnte Hinzunahme der handlungsbezogenen Komponente, neben der kognitiven (Selbstkonzept) und affektiv-emotionalen (Selbstwertgefühl), verständlicher aufgebaut. Verständlicher ist dies vor allem daher, da Identität nicht mit Selbstkonzept gleichgesetzt wird, sondern aus drei Komponenten bestehend verstanden wird, von denen das Selbstkonzept eine und zwar die kognitive ist.

In seinem Buch „Identitätspsychologie" beschreibt Haußer (1995) ganz zu Beginn die Wichtigkeit, Identität in irgendeiner Weise zu definieren, da es nur so sinnvoll ist, *„nach denkbaren und empirisch auffindbaren Verläufen der Identitätsentwicklung zu forschen und ihre Bedingungen und Auswirkungen herauszufinden" (ebd., S. 4)*. So ist es also auch in Anbetracht der später darzustellenden „Stigma-Identitäts-These" notwendig, Identität zu definieren.

Haußer (1995) versteht Identität vor allem als *„situative Erfahrung" (ebd., S. 5)*, wobei subjektive Bedeutsamkeit und Betroffenheit des Individuums durch diese Erfahrung von großer Bedeutung sind. Nur wenn eine „situative Erfahrung" die Person beschäftigt und sie betroffen macht, geht diese in die Selbstwahrnehmung und Selbstbewertung ein (vgl. ebd., S. 9).

52

Daher schreibt Haußer zusammenfassend:

*„Damit sich eine Person mit einem Sachverhalt in einer erlebten Situation be-
wußt und intensiv beschäftigt, muss ihr diese Situation bedeutsam erscheinen
und sie betroffen machen. Subjektive Bedeutsamkeit und Betroffenheit kann man
so betrachtet als Filter für die Identitätsrelevanz von Erfahrungen sehen. In diesem Verständnis umfasst Identität als situative Erfahrung die kognitive Komponente" (denken) „der Selbstwahrnehmung, die emotionale Komponente"
(wahrnehmen, fühlen, empfinden) „der Selbstbewertung und die handlungsbezogene Komponente" (handeln, antizipieren, Einfluss nehmen) „der personalen
Kontrolle" (Haußer 1985, S. 21).*

Diese drei Komponenten stehen miteinander in Beziehung, bedingen sich wech-
selseitig und müssen von jedem Subjekt trianguliert und ausbalanciert werden.

Werden die situativen Erfahrungen transsituativ über die Zeit (Kontinuität)
und/oder über Lebensbereiche (Konsistenz) generalisiert, entsteht das Selbstkonzept, das Selbstwertgefühl und die Kontrollüberzeugung (vgl. Cloerkes
1997, S. 178).

Identität kann somit, analog zu den Komponenten der Einstellungen, als kognitive, affektive und konative Generalisierung situativer Erfahrungen verstanden
werden (vgl. ebd., S. 178).

Dies wird in folgender Abbildung dargestellt:

Situative Selbstwahrneh-mung (kognitive Komponente)	Die momentanen Erfahrun-gen eigenen Verhaltens und Wirkens werden mit gespei-cherten Erfahrungen verei-nigt.	→	G E N E R A L I S I E R U N G	Selbstkonzept – Wie ich mich sehe!
Situative Selbstbewertung (emotionale Komponente)	Sie erfolgt durch sozialen und individuellen Vergleich als Bezugsnorm.	→		Selbstwertgefühl – Wie ich mich dabei fühle!
Personale Kontrolle (handlungsbezoge-ne oder konative Komponente)	Sie stellt das Bedürfnis dar, auf Gegebenheiten und Er-eignisse der Umwelt Einfluss zu nehmen (Erklären, vor-hersagen, beeinflussen).	→		Kontrollüberzeugung – Was ich zustande bringe!

Wie schon erläutert wurde, bildet die subjektive Bedeutsamkeit eine Art Filter für situative Erfahrungen (*„Identitätsfilter"* *(Haußer 1995, S. 25)*, mit denen sich die Person *„beschäftigt und anhand derer sie ihre ureigene ... Identität aufbaut" (ebd., S. 25).* Über die kognitive, emotionale und handlungsbezogene Komponente (vgl. Einstellungen) werden die Erfahrungen je nach der Situation eingeschätzt und bewertet. Nun kann es sein, dass die Person bestimmte Erfahrungen für wichtig erachtet, so dass sie sich noch intensiver damit beschäftigt und eine Generalisierung vornimmt (vgl. Haußer 1995, S. 25).

Hierzu ein Beispiel, das nicht aus der Luft gegriffen ist, sondern sich durchaus so ereignet: Wenn eine Mutter mit ihrem behinderten Kind zum Beispiel aus einer Gaststätte verwiesen wird mit dem Hinweis, dass hier kein Platz für Behinderte sei, so kann diese schreckliche Erfahrung dazu führen, dass die Mutter Gaststättenbesuche fortan meidet.

„Damit wird eine neue Stufe erreicht, nämlich Identität als übersituative Verarbeitung" (Haußer 1995, S. 25).

Somit kann sich eine derartige negative, diskriminierende Behandlung, wie im Beispiel beschrieben, in einer Generalisierung niederschlagen, die das Selbstwertgefühl der Mutter negativ beeinflusst. Dadurch dass nun das Selbstwertgefühl auch noch eine Komponente der Identität ist, kann es auch noch bei der Identität als *„übersituative Verarbeitung" (Haußer 1995, S. 25)* Auswirkungen haben.

Haußer schreibt jedoch, dass *„bereichsspezifische oder momentane negative Selbstwertgefühle durch positive Erfahrungen anderenorts oder zu anderer Zeit entlastet werden können" (Haußer 1995, S. 37).*

Damit mag Haußer (1995) durchaus recht haben, wenn es sich um nicht zu gravierende, nicht zu oft stattfindende negative Erfahrungen handelt.

Doch was ist, wenn die situative Erfahrung für die betreffende Person sehr tiefgreifend negativ war?

Was, wenn eine Person, um am Beispiel anzuknüpfen, eine Mutter mit einem behinderten Kind, sehr häufig negative Erfahrungen macht?

Was, wenn man eine negative Erfahrung mit einer bis dahin als sehr nett und freundlich empfundenen Person, vielleicht sogar mit einer der Mutter bis dahin wichtigen Person macht?

Diese Fragen ergeben sich für mich vor allem in Erinnerung an die von mir durchgeführten Interviews mit Eltern körperbehinderter Kinder. Es ist sicherlich richtig, dass das Selbstwertgefühl *eine „relative Änderungsträgheit" (Haußer 1995, S. 59)* hat, da es nach Haußer kaum anzunehmen ist, *„dass ein Mensch mit Selbstkonzept, Selbstwertgefühl und Kontrollüberzeugung, die aufgrund bedeutsamer biographischer Erfahrungen mehr oder weniger generalisiert vorliegen, wegen einer einzelnen Erfahrung von heute auf morgen sein Selbstwertgefühl massiv ändert. Bevor es soweit kommt werden wohl eher weiter informationssuchende Schritte zur Realitätsüberprüfung (Frey 1981) unternommen werden"* *(Haußer 1995, S. 59).*

Findet aber Diskriminierung gegenüber Menschen mit Behinderung, welche von sich auf Grund der Behinderung durch den Vergleich mit den sogenannten „Normalen" evtl. schon ein verändertes Selbstbild haben, häufig statt, mag dies einer Realitätsüberprüfung gleichkommen, die den Menschen mit Behinderung in seinem evtl. negativen Selbstwertgefühl bestätigt.

3.2.3.3 Identitätsdefinition nach Haußer (1995, S. 66)

Zum Abschluss will ich an dieser Stelle noch die von Haußer (1995) geforderte Definition von Identität darstellen und mit dem Abschnitt „Identität, Selbst, privates Selbst, soziales Selbst und sozialer Spiegel" (vgl. Haußer 1995, S. 38) zum sozialen Selbst (bzw. Eigenselbst; soziale Identität) im Gegensatz zum privaten Selbst (bzw. persönliches Selbst; persönliche Identität) und zur „Stigma-Identitäts-These" von H. P. Frey überleiten.

„Identität läßt sich nunmehr bestimmen als die Einheit aus Selbstkonzept, Selbstwertgefühl und Kontrollüberzeugung eines Menschen, die er aus subjektiv bedeutsamen und betroffen machenden Erfahrungen über Selbstwahrnehmung, Selbstbewertung und personale Kontrolle entwickelt und fortentwickelt und die ihn zur Verwirklichung von Selbstansprüchen, zur Realitätsprüfung und zur Selbstwertherstellung im Verhalten motivieren."

3.2.3.4 Identität, Selbst, persönliches Selbst, soziales Selbst und sozialer Spiegel

„Während der Identitätsbegriff durch Erikson (1968/1988) eingeführt wurde, geht der Begriff des Selbst auf James (1890/1950)" (Oerter 1995, S. 347) und Mead (1934/1973) zurück, was an dieser Stelle nur erwähnt sei, worauf aber nicht näher eingegangen wird. Auch Goffman (1963) und Krappmann (1973)

haben sich mit „Identität" und „Selbst" auseinandergesetzt und haben versucht, durch die Einteilung in ein „persönliches Selbst (oder auch die persönliche Identität)" (Oerter 1995, S. 347) und ein „soziales Selbst (die soziale Identität)"(Oerter 1995, S. 347) Identität und Selbst besser zu fassen.

Daneben führt Goffman, in Anlehnung an Eriksons (1968) Innenaspekt der Identität noch eine dritte Identität, die sogenannte „Ich-Identität", an. Cloerkes (1997) verweist darauf, dass der Begriff eher am Rande erwähnt wird und das

„subjektive Empfinden seiner eigenen Situation und seiner eigenen Kontinuität und Eigenart kennzeichnet, das ein Individuum allmählich als ein Resultat seiner verschiedenen sozialen Erfahrungen erwirbt" (Erikson 1968, S. 132; in Cloerkes 1997, S. 153).

Krappmann (1969), der Identität als eine Leistung versteht, hinsichtlich einer Balance zwischen sozialer und persönlicher Identität, sieht die Ich-Identität als Bedingung für die Aufrechterhaltung derselben. Da aber die Ich-Identität bei Freys (1983) „Stigma-Identitäts-These" keine Rolle spielt, soll dies hierzu ausreichen und das Augenmerk auf die beiden anderen Aspekt von Identität, das „persönliche" und das „soziale" Selbst gerichtet werden. Diese unterscheiden sich besonders in einem Punkt.

• Das **„persönliche Selbst"** oder, wie Goffman (1967) es nennt, die „persönliche Identität"(ebd.) „ist die einzigartige Kombination von Lebensdaten, objektiven Körpermerkmalen (z.B. Fingerabdruck), Handschrift usw." (Neubauer 1976, S. 102). Oerter (1995) bezeichnet dies als den „roten Faden", bzw. den „gleichbleibenden (eben identischen) Brennpunkt, den sich das Individuum als Selbst konstruiert" (Oerter 1995, S. 347). Der Aspekt der „Kombination von persönlichen, unverwechselbaren Daten des Individuums" (Oerter 1995, S. 346), was den Lebensdaten bei Goffman gleichzusetzen wäre, fällt bei Oerter unter den allgemeinen Sinn des Begriffes Identität (vgl. Oerter, S. 346).

• „Das **soziale Selbst** entsteht aus dem Bild, das die anderen sich von einem selbst machen"

(Oerter 1995, S. 347). Das bedeutet also, dass man sich so sieht, wie einen die anderen sehen, „es ist also eine Typisierung und Klassifizierung eines Menschen durch andere" (Goffman 1974, S. 9f.; in Haußer 1995, S. 40). Dies kann für das Selbst und vor allem für das Selbstwertgefühl, also auch für die Identität eines Menschen positiv sein, in „Extremfällen" (McCall

56

1974) aber, zum Beispiel bei Menschen, die in „unerwünschter Weise anders sind" (Goffman 1967, S. 13), kann sich dies negativ auf das Selbst, das Selbstwertgefühl und somit auch auf deren Identität auswirken. Haußer (1995) definiert ähnlich wie Oerter (1995) das soziale Selbst als das Selbst eines Menschen, das von außen über ihn definiert wird (vgl. Haußer 1995, S. 38).

Cooley (1902, 1968) entwarf für das soziale Selbst, in welchem sich die soziale Umwelt widerspiegelt, die sehr anschauliche Formulierung des *„looking glass self" (ebd., 1902 und 1968, S. 90; in Haußer 1995, S. 39)*, von Haußer (1995) *als „Identität durch den sozialen Spiegel" (ebd., S. 38)* verstanden. Dies verweist nach Frey (1983, S. 5/6) auf die gesellschaftliche Zusammensetzung menschlicher Identität. Es muss aber beachtet werden, dass das Selbst *„nicht eine reine Kopie sozialer Verhältnisse ist" (Frey 1983, S. 6)*.

Bei der Beschreibung der „Stigma-Identitäts-These" werden diese Begriffe eine wichtige Rolle spielen.

3.2.4 Zusammenfassung von 3.2 „Stigmatisierung und Diskriminierung, Selbstwertgefühl und Identität"

Diskriminierung in Form von stigmatisierender Zuschreibung muss nicht zwangsläufig eine Gefährdung der Identität nach sich ziehen. Dafür ist die Identität ein zu komplexes Gebilde.

Das Selbstwertgefühl spielt bei den meisten Autoren, welche sich mit der Identität auseinandersetzen, eine sehr wichtige Rolle und wird immer als ein Aspekt der Identität betrachtet. Es entsteht durch das Selbstbild, welches seinerseits aus zwei verschiedenen Perspektiven gebildet wird. Zum einen aus der Sichtweise, wie man sich selbst sieht und zum anderen aus der, wie einen andere sehen. Das Minderwertigkeitsgefühl stellt das Gegenteil des Selbstwertgefühls dar, wobei beide Einfluss auf das Sein eines Menschen haben und somit sein Handeln beeinflussen. Dies erklärt auch, warum das Selbstwertgefühl den affektiven Aspekt der Identität darstellt. Daraus resultiert, dass man das Selbstwertgefühl als Motiv für Verhalten auf der einen Seite und auf der anderen Seite als Motiv für das Eingehen zwischenmenschlicher Beziehungen verstehen kann.

Um den Begriff „Identität" besteht wegen des komplexen Charakters ein großes Gewirr.

Oerter (1995) zum Beispiel versteht unter Identität dasselbe wie unter Selbst oder Selbstkonzept. Das Selbstkonzept aber differenziert er in eine affektive Komponente, das Selbstwertgefühl, und eine kognitive Komponente, die Selbstwahrnehmung bzw. das Wissen über sich. Haußer (1995) definiert die Identität jedoch in anderer Weise. Er geht von einer situativen Erfahrung aus, welche für das Subjekt bedeutsam ist (Filter), da es sich erst dann damit beschäftigt und zwar auf drei verschiedenen Ebenen, welche nach erfolgter Generalisierung der Erfahrung die drei Komponenten der Identität bilden. So führt eine Erfahrung auf der kognitiven Seite zu Selbstwahrnehmung, welche das Selbstkonzept bildet. Dieses Selbstkonzept ist nicht mit der Identität gleichzustellen, da die anderen beiden Komponenten nicht außer acht gelassen werden dürfen. Die emotionale, affektive Komponente hat das Selbstwertgefühl zum Ergebnis und hängt von der Selbstbewertung dieser situativen Erfahrung ab. Die dritte Komponente stellt eine personale Kontrolle auf der handlungsbezogenen Ebene dar und führt zur Kontrollüberzeugung. Diese fand bei Oerter keine Berücksichtigung! Aus diesem Verständnis heraus bildete Haußer eine Definition für „Identität".Befasst man sich mit der Identität, dann dürfen das persönliche Selbst, das soziale Selbst und das soziale Spiegel-Selbst nicht vergessen werden. Das persönliche Selbst, auch verstanden als persönliche Identität, setzt sich aus den, dem Individuum eigenen Merkmalen und Kennzeichen zusammen. Das soziale Selbst wird durch die Sichtweise gebildet, wie man von anderen gesehen wird; es wird auch als soziales Spiegel-Selbst bezeichnet.

3.3 Die Stigma-Identitäts-These

Besondere Bedeutung wird nun der „Stigma-Identitäts-These" zukommen, um mögliche Folgen von Diskriminierung für die Identität von Menschen darzustellen. Hierbei werden die „gängigen soziologischen Identitätskonzeptionen von Goffman und Krappmann/Thimm" (Cloerkes 1997, S. 152) jedoch nicht separat, sondern als miteinander verknüpft in diesem „neuen und überzeugenderen Identitätsmodell durch Hans-Peter Frey" (Cloerkes 1997, S. 152) angesehen.

Dieses Modell von Frey (1983) wird als „heuristisch und hierarchisch aufgebautes Filter-Speicher-Modell" (vgl. Frey 1983; Frey 1987; Frey/Haußer 1987; in Cloerkes 1997, S. 160) bezeichnet werden.

Wichtig für das Verständnis des Modells ist das soziale Selbst, das private Selbst und die von Frey (1983) unterschiedenen drei Aspekte der Identität. Zudem stellt das „Filter-Speicher-Modell" schon eine sehr starke Annäherung an die, bzw. eine Art Überleitung zu der Coping Forschung dar. Dies vor allem durch das Bemühen des Individuums mit Integrations- und Balanceleistungen, eine der drei Identitätskomponenten, Kontinuität, Konsistenz und positive Selbsterfahrung sicherzustellen, was Cloerkes (1997) *„Bewältigung von Identitätsproblemen" (ebd., S. 164)* nennt. Das Ganze geschieht durch Aktivierung von sogenannten „Identitätsstrategien".

3.3.1 Begriffsklärung

In den vorangegangenen Abschnitten habe ich die Begriffe Stigma, Stigmatisierung, Diskriminierung (Etikettierung), Selbst und Identität dargestellt und aufeinander bezogen. Die „Stigma-Identitäts-These" weist im Besonderen auf den Zusammenhang dieser Begriffe hin. Dies sagt auch schon der Name „Stigma – Identitäts – These" aus. Als Grundlage kann der von Knutsson (1977) formulierte Satz herangezogen werden, welcher von anderen Autoren ähnlich formuliert wurde.

„Etikettierung zielt auf die Änderung der Identität des Betroffenen ab" (vgl. Knutsson 1977, S. 39; in Frey 1983, S. 13).

Tannenbaum meint 1938 in ganz ähnlicher Weise, dass *„der Betroffene schließlich zu dem wird, als der er von seiner Umwelt etikettiert wurde, eben ein Devianter" (vgl. Tannenbaum 1938, S. 20; in Frey 1983, S. 14).* Mit „Devianter" meint er einen Abweichenden.

Schon an früherer Stelle wurde in dieser Arbeit darauf hingewiesen, dass Stigmatisierung und Identität in einem Beziehungsverhältnis stehen, welches jedoch nicht zwangsläufig sein muss (vgl. 3.2). Es kommt immer ganz auf die „subjektive Bedeutsamkeit und Betroffenheit" an, welche durch *„reflexive intrapsychische Vorgänge" (Frey 1983, S. 14)* nach dem Erlebnis einer Stigmatisierung ermittelt wird und Identitäts- und Selbstbild- Änderungen als Folge haben kann. Dies resultiert daraus, dass der Stigmatisierte die Etikettierung evtl. auf sich selbst anwendet (vgl. Frey 1983, S. 14).

„Während Stigma eine externe Kategorie ist, wird Identität hier als interne Kategorie verstanden" (Frey 1983, S. 14).

Aus diesen und den vorangegangenen Überlegungen will Frey (1983) folgendes als sog. „Stigma-Identitäts-These" verstanden wissen:

*„Die skizzierte Beziehung zwischen Stigmatisierung, also diskreditierenden Eti-
kettierungsprozessen und der Akzeptierung dieser Zuschreibungen durch den
Betroffenen als Teil seiner Selbst" (Frey 1983, S. 14).*

Frey stellt jedoch durch eine Auflistung von Darstellungen der Stigma-Identitäts-These durch verschiedene Vertreter des Etikettierungsansatzes (Howard
Becker 1963, Earl Rubington und M.S. Weinberg 1968, Edwin M. Lemert 1972
und Michael Schwartz und Sheldon Stryker 1970) unter anderem zwei Folge-
rungen fest. Zum einen wird die Stigma-Identitäts-These nirgends präzise formuliert und zum anderen wird der Identitätsbegriff selten definiert und sogar
inkonsistent verwendet (vgl. Frey 1983, S. 41).

Gerade eine Verbesserung dieser beiden Gesichtspunkte versucht Frey durch die
Konstruktion seines, nach Cloerkes *„neuen und überzeugenderen Identitätsmodell" (ebd. 1997, S. 152)*, zu erreichen.

Bei der Darstellung der Begriffe „Selbst" und „Identität" wurde deutlich, dass
um die Begriffe „Identität" und „Selbst" ein wahres Begriffsgewirr besteht. Der
Identitätsbegriff sowie der Begriff des Selbst ist also nicht eindeutig bestimmt.

In Anlehnung an Goffman und Krappmann versucht nun Frey den Identitätsbegriff *„drei verschiedenen Bedeutungskategorien zuzuordnen" (Frey 1983,
S. 15)*. Auch Cloerkes (1997) hat in seinem Buch „Soziologie der Behinderung"
diese *„drei Aspekte der Identität nach Frey" (ebd., S. 160f.)* angeführt.

3.3.2 Drei verschiedene Bedeutungskategorien von Identität

Um diese drei verschiedenen Bedeutungskategorien von Identität oder, wie
Cloerkes (1997) sie nennt, Aspekte der Identität, in übersichtlicher Form dar-
stellen zu können, werde ich zuerst Auszüge aus dem Buch „ Stigma und Iden-
tität" von Frey (1983) anfügen, bevor ich dann ein Schaubild zu diesen drei
Aspekten erstelle. Das Schaubild orientiert sich zudem an Formulierungen und
Abbildungen von Cloerkes (1997, S. 160-164).

Frey (1983) schildert die drei Kategorien der Identität folgendermaßen:

Kategorie A: *„Identität wird als das Ergebnis externer Typisierungs- und Zuschreibungsprozesse verstanden. Demnach wird die Identität ei-
ner Person im öffentlichen Raum durch die soziale Umwelt
festgelegt. Identität wird hier im Sinne der 'Identifizierung' einer
Person durch andere verstanden" (Frey 1983, S. 15).*

Cloerkes (1997) nennt dies den *„externen Aspekt" (ebd., S. 160).*

60

Kategorie B: *„Identität wird als das Ergebnis interner Typisierungs- und Zuschreibungsprozesse verstanden. Eine Person 'identifiziert' sich selbst"* *(Frey 1983, S. 15)* als Behinderter. Frey unterteilt jedoch den internen Aspekt in ein soziales Selbst und ein privates Selbst, beides Teile der Person, welche ihre subjektive Wirklichkeit konstituieren (vgl. Berger & Luckmann 1969; in Frey 1983, S. 48). *„Beide repräsentieren als Selbst-Erfahrung die Identität der Person, ..."* *(ebd., S. 49)*.

Cloerkes (1997) nennt dies *„internen Aspekt"* *(ebd., S. 161)* und verweist darauf, dass Frey in diesem Sinne vom „Selbst" spricht, denn: *„ Der Terminus 'Selbst' verweist in der Literatur stets auf interne Vorgänge, also auf subjektive Verarbeitungen externer Informationen durch den Betroffenen. Es handelt sich dabei um reflexive Mechanismen, ..."* *(Frey 1983, S.46)*.

Kategorie C: *„Identität wird als spezifische Integrationsleistung einer Person verstanden, bei der divergierende Elemente externer (Kategorie A) und/oder interner (Kategorie B) Zuschreibungen aufgelöst oder ausbalanciert werden müssen. Es können sowohl interne als auch externe (expressive) Handlungsstrategien sein"(Frey 1983, S. 15)*.

Zudem spricht Frey von *„Identität als Integrationsleistung diskrepanter Selbst- Erfahrungen"* *(ebd., S. 55; in Cloerkes 1997, S. 162)* .

Dieser dritte Aspekt wird von Cloerkes als **„Integrations- und Balanceaspekt" (ebd., S. 162)** bezeichnet. Daneben verweist er noch darauf, dass dies *„an Krappmanns Entwurf der balancierten Identität anschließt"* *(ebd., S. 162)*.

Aus der Darstellung dieser drei Aspekte der Identität und den Überlegungen von Cloerkes zu diesen drei Kategorien werde ich ein diese drei Kategorien der Identität verdeutlichendes „Schaubild" erstellen. Dass jeder Aspekt mit den anderen in einem Beziehungsverhältnis steht und eine jeweils besondere Auswirkung auf das Individuum hat, muss beachtet werden.

Vorher werde ich jedoch die drei Kategorien von Frey mit Cloerkes Bezeichnung dieser beschreiben.

Der **externe Aspekt (Kategorie A)** führt zu **öffentlicher Identität**. Diese öffentliche Identität kann man nach Cloerkes (1997) auch mit **„Fremdbild"** bezeichnen. Häufig wird auch anstelle von externer Identitätsaspekt der Begriff **„Status"** verwendet.

Der **interne Aspekt (Kategorie B)**, welcher *„aus zwei Ebenen der subjektiven Wirklichkeit besteht, dem sozialen Selbst und dem privaten Selbst, die sich aufgrund neuer Ereignisse in der objektiven Wirklichkeit verändern"* (vgl. Frey 1983, S. 50), führt im Bezug auf das soziale Selbst zum **Bild von der Meinung anderer über einen selbst**, im Bezug auf das private Selbst zum **Bild von sich selbst**. Hier kann man den Begriff interner Identitätsaspekt durch den Begriff **„Selbst"**, das Bild von der Meinung anderer über einen selbst durch die Bezeichnung **„vermutetes Fremdbild"** und das Bild von sich selbst durch den Ausdruck **„Selbstbild"** ersetzen.

Der **Integrations-Balance-Aspekt** darf als die **dritte Komponente (Kategorie C)** nicht vergessen werden. Dieser hat die **Selbstdarstellung** als Folge. Er kommt dem Verständnis der *„Identität als prozessual-dynamische, situative und transsituative Integrations- und Balanceleistung"* (Cloerkes 1997, S. 179) gleich, welche als eine Folge der Triangulierung von

-   „Selbst" als internen Identitätsaspekt (Selbstbild und vermutetes Fremdbild),
-   „Status" als externen Identitätsaspekt (also Fremdbild), und
-   anderen Erfahrungen mit und über die Umwelt verstanden werden kann.

3.3.3 Selbstbild, vermutetes Fremdbild und Fremdbild und deren Beziehung zueinander

Die Identitätskomponenten werden im folgenden als *„Selbstbild, vermutetes Fremdbild und Fremdbild"* (Cloerkes 1997, S. 179) bezeichnet, und der Zusammenhang zu den Aspekten von Frey nun dargestellt.

Aspekte der Identität	**Externer Aspekt (Kat. A) „Status"**	- „Wie sieht mich der andere? Wie sehen mich die anderen? - Einer Person zugeschriebener Status (sozialer Status) - Erfahrungen und Infos über seine sachliche und personale Welt - Die soziale und persönliche Identifizierung durch andere - Interaktionspartner schreibt soz. und pers. Identität zu - Interaktionspartner haben Erwartungen und bewerten Individuum - Entspricht weitgehend der sozialen und persönlichen Identität von Goffman - Identifizierung durch andere als personales und soziales Wesen ➔ **„öffentliche Identität"/ „Fremdbild"**
	Integration- und Balance- Aspekt (Kat. C)	- „divergierende Elemente externer und / oder interner Zuschreibungen werden aufgelöst oder ausbalanciert" (Frey 1983, S. 15) Daneben wirken aber auch noch andere Erfahrungen mit und über die Umwelt auf das Individuum, welche auch ausbalanciert werden müssen, wobei es z. B. bei sich zu eigen gemachten Erfahrungen kommen kann (vgl. Cloerkes 1997, S. 163, Abb.6.5) ➔ berücksichtigt privates und soziales Selbst und integriert das Fremdbild ➔ berücksichtigt auch andere Erfahrungsbestände (mit und über die Umwelt!) ➔ leitet Handeln an ➔ bestimmte Identitätsdarstellung durch Triangulierung von SELBSTBILD, VERMUTETEM FREMDBILD und FREMDBILD ⇨ Wirkt auf Interaktionspartner zurück, was erneute Zuschreibungsprozesse des Interaktionspartners in der sozialen Umwelt auf das soziale Selbst des Individuums über den externen Aspekt zur Folge haben kann. ➔ „Diese **Selbstdarstellung** des Individuums kann durchaus vom privaten Selbst abweichen" (Cloerkes 1997, S. 162) und entspricht der **„IDENTITÄT** als prozessual-dynamische, situative und transitive Integrations- und Balanceleistung" (Cloerkes 1997, S. 179)
	Interner Aspekt (Kat. B) „Selbst"	- Reflexiver Prozess - Entspricht der Ich-Identität bei Goffman - besteht aus zwei Ebenen der subjektiven Wirklichkeit, dem sozialen Selbst und dem privaten Selbst, welche sich aufgrund neuer Ereignisse in der objektiven Wirklichkeit verändern (vgl. Frey 1983, S. 50) ➔ **Soziales Selbst** - „Wie sehen mich die anderen?" (Frey 1983, S. 47) - „me" bei G.H. Mead; „looking-glass-self" bei Cooley - „interne Ebene der Selbsterfahrung, auf der die Pers. sich selbst aus der Perspektive ihrer sozialen Umwelt definiert" - Vorgang: Außeninformationen werden von mir wahrgenommen ⇩ ich wähle wichtige Informationen aus ⇩ **Bild von der Meinung anderer über mich bzw. vermutetes Fremdbild** ➔ **Privates Selbst** - „Wie sehe ich mich selbst?" (Frey 1983, S. 48) - „interne Ebene der Selbsterfahrung, in der die Person sich aus ihrer eigenen privaten Perspektive definiert" (Frey 1983, S. 48) - „Ich" bei Mead - Anpassungen des sozialen Selbst müssen auch für das private Selbst vollzogen werden (vgl. Frey 1983, S. 48) - Ich bewerte das soziale Selbst und übernehme Inhalte dessen oder weise sie zurück, ein privates Bild entsteht in mir, ich definiere mich selbst aus transitiven Erfahrungen ⇨ **Selbstbild bzw. Bild von sich selbst**

Cloerkes (1997) hat diese Beziehungszusammenhänge in einer Abbildung sehr schön verdeutlicht. Die Darstellung sei als Ergänzung zu dem von mir entworfenen Schaubild zu verstehen.

(Cloerkes 1997, S. 179, Abb. 6.8)

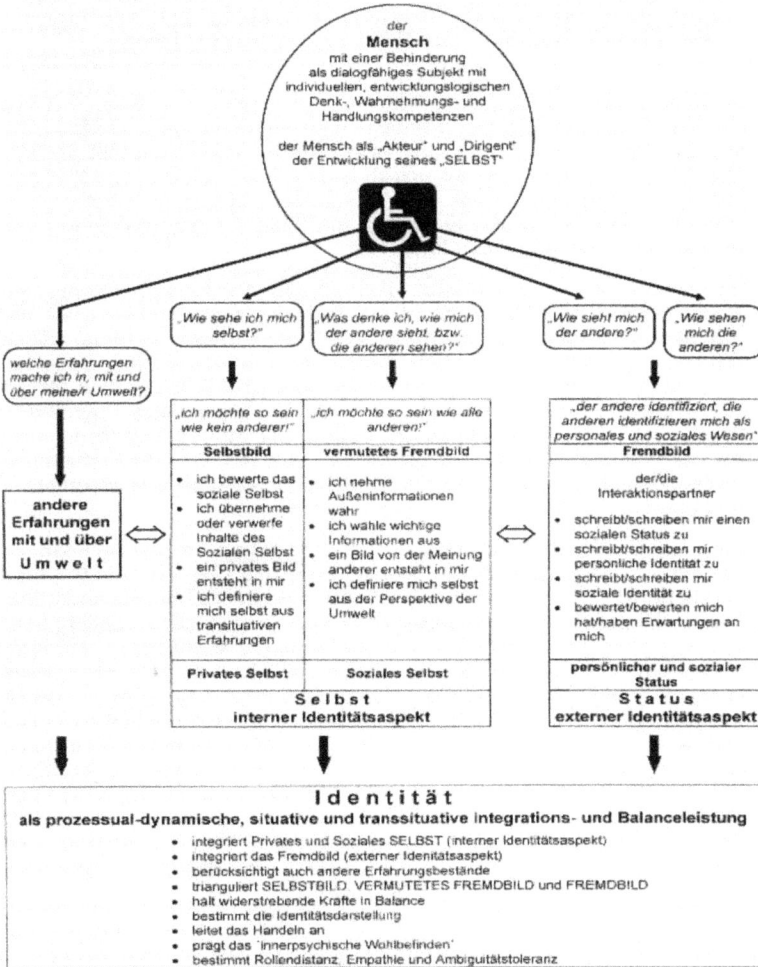

der
Mensch
mit einer Behinderung
als dialogfähiges Subjekt mit
individuellen, entwicklungslogischen
Denk-, Wahrnehmungs- und
Handlungskompetenzen

der Mensch als „Akteur" und „Dirigent"
der Entwicklung seines „SELBST"

welche Erfahrungen mache ich in, mit und über meine/r Umwelt?	„Wie sehe ich mich selbst?"	„Was denke ich, wie mich der andere sieht, bzw. die anderen sehen?"	„Wie sieht mich der andere?"	„Wie sehen mich die anderen?"
	„ich möchte so sein wie kein anderer!"	„ich möchte so sein wie alle anderen!"	„der andere identifiziert, die anderen identifizieren mich als personales und soziales Wesen"	
andere Erfahrungen mit und über Umwelt	**Selbstbild**	**vermutetes Fremdbild**	**Fremdbild**	
	• ich bewerte das soziale Selbst • ich übernehme oder verwerfe Inhalte des Sozialen Selbst • ein privates Bild entsteht in mir • ich definiere mich selbst aus transituativen Erfahrungen	• ich nehme Außeninformationen wahr • ich wähle wichtige Informationen aus • ein Bild von der Meinung anderer entsteht in mir • ich definiere mich selbst aus der Perspektive der Umwelt	der/die Interaktionspartner • schreibt/schreiben mir einen sozialen Status zu • schreibt/schreiben mir persönliche Identität zu • schreibt/schreiben mir soziale Identität zu • bewertet/bewerten mich • hat/haben Erwartungen an mich	
	Privates Selbst	**Soziales Selbst**	**persönlicher und sozialer Status**	
	Selbst interner Identitätsaspekt		**Status** externer Identitätsaspekt	

Identität
als prozessual-dynamische, situative und transsituative Integrations- und Balanceleistung

• integriert Privates und Soziales SELBST (interner Identitätsaspekt)
• integriert das Fremdbild (externer Identitätsaspekt)
• berücksichtigt auch andere Erfahrungsbestände
• trianguliert SELBSTBILD, VERMUTETES FREMDBILD und FREMDBILD
• hält widerstrebende Kräfte in Balance
• bestimmt die Identitätsdarstellung
• leitet das Handeln an
• prägt das 'innerpsychische Wohlbefinden'
• bestimmt Rollendistanz, Empathie und Ambiguitätstoleranz

Das vorige Schaubild, sowie die Abbildung von Cloerkes (1997) machen nochmals deutlich, dass Identität *„als prozessual-dynamische, situative und transsi-*

tuative Integrations- und Balanceleistung" (Cloerkes 1997, S. 179) von *„Erfahrungen mit und über die Umwelt" (ebd., S. 179)* und das Selbst als internen und dem Status als externen Identitätsaspekt verstanden werden kann (vgl. Cloerkes 1997, S. 179).

Weiterhin gilt, dass sich *„mit der Integrations- und Balanceleistung das Individuum also vor allem um Sicherstellung von Kontinuität, Konsistenz und positiver Selbsterfahrung bemüht, und zwar durch Aktivierung von Identitätsstrategien" (Cloerkes 1997, S. 164)*, mit dem Bestreben seine ureigene Identität aufrecht halten zu können.

Dies kommt einem Vorbeugen von Identitätsproblemen gleich, da nach Frey (1983) *„ein Identitätsproblem vor allem dann besteht, wenn beide Ebenen"* – sowohl das soziale und das private Selbst, also auch Status und Selbst – *„weit auseinandergehen" (ebd., S. 54)*.

Beschränkt man sich auf diese Sichtweise von Frey, so kann man *„Identität als Integrationsleistung diskrepanter Selbst- Erfahrung"* verstehen, was aber den externen Aspekt und die *„Erfahrungen mit und über die Umwelt" (Cloerkes 1997, S. 179)* dem ersten Anschein nach nicht berücksichtigt. Bei näherer Betrachtung stellt man aber fest, dass Frey davon ausgeht, dass zum einen das private Selbst (Selbstbild) durch eben die Erfahrungen des Individuums mit und über die Umwelt einer kontinuierlichen Veränderung unterliegt (Assimilation und Akkomodation) und zum anderen das soziale Selbst (vermutetes Fremdbild) durch den der Person zugeschriebenen persönlichen und sozialen Status (Fremdbild) ebenfalls einer evtl. Veränderung unterzogen wird und es zu guter Letzt, durch das neue Verhältnis von sozialem zu privatem Selbst hier zu einem Änderungsdruck des privaten Selbst kommen kann.

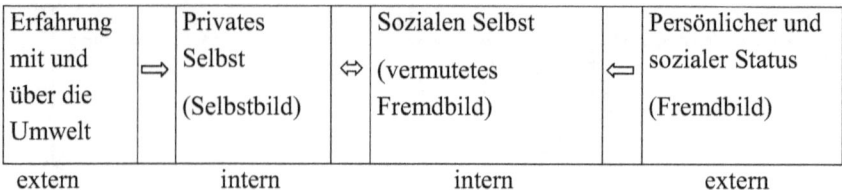

Erfahrung mit und über die Umwelt		Privates Selbst (Selbstbild)		Sozialen Selbst (vermutetes Fremdbild)		Persönlicher und sozialer Status (Fremdbild)
extern	$\Rightarrow$	intern	$\Leftrightarrow$	intern	$\Leftarrow$	extern

Mit der Erklärung dieses Sachverhaltes durch Frey ergibt sich nun auch die Bezeichnung „Filter-Speicher-Modell", wenn er schreibt:

*„Die Außenweltinformationen treffen auf die bisher gespeicherte soziale Selbst-Erfahrung, werden dort abgewertet, **gefiltert** oder **integriert**. Ändert sich aufgrund dieser Prozesse das Soziale Selbst, dann ergibt sich ein neues Verhältnis zum bisherigen Privaten Selbst, womit dieses möglicherweise unter Änderungsdruck gerät"* (Frey 1983, S. 55).

Zudem zeigt sich nun rückschlüssig das Verständnis eines Identitätsproblems als ein Auseinanderklaffen beider Ebenen, also der privaten und der sozialen, wobei auch der externe Aspekt von Identität mit einbezogen ist und der Balanceakt (⇔) ein weiteres Mal ersichtlich wird, der letztendlich die Identität ausmacht!

Weiterhin kann daraus geschlossen werden, dass *„Identität also kein fester Besitz ist, sondern ständig neu hergestellt werden muss. Denn die neuen Informationen tangieren in jedem Fall die Gültigkeit bisheriger Selbst-Erfahrungen; entweder bestätigend und kontinuitätserhaltend oder falsifizierend und kontinuitätsbedrohend"* (Frey 1983, S. 61).

Inwieweit hat nun aber Stigmatisierung in Form von Diskriminierung Auswirkungen und Folgen für die Identität besonders bei Menschen mit Behinderungen?

Auf diese Frage findet sich schon im Kapitel 3.1 eine Antwort, wenn dort geschrieben steht:

*„Stigmatisierung bedeutet immer eine **unter Umständen** fatale Gefährdung der Identität und der psychischen Integrität von Menschen"* (Cloerkes 1997, S. 176). Oder anderes formuliert: *„Stigmatisierungsfolgen sind also **weder zwangsläufig noch einheitlich**, wie die klassische Stigma-Identitäts-These behauptet. Sie müssen darum im konkreten Fall empirisch ermittelt werden"*, wobei auf jeden Fall *„ein angenehmes Selbst durch unangenehme neue Informationen (z.B. aufgrund von Stigmatisierung) bedroht ist"* (Cloerkes 1997, S. 169).

Warum nun Stigmatisierungsfolgen weder zwangsläufig noch einheitlich sind, wie ein Individuum Stigmatisierung begegnen und wie es seine Identität schützen kann, also welche Möglichkeiten vorhanden sind, Identitätsprobleme zu bewältigen, wird nun mit Hilfe eines Einblickes in die Coping-Forschung dargelegt.

3.3.4 Zusammenfassung von 3.3 „Die Stigma-Identitäts-These"

Unterschiedlichste Überlegungen des Zusammenhangs von Stigma, Stigmatisierung und deren Auswirkungen auf die Identität hat Frey (1983) zu einem überzeugenden Identitätsmodell zusammengefasst. In seinem Identitätskonzept berücksichtigt er, ähnlich wie Haußer (1995), drei Aspekte der Identität, die er Bedeutungsaspekte der Identität nennt. Dabei handelt es sich um zwei Zuschreibungsprozesse, einen internen und einen externen, und um die Integrations- und Balanceleistung, welche die Identität ausmacht. Cloerkes (1997) hat dieses Modell aufgenommen und einige Begriffe der Verständlichkeit halber hinzugefügt. Dies führt letzten Endes zu den drei Begriffen Fremdbild, Selbstbild und vermutetes Fremdbild, wobei Identität nun als Integrationsleistung diskrepanter Selbst-Erfahrung verstanden wird. Diskrepante Selbsterfahrungen können entstehen, wenn das Bild der Meinung anderer von einem (soziales Selbst bzw. vermutetes Fremdbild) oder das Bild von sich selbst (privates Selbst bzw. Selbstbild) ins Wanken gerät, da beide das Selbst des Menschen bilden. Frey setzt das Selbst mit dem Ergebnis der internen Zuschreibungsprozesse gleich. So kann zum einen das soziale Selbst durch ein neues, dem Individuum gezeigtes Fremdbild (nach Frey der externe Zuschreibungsprozess) und auf der anderen Seite das private Selbst auf Grund von neuen Erfahrungen mit und durch die Umwelt einem Änderungsdruck unterliegen. Dadurch entstehen jeweils Diskrepanzen, wobei es nun zu einem Integrations- und Balanceakt kommt, welcher die Identität wiederherstellt.

Damit wird klar, dass Stigmatisierung nur eine unter Umständen katastrophale Gefährdung der Identität darstellt, denn die Integrations- und Balanceleistung kann durchaus positiv verlaufen, so dass die Identität gewahrt bleibt.

3.4 Coping

Der folgende Abschnitt befasst sich zu Beginn mit dem, was man unter Coping zu verstehen hat. Danach werden einige Coping-Modelle angeführt, bevor mit Hilfe

- der Identitätsstrategien (Frey),

- den Bewältigungsstrategien (Lazarus) und

- dem Prozess der Entstigmatisierung (Cloerkes)

der Zusammenhang von Coping zur Stigma-Identitäts-These hergestellt wird. Der Abschluss wird ein übersichtliches Schema sein, das die „Stigma-Identitäts-These" noch einmal Schritt für Schritt darstellt.

3.4.1 Was versteht man unter Coping?

Das Modell des Coping, welches seinen Ursprung in der Medizin hat, ist seit etwa zwanzig Jahren aktuell, obwohl *„der Beginn systematischer Coping-Forschung sich mit Beutel und Muthny (1988) auf das Erscheinen des programmatischen Buches von Lazarus „Psychological Stress and the Coping Prozess" (1966) datieren läßt" (Krause 1997, S. 87).*

Erst in letzter Zeit findet die Coping-Forschung auch vermehrt Einzug in die Sonderpädagogik.

„ 'Coping' wird beschrieben als 'Inbegriff aller kognitiven und praktischen Bemühungen ... welche auf die „Meisterung, Tolerierung und Reduzierung der externen und internen Anforderungen und der zwischen diesen bestehenden Konflikten' gerichtet sind" (Folkman und Lazarus 1980, S. 223; zit. n. Thomae 1988, S. 83; in Hinze 1991, S. 25f.).

An dieser Stelle muss aber noch darauf hingewiesen werden, dass *„das 'Coping'- Konzept (Konzept des Auseinandersetzungs- und Verarbeitungsverhaltens) mit der Stress-Theorie untrennbar verbunden ist. 'Coping und Stress sind zwei Seiten ein und derselben Medaille, und jedes Stress-Modell ist zugleich auch als Coping-Modell anzusehen' (Roskies und Lazarus 1980, S. 45)" (Hinze 1991, S. 25f.).*

In dem Buch „Elterliche Bewältigung" von Krause (1997) wird noch näher auf den Begriff Stress, genauer gesagt psychischen Stress, eingegangen. Krause (1997) zitiert Lazarus (1990) wie folgt: *„Allgemein gesehen bezieht sich psychischer Stress auf (u. U. miteinander konkurrierende) Anforderungen, die in der Einschätzung der betroffenen Person interne oder externe Ressourcen auf die Probe stellen oder überschreiten (Lazarus 1990, S. 213)" (Krause 1997, S. 69).* Hieraus wird schon der Zusammenhang zu Diskrepanzen der internen und der externen Kategorie von Identität deutlich.

Nach dieser Beschreibung des Begriffs Coping von Lazarus, Folkman und Roskies folgt nun eine vereinfachte Darstellung.

Bei Coping handelt sich um einen Versuch mit Schwierigkeiten fertig zu werden, oder wie Fries in einer Beschreibung des Coping- Prozesses in Anlehnung an Lazarus schreibt:

„Coping ist der Versuch eines Menschen mit einer belastenden Situation fertig zu werden" (ebd., Prüfungskolloquium 99/00, Uni-Würzburg).

68

Meiner Ansicht nach ist an dieser Stelle noch der Zusatz einzubringen, dass es sich bei der Situation jeweils um eine subjektiv als belastend empfundene Situation handelt. Das bedeutet in der Praxis, dass ein und die selbe Situation von unterschiedlichen Personen als verschieden belastend empfunden werden kann. Mit diesem Hinweis ist berücksichtigt, dass *„subjektive Wahrnehmung der Person sowie ihre individuelle Bewertung des Ergebnisses von entscheidender Bedeutung sind" (Krause 1997, S. 90).*

Wichtig bei der Betrachtung des Coping-Prozesses ist es nach Lazarus zudem, dass ein Prozess immer „im Fluss" ist, also nie etwas Fundamentales sein kann, da sich die Umwelt ja auch immer verändert. Daher sind die auf stresstheoretischem Hintergrund basierenden Prozessmodelle der Bewältigung von den Stufen- oder Phasenmodelle abzugrenzen und diesen vorzuziehen (vgl. Probst (Hg.)/Lang1999, S. 288/289). Damit ergibt sich, dass Stufen- oder Phasenmodelle, wie z.B. das Modell von Schuchardt (1984) – Elterliche Auseinandersetzung mit der Behinderung eines Kindes –, kritisch zu betrachten sind.

Im Folgenden werden nun einige verschiedene Coping-Modelle vorgestellt und zum Teil auch deren Besonderheiten herausgestellt.

3.4.2 Ältere und neuere Coping-Modelle

In seinem Buch „Väter und Mütter behinderter Kinder – der Prozess der Auseinandersetzung im Vergleich" stellt Hinze (1991) fünf unterschiedliche Coping-Modelle dar.

Drei dieser Modelle werden ausführlich dargestellt. Dabei handelt es sich um eine veraltete Sichtweise, das **Phasen- oder Stufenmodell**, und um zwei andere Modelle, welche die neue Ansichten der Coping-Forschung vertreten, das **Prozessmodell der kognitiven Bewältigung** und das **Konzept der kritischen Lebensereignisse**.

Neben diesen nennt Hinze (1991) noch zwei weitere Coping-Modelle, welche ich an dieser Stelle der Vollständigkeit halber nur erwähne, ohne auf diese beiden Konzepte näher einzugehen. Diese sind das **emotionspsychologische Konzept** und das **sozialpsychologische Konzept** des Bewältigungsverhaltens.

3.4.2.1 Die Phasen- oder Stufenmodelle

Unter anderem nennt Hinze (1991) die eben beschriebenen **Phasen-Modelle**, bei welchen der

„Auseinandersetzungs- und Verarbeitungsprozess als ein in Phasen oder Sta-
dien ablaufendes Geschehen (einheitlich, krisenübergreifend und regelhaft) zu
betrachten ist" (Hinze 1991, S. 168; vgl. Monika Lang).

Nach Bristor (1984) wird heute aber die Existenz streng phasenhafter Entwick-
lungsverläufe allgemein bezweifelt (vgl. Krause 1997, S. 120).

Hinze 1991, S. 174

Krisenverarbeitung als Lernprozeß in acht Spiralphasen

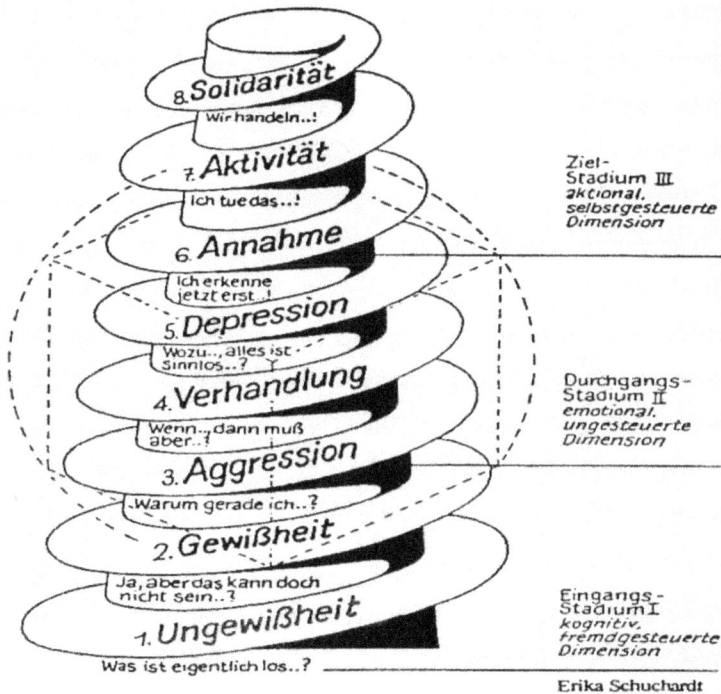

Abbildung 4: *Phasen-Modell des Coping-Prozesses* (n. Schuchardt, 1985)

3.4.2.2 Die Prozessmodelle der kognitiven Bewältigung

Daneben verweist Hinze (1991) auf die *„zentrale Position" (ebd., S. 176)* der, auf **stresstheoretischem Hintergrund basierenden Prozessmodelle der kognitiven Bewältigung** bzw. **Stress-Theorien** mit folgenden von Lazarus formulierten Konstrukten als wesentliche Merkmale:

- *„Die transaktionale Beziehung"* zwischen Person und Umwelt als Prozess und als Zustand des Ungleichgewichts,

- *„die kognitive Bewertung sowie*

- *die Bewältigung des Stress" (Hinze 19, S. 178).*

Dabei entscheiden die Kognitionen einer Person darüber, *„ob sie ein Ergebnis als Schaden, Verlust, Bedrohung oder Herausforderung einschätzt" (Krause 1997, S. 93).*

Hinze (1991) weist zudem darauf hin, dass sich die Person und auch die Umwelt ständig und zwar gegenseitig im Prozess der Anpassung und Verarbeitung ändern, *„bis ein neues Gleichgewicht erreicht worden ist (Lazarus und Launier 1981, S. 206)" (vgl. Hinze 1991, S. 178).*

Lang schreibt in diesem Zusammenhang, dass erst die Wahrnehmung des konkreten Umgangs des Individuums mit der spezifischen Anforderungssituation und die von ihr selbst vorgenommene Einschätzung (Bewertung; kognitiv!) ihrer Ressourcen und Bewältigungsmöglichkeiten, die offene und flexible Sichtweise bei diesem Modell der Bewältigung kennzeichnet (vgl. Lang 1999; in Probst (Hg.) 1999, S. 291).

Hierbei unterscheidet Lazarus drei Bewertungsprozesse:

Die **„primäre" Bewertung** (als Schaden/Verlust, Bedrohung oder Herausforderung) und **„sekundäre" Bewertung** (Bewältigungsfähigkeiten und Möglichkeiten – Ressourcen – der eigenen Person und der Umwelt werden abgeschätzt; was ist zu tun?), sowie die **„Neubewertung"** (vgl. Hinze 1991, S. 178f.), *„welche durch Rückmeldungen über Veränderungen in der Person- Umwelt-Beziehung zustande kommen, was zu Veränderungen sowohl der primären als auch der sekundären Bewertungen veranlassen kann. Hinweise aus der Umgebung, Rückmeldungen hinsichtlich der eigenen Reaktionen sowie neue eigene Überlegungen ändern die ursprünglichen Bewertungen" (Hinze 1991, S. 180).*

„Dabei wird Bewältigung als das beschrieben, was man angesichts eines wahr-genommenen Problems tut, um Erleichterung, Belohnung, Ruhe oder Gleichge-wicht herbeizuführen" (Lazarus und Launier, 1981, S. 244).

Hinze (1991) stellt dieses Modell in einer Abbildung folgendermaßen dar:

Hinze1991, S. 183

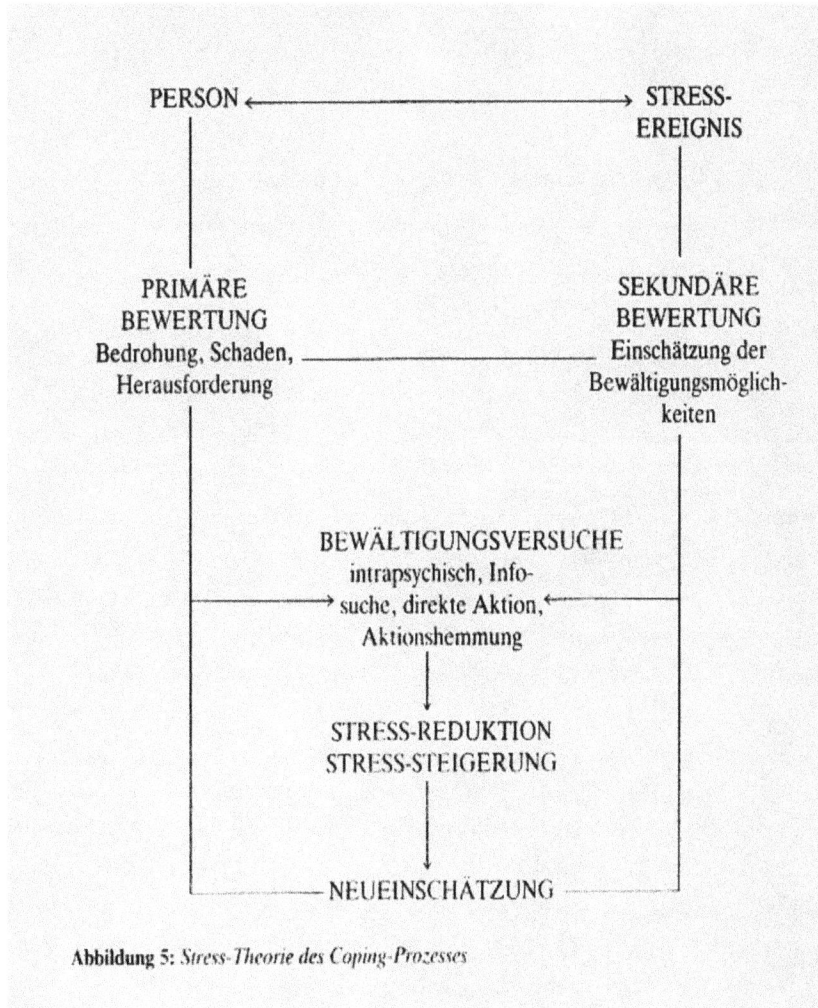

PERSON ←——————————→ STRESS-
EREIGNIS

PRIMÄRE   SEKUNDÄRE
BEWERTUNG   BEWERTUNG
Bedrohung, Schaden, ——————————— Einschätzung der
Herausforderung   Bewältigungsmöglich-
keiten

BEWÄLTIGUNGSVERSUCHE
intrapsychisch, Info-
——→ suche, direkte Aktion, ←———
Aktionshemmung

STRESS-REDUKTION
STRESS-STEIGERUNG

—————— NEUEINSCHÄTZUNG ——————

Abbildung 5: *Stress-Theorie des Coping-Prozesses*

3.4.2.3 Das Konzept der kritischen Lebensereignisse

Das **Konzept der kritischen Lebensereignisse** führt Hinze als drittes mögliches Coping- Konzept an. An dieser Stelle sei auch hier auf einige wenige, das Modell kennzeichnende Merkmale verwiesen, da der *„Bezug des Konzepts zur Stresstheorie von Lazarus offensichtlich ist" (Hinze 1991, S. 188).*

„Als allgemein kennzeichnend gelten folgende Merkmale.

- *Kritische Lebensereignisse stellen einen einschneidenden Eingriff in das Leben der betroffenen Person dar.*
- *Sie haben eine besonders hohe negative oder positive affektive Wertigkeit für die Person.*
- *Sie erfordern ein besonders hohes Maß an Lebensveränderung.*
- *Sie fordern zur Umorientierung und Restrukturierung des Lebens heraus.*
- *Sie sind besonders belastend, stressreich oder krisenhaft. (Filipp und Braukmann 1983; Ulich 1982).*
- *Sie sind bedrohlich (Brown 1974, Paykel et. al., 1971), individuell oder sozial besonders erwünscht oder unerwünscht (Sarason et.al., 1978;...), beinhalten einen Verlust (Paykel et. al., 1969) oder sind schwer oder gar nicht kontrollierbar (Filipp und Braukmann, 1981; Seligman, 1975)"*

(Hinze 1991, S. 187).

Zudem sei auf Folgendes verwiesen: *„Bei der personbezogenen Betrachtung kritischer Lebensereignisse geht es um deren subjektive Bewertung bzw. Bedeutung sowie Bewältigung durch die Person. Die Frage ist also, wie die Person das kritische Lebensereignis erlebt und wie sie damit umgeht" (Hinze 1991, 188).*

Bei dem Konzept besteht vor allem die Annahme, dass zwischen den Merkmalen der Person, denen der Umwelt und denen des jeweiligen Ereignisses (der Situation) Wechselwirkungen bestehen, wobei der Person eine aktive Rolle im Verarbeitungsprozess zugeteilt wird.

Daher kann man zusammenfassend unter kritischen Lebensereignissen nach Filipp (1981) Folgendes verstehen: *„Solche im Leben einer Person auftretende Ereignisse ..., die durch Veränderungen der (sozialen) Lebenssituation der Person gekennzeichnet sind und die mit entsprechenden Anpassungsleistungen* *durch die Person beantwortet werden müssen" (Filipp 1981b, S. 23; in Haußer 1995, S. 86).*

Hinze 1991, S. 189

```
PERSON ──────────────┬──────────────── UMWELT
                KRITISCHES
                LEBENSEREIGNIS
                     │
                     │                    ── UMWELT
                     │            ↑
PERSON ──            │          Ungleich-         │
                     │          gewicht           │
                     │                            │
SUBJEKTIVE           │                     SOZIALE UND
BEWERTUNG ───────────┼─────────────────── GESELLSCHAFTL.
                     │                     BEWERTUNG
                     │                            │
                  STRESS                          │
                     │                            │
          AUSEINANDERSETZUNG                       │
          BEWÄLTIGUNG                              │
                     │                            │
PERSON ──────────────↑──────────────── UMWELT
                  Gleich-
                  gewicht
```

3.4.2.4 Ablaufschema eines Coping-Prozesses

Abschließend zur Beschreibung unterschiedlicher Coping-Modelle will ich nun noch die von Fries erarbeitete Abbildung zum Ablaufschema eines Coping-Prozesses darstellen. Fries hat sich dabei sehr stark an den Erkenntnissen von Lazarus orientiert. Es wird in dieser Abbildung im Besonderen, neben dem Ablauf der drei Bewertungsmechanismen, folgendes deutlich, was ich nun erst beschreibe und anschließend mit Hilfe der Abbildung veranschauliche.

Coping, der Versuch eines Menschen mit einer subjektiv als belastend erlebten Situation fertig zu werden, ist von unterschiedlichen Faktoren abhängig.

Das sind zum einen **Erfahrungen**, die das Individuum mit und in der sozialen Umwelt, also auch in Form von Interaktionen, u.ä. schon gesammelt hat.

Daneben sind für den Versuch der Bewältigung **Persönlichkeitseigenschaften** bestimmend. Als Beispiel kann man hier folgendes anführen: Selbstsichere Menschen mit starkem Selbstwertgefühl, Selbstkonzept und starker Kontroll-überzeugung, also „identitäts-starke" Menschen schätzen Situationen im Gegensatz zu selbst-unsicheren Menschen ganz anders ein. Somit verläuft der Coping-Prozess dieser in unterschiedlicher Weise ab, da nach der primären Einschätzung und der Frage, ob die Person der Situation gewachsen ist, evtl. schon eine Bewältigungsstrategie vorhanden ist und sich somit weitere Belastungsbewältigung erübrigt.

Personale Ressourcen, ein weiterer Faktor, umschließen Erfahrungen und Persönlichkeitseigenschaften und meint zu dem noch alle anderen der Person eigenen Hilfsquellen.

Der Faktor **soziale Unterstützung** (wahrgenommene Netzwerkgröße; Zufriedenheit mit sozialer Unterstützung; Unterstützung durch den Ehe- und Lebenspartner, durch Verwandtschaft und Freundeskreis; Professionelle Hilfestellung; usw.; vgl. Krause 1997, S. 131ff.) bildet den letzten Gesichtspunkt, den Fries in diesem Zusammenhang nennt.

In Bezug auf Menschen mit Behinderungen kann man an dieser Stelle folgendes anführen:

Wird eine Mutter mit einem behinderten Kind in der Straßenbahn von einer Person mit diskriminierenden Äußerungen angegriffen, so kann das für die Mutter sowie für das Kind ein einschneidendes Erlebnis sein, eine identitäts-relevante Belastung, welche zu Coping- Verhalten bei der Mutter und beim Kind führen kann. Hat die Mutter (bzw. das Kind) jedoch kein „Set von Verhaltensmechanismen", um mit dieser Situation fertig zu werden, so kann die gemachte Äußerung über das ihr gezeigte Fremdbild, welches auf den internen Aspekt ihrer Identität wirken kann, eine Diskrepanz erzeugen und ein Identitätsproblem hervorbringen. Falls die Mutter also kein „Set von Verhaltensmechanismen" für diese spezielle Situation hat und damit auch keine Identitätsstrategien (Art des Coping im Bezug auf Identität), kann eine beschädigte Identität die Folge sein (z.B. Isolation, Ausgliederung, Kontaktverlust, „Desintegration"; vgl. Cloerkes 167/177).

All das hätte aber evtl. durch eine Art sozialer Unterstützung von Mitmenschen in der Straßenbahn verhindert werden können, wenn die übrigen Fahrgäste zum Beispiel die Mutter unterstützt hätten und der Person, die sich diskriminierend geäußert hatte, entgegengetreten wären.

(Natürlich bin ich mir im Klaren darüber, dass das in der Realität nicht so ablaufen kann, da dort noch viele weitere Zwischenschritte hinzu gehören und noch andere Faktoren beachtet werden müssen. Aber ich denke, der eventuelle Ablauf einer als belastend erlebten Situation mit all seinen möglichen Folgen wird deutlich.)

Beim eben beschriebenen Beispiel ist der Ausdruck „Set von Verhaltensmechanismen" gefallen. Dabei handelt es sich um Bewältigungsstrategien, Versuche mit der als belastend erlebten Situation zurecht zu kommen. Auch dies ist ausschlaggebend für das Fertigwerden mit einer als belastend bewerteten Situation. Das Ergebnis eines Coping-Prozesses kann somit eine Neubewertung der Situation sein. Im negativen Sinn, z.B. beim Versagen bzw. nicht Vorhanden sein von Identitätsstrategien, fällt darunter zum Beispiel auch der Aspekt der veränderten Identität.

Die folgende Abbildung zeigt das Schema, das Fries (1999) zusammengestellt hat:

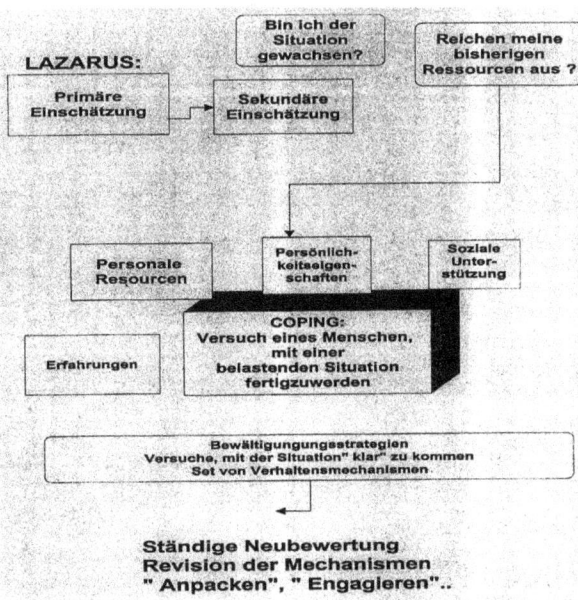

3.4.3 Identitätsstrategien, Bewältigungsstrategien und Entstigmatisierung – oder Bewältigung von Identitätsproblemen

In den vorhergehenden Kapiteln wurde ausführlich erklärt, was man aus der Sicht unterschiedlicher Autoren, unter anderem aus der von Frey und Haußer, unter dem Begriff „Identität" zu verstehen hat. Ebenfalls wurde unter der Überschrift „Ältere und neuere Coping-Modelle" (3.4.2) neben weiteren auch ein prozessuales Modell (vgl. 3.4.2.2; 3.4.2.4) dargestellt, wie man subjektiv als belastend erlebte Situationen versuchen kann zu bewältigen.

An dieser Stelle bietet es sich nun an, den Zusammenhang zu knüpfen zwischen den die Identität bedrohenden und sie belastenden Situationen und Erfahrungen und den möglichen, dem Individuum zur Verfügung stehenden Bewältigungsstrategien.

Hierbei spielt die unter 3.3.2 („Drei verschiedene Bedeutungskategorien von Identität") dargestellte *„Integrations- und Balanceleistung" (Cloerkes 1997, S. 179)* des Individuums eine ausschlaggebende Rolle, da dieses *„um Sicherstellung von Kontinuität, Konsistenz und positiver Selbsterfahrung, (zur Aufrechterhaltung der Identität) und zwar durch Aktivierung von Identitätsstrategien" (Cloerkes 1997, S. 164),* bemüht ist.

Die Begriffe Kontinuität, Konsistenz und positive Selbsterfahrung werden im Folgenden kurz dargestellt.

- Unter **Kontinuität** versteht man das Interesse bzw. das Streben von Menschen, ihr einmal etabliertes Selbst, bzw. ihre über die Zeit als angenehm erlebte Selbst-Erfahrung zu erhalten (vgl. Frey 1983, S. 59 ff.; Cloerkes 1997, S. 165). Dabei spielt nach Frey (1985) *„Identität im Sinne von zeitlicher Kontinuität des Selbst" (ebd., S. 60),* was keineswegs zwangsläufig ist, eine wichtige Rolle. Denn wie er in Anlehnung an Ausführungen von Erikson (1968) meint, *„liegt Identität des Selbst danach vor, wenn das Individuum sein personales und soziales Selbst als zeitlich gleichbleibend erfährt" (Frey 1985, S. 60).* Es ist jedoch so, dass ständig neue Informationen die Selbst-Erfahrungen auch immer wieder verändern, was zur Folge hat, dass die Identität andauernd erneuert werden muss. Wie schon an anderer Stelle beschrieben, kann es hierbei zu Identitätsproblemen kommen (z. B. Diskrepanz zwischen dem Selbstbild und dem vermuteten Fremdbild).

- **Konsistenz** beschreibt Cloerkes (1997) wie folgt: *„Menschen streben nach einem Ausgleich zwischen widersprüchlichen Anforderungen von außen und* *dem etablierten privaten Selbst" (Cloerkes 1997, S. 165).* Wie bei der Kontinuität schon beschrieben, so zielt auch die Konsistenz auf eine sich laufend neu entwerfende Identität ab, wobei es hier um die in ständig anderen Situationen stattfindenden Interaktionsprozesse geht. Im Besonderen um möglichste Beständigkeit dieser.

* Da das Individuum auch zwischen angenehmen und unangenehmen Informationen unterscheidet, Kontinuität und Konsistenz jedoch nur die Behandlung von Umweltinformationen im Hinblick auf Bestätigung und Nichtbestätigung betreffen, führt Frey (1983) folgendes Prinzip als Handlungspostulat ein (vgl. Cloerkes 1997, S. 166): *„Menschen bemühen sich, po-*
sitive Selbsterfahrungen *zu maximieren und negative Selbsterfahrungen zu minimieren" (Cloerkes 1997, S. 166).* Dies nennt Frey (ebd., S. 73) hedonistisches Prinzip.

Somit setzen Identitätsstrategien überall dort ein, wo eben diese drei Faktoren ins Wanken geraten können oder schon geraten sind – was bei für das Subjekt identitätsrelevanten Erfahrungen, in Form von ständig eintreffenden neuen Informationen oder durch Interaktionspartner vermittelte Sichtweisen, der Fall sein kann.

3.4.3.1 Von identitätsrelevanten Erfahrungen über das Prozessmodell der kognitiven Bewältigung zum Empfinden einer Belastung

In Bezug zu diesen identitätsrelevanten Erfahrungen muss nun zwischen das private Selbst und das soziale Selbst betreffenden Erfahrungen unterschieden werden sowie deren je subjektiver Bewertung und der daraus resultierenden Folge für den Coping-Prozess.

Kommt es zum Beispiel für einen Menschen zu Situationen oder Erfahrungen, die diesen subjektiv betroffen machen (beschäftigen, subjektiv wichtig sind, bedeutsam erscheinen), so handelt es sich um identitätsrelevante, das private Selbst betreffende Erfahrungen oder Situationen (vgl. Cloerkes 1997, S. 177).

Auf der anderen Seite gibt es aber auch das soziale Selbst betreffende, identitätsrelevante Auswirkungen. Diese ergeben sich „im Austausch" mit der sozialen Umwelt.

Dabei handelt es sich um *„Einflüsse und Rückmeldungen, die ein Mensch durch den „sozialen Spiegel" erfährt, also (um) die Widerspiegelung des eigenen*

Handelns und So-Seins in den Re-Aktionen der anderen, sowie (um) die eigene Auseinandersetzung mit diesen Reaktionen" (Cloerkes 1997, S. 177).

An dieser Stelle setzt nun der von Lazarus (vgl. 3.4.2.2 und 3.4.2.5) beschriebene Coping-Prozess ein. Dieser soll nochmals kurz dargestellt werden:

Wird eine Situation subjektiv als identitätsrelevant verstanden, setzt nach Lazarus zuerst die „primäre Einschätzung" (Situationseinschätzung) ein. Diese *„umschreibt den Vorgang, innerhalb dessen die Bedeutung einer Transaktion mit der Umwelt für das eigene Wohlbefinden eingeschätzt wird" (Lazarus in Filipp (Hg.) 1995, S. 212).*

Wenn die Situation nicht als irrelevant oder positiv, sondern als stressreich empfunden wird, setzt gleich anschließend der zweite Schritt, die „sekundäre Einschätzung" ein. Dieser kann auch als Bewältigungseinschätzung verstanden werden und stellt nach Lazarus (in Filipp (Hg.) 1995) ebenfalls einen kognitiven Prozess dar. Kann nun durch diesen kognitiven Prozess der Reflexion über mögliche Ressourcen oder Verhaltensmechanismen die Situation nicht entschärft werden, wenn die Situation als wirklich belastend angesehen wird,. dann kommen die Bewältigungsversuche in Form von *„Identitätsstrategien" (Frey 1983, S. 75ff.)* bzw. *„Bewältigungsstrategien" (Lazarus in Filipp (Hg) 1995, S. 216ff.)* zum Einsatz.

Nach Haußer (1995) ist an dieser Stelle ergänzend festzuhalten, dass es erst durch die wahrgenommene Relation von Situationseinschätzung und Bewältigungseinschätzung zum Empfinden einer Belastung kommen kann (vgl. ebd., S. 109).

Handelt es sich bei der identitätsrelevanten Erfahrung um eine Stigmatisierung, so kann anstelle von Identitätsstrategie bzw. Bewältigungsstrategie auch der Begriff „Entstigmatisierung" verwendet werden. Dieser Ausdruck geht auf den *„Versuch eines Entstigmatisierungs-Konzepts (vgl. Markowetz 1996a)" (Cloerkes 1997, S. 176)* von Markowetz zurück.

3.4.3.2 Identitätsstrategien

Vor der eigentlichen Darstellung von unterschiedlichen, dem Individuum zur Verfügung stehenden Identitätsstrategien werde ich noch auf drei Aspekte hinweisen, welche mir wichtig erscheinen.

Zum einen will ich darauf aufmerksam machen, dass jede Situation bzw. Stigmatisierung grundsätzlich eine Bedrohung, einen Schaden/Verlust oder eine

Herausforderung des Selbst darstellt und Identitätsprobleme schafft, denen mit Identitätsstrategien begegnet werden kann (vgl. Haußer 1995, S. 107; Cloerkes 1997, S. 176).

Zum anderen werde ich im Folgenden bei der Beschreibung von Identitätsstrategien (Verteidigungsmechanismen) (Frey 1985) Bewältigungsstrategien (Lazarus in Filipp (Hg) 1995) und Stigma- Management- Techniken (Goffman 1967) mit einfließen lassen, diese jedoch nicht im Einzelnen ausführen.

Zudem ist zu beachten, dass die Erfassung von Bewältigungsprozessen nicht problemlos ist. Lazarus begründet dies mit der *„Konstellation verschiedener Handlungen ... und Gedanken" – bei der Bewältigung – „die ihrerseits aus einem komplexen Anforderungsgefüge über unterschiedliche Zeiträume resultieren" (Lazarus in Filipp (Hg.) 1995, S. 221)* . Daher und aus der Feststellung von Cloerkes (1997), dass die Selbstdarstellung eines Menschen nur bedingt Auskunft über das private Selbst gibt, ist für die Umwelt nicht ohne Weiteres zu erkennen, wie das Individuum Stigmatisierung tatsächlich verarbeitet (vgl. ebd., S. 168).

Doch nun zu den Identitätsstrategien.

Wie man an früherer Stelle schon lesen konnte setzen Identitätsstrategien ein, wenn es sich z.B. um identitätsrelevante Informationen handelt, die sich dem sozialen bzw. dem privaten Selbst aufdrängen und somit eine Diskrepanz erzeugen. Diese Diskrepanz kann die Kontinuität, die Konsistenz und die positive Selbsterfahrung erschüttern.

Nach Frey (1983) lassen sich die Identitätsstrategien (Verteidigungsmechanismen) auf zwei verschiedenen Ebenen ansiedeln (ebd., S. 75ff.): Auf der einen Seite auf der kognitiven Ebene, auf der anderen Seite auf der Handlungsebene. Der Begriff „neue Informationen" sei nun mit dem Begriff „Zuschreibung" immer zu verbinden.

3.4.3.2.1 Identitätsstrategien auf der kognitiven Ebene

„Auf der kognitiven Ebene wird das Individuum versuchen, die Widersprüche und Diskrepanzen auf ein erträgliches Maß zu reduzieren" (Frey 1983, S. 75). Diese Verteidigungsmechanismen können entweder unbewusst oder bewusst ablaufen, was zum Beispiel bedeuten kann, dass man neue Informationen entweder nur selektiv oder sogar verzerrt wahrnimmt, so dass sie keine Gefahr für die Aufrechterhaltung des Selbstwertgefühls darstellen. Unter dieser Sichtweise

sollten die Theorie der „*kognitiven Dissonanz*" *(vgl. z.B. Festinger 1957, 1964; Feldmann 1966; Abelson u.a. 1968)* und „*Arbeiten ... zur Lösung kognitiver Konflikte (Berlyne 1960, 1965)*" *(Frey 1983, S. 75)* nicht vergessen werden.

So versucht beispielsweise Neubauer (1976) mit Hilfe der Theorie der kognitiven Dissonanz und einem Modell zur Wahrung der Identität, die Auswirkung neuer Informationen auf das Selbstkonzept eines Individuum zu erläutern. Er stellt dies durch einen ersten Vergleich der neuen Informationen mit dem vorhandenen Selbstkonzept, bis letzten Endes den Auswirkungen dieser Informationen auf die Identität des Individuums dar. Ausschlaggebend ist das Akzeptieren, bzw. Nichtakzeptieren „*abweichender wichtiger Informationen*" *(Neubauer 1976, S. 107)*. Werden diese Informationen akzeptiert, kommt dies einer Anpassung des Selbstkonzeptes nahe und führt zu einer völligen „*Selbst-Akzeptierung*" *(Neubauer 1976. S. 107)*. Ist dies nicht der Fall, also bei Nichtakzeptieren, „*kommt es insbesondere zur Aktivierung von Abwehrmechanismen, die zwar kurzfristig erfolgreich sind, langfristig jedoch die Gefahr der Identitätsgefährdung erhöhen*" *(Neubauer 1976, S. 107)* können.

Das Individuum hat also die Möglichkeit, Identitätsprobleme auf Grund neuer Informationen auf der kognitiven Ebene durch folgende Strategien zu bewältigen:

- Ignorieren neuer Informationen,

- Anpassung an die neuen Informationen,

- Verzerrung der neuen Information,

- Herunterspielen oder Übersehen dieser,

- Assimilation (Angleichen) der neuen Informationen an das bisherige „Konzept",

- stärkerer Bewertung von erlebten positiven Informationen (Gewichtung) oder

- selektiver Wahrnehmung (vgl. Frey 1983, S. 75; Cloerkes 1997, S. 166/ 167).

Abschließend lässt sich sagen, dass durch diese kognitiven Identitätsstrategien unangenehme Informationen entwertet werden können, wodurch die Identität gewahrt bleibt, indem eine Veränderung des sozialen Selbst verhindert wird. Somit kann trotz der Zuschreibung eines „negativen Status" ein positives Selbst bewahrt werden, das die Realität nur gebrochen aufnimmt (vgl. Cloerkes 1997, S. 167).

3.4.3.2.2 Identitätsstrategien auf der Handlungsebene

Diese Identitätsstrategien betreffen nun das konkrete Handeln einer Person. Durch entsprechende Selbst- Darstellung (Stigma-Management) versucht das Individuum, zum Beispiel der Mensch mit einer Behinderung, *„die soziale Umwelt davon zu überzeugen, dass das Bild, welches die anderen von ihm haben, nicht stimmt" (Frey 1983, S. 76)*. So kann der Mensch mit einer sichtbaren Behinderung zum Beispiel versuchen, sich durch sportliche Leistungen die Anerkennung zu verschaffen, die er durch soziale Kontakte glaubt, nicht zu bekommen (vermutetes Fremdbild). In seinem Buch „Stigma" hat Goffman (1967) unterschiedliche Möglichkeiten der Selbst-Darstellung beschrieben und unter dem Begriff „Stigma-Management-Techniken" gefasst.

Bricht ein Individuum bestimmte Interaktionsbeziehungen mit anderen ab, kann es sich auch um eine Identitätsstrategie handeln. Darunter fällt auch das Folgende Beispiel: Hat eine Mutter mit einem behinderten Kind eine schlechte Erfahrung mit einem Arzt in einer Klinik gemacht, so kann das zur Folge haben, dass sie das nächste Mal einen anderen Arzt aufsucht. War das Erlebnis jedoch so gravierend, dass sie nun zu Generalisieren beginnt und alle Ärzte über einen Kamm schert, kann man das als Versagen der Identitätsstrategien bezeichnen und die daraus folgende Identität als beschädigte ansehen.

Unter die Kategorie „Identitätsstrategien auf der Handlungsebene" fallen also unter anderem folgende Aspekte:

- Selbst-Darstellung (Positive Darstellung)
- Abbruch der Interaktionsbeziehungen
- Zuwendung zu anderen Bezugspersonen bzw. Bezugsgruppen

Zusätzlich sei an dieser Stelle noch auf weitere Möglichkeiten hingewiesen, welche nicht direkt unter die Identitätsstrategien fallen, aber im weitesten Sinn als solche verstanden werden können.

Und zwar handelt es sich dabei um *„ Möglichkeiten der Veränderung der sozialen Reaktionen (auf behinderte Menschen") (Cloerkes 1997, S. 110 - 132)*. Dabei geht es also um ein Vorbeugen von Stigmatisierung, zum Beispiel von Seiten der Stigmatisierten selbst oder Interessenvertretern dieser.

3.4.3.3 Identitätsstrategien betreffen jeden

Nach der Darstellung unterschiedlicher Identitätsstrategien komme ich noch in Anlehnung an Cloerkes auf einen Punkt zu sprechen, der mir sehr wichtig erscheint.

„Stigmatisierung und das Aktivieren von Abwehrmechanismen betrifft ... uns alle" (Cloerkes 1997, S. 176), denn die Identität eines jeden, die, wie wir festgestellt haben, *„kein fester Besitz" (Frey 1983, S. 61)* ist und ständig neu hergestellt werden muss, kann jederzeit einer Gefährdung unterliegen.

Und zwar einer Gefährdung *„durch neue Informationen, Zuschreibungen oder Interaktionen, die in jedem Fall die Gültigkeit bisheriger Selbst-Erfahrungen berühren; entweder bestätigend und kontinuitätserhaltend oder falsifizierend und kontinuitätsbedrohend" (Frey 1983, S. 61).*

Somit ist jeder, ein Mensch ohne Behinderung oder einer mit Behinderung, ein Farbiger oder ein Übersiedler, ein Mensch mit blonden Haaren oder einer mit einer Glatze, ein Mensch, der gut angezogen ist, oder ein Mensch mit alter Kleidung, ein Kind oder ein Erwachsener, ein Mann oder eine Frau, einfach jeder Mensch in der Gefahr, in einer bestimmten Situation einer Stigmatisierung ausgesetzt zu sein, welche sich auf seine Identität evtl. negativ auswirken kann. Somit kann man an dieser Stelle noch einmal herausheben: Identitätsstrategien, wie die beschriebenen, betreffen jeden, denn:

„Erst wenn diese Abwehrstrategien versagen, und nur dann, kommt es zu einer Beschädigung der Identität mit recht gravierenden Konsequenzen" (Cloerkes 1997, S. 176).

3.4.3.4 Beschädigte Identität – zwangsläufig?

Die Deformierung der Identität wird von Cloerkes (1997) als „beschädigte Identität" bezeichnet und stellt eine dieser „gravierenden Konsequenzen" (ebd., S. 176) dar. Zudem nennt er einige Aspekte, welche kennzeichnend für eine solche (beschädigte) Identität sein können.

Dabei handelt es sich um folgende (Cloerkes 1997, S. 177):

- *„Anpassung des Selbst an die Bewertung durch die Außenwelt*

- *Fremdbestimmung statt Selbstbestimmung*

- *Rückzug in die Gruppe „seinesgleichen"*

- *Fügung in die Randgruppenexistenz*

- *Isolation, Ausgliederung, Kontaktverlust, „Desintegration"* "

Diese Kennzeichen lassen sich vor allem bei Minderheiten und Randgruppen erkennen, wobei Menschen mit Behinderungen als eine dieser Randgruppen gelten.

Doch auch hier gilt es nochmals herauszustellen, dass eine Behinderung, welche Auseinandersetzungen mit der sozialen Umwelt, Stigmatisierung, in groben Fällen sogar Diskriminierung und Gewalt auf sich zieht, Interaktionsspannungen mit Nichtbehinderten zur Folge haben kann usw., nicht zwangsläufig eine beschädigte Identität bei dem Stigmaträger, dem Menschen mit Behinderung oder sogar dem Diskriminierten bedingt.

3.4.3.5 Zusammenhang von Identitätsstrategien und „beschädigter Identität" im Bezug auf die „Stigma-Identitäts-These"

Cloerkes (1997) hat versucht, die „Stigma-Identitäts-These" von Frey (1983) mit den möglichen oben beschriebenen Identitätsstrategien und der Folge einer „beschädigten" Identität bei Versagen dieser Strategien in einem Pfeildiagramm anschaulich darzustellen. Dieses werde ich nun anfügen, um den Zusammenhang in veranschaulichter Form darzulegen.

Jedoch will ich den Leser darauf aufmerksam machen, dass bei der Zusammenfassung der „Thematischen Grundlage der wissenschaftlichen Untersuchung" ein Schaubild entworfen wird, welches noch einmal das gesamte Beziehungsgefüge, angefangen von den Einstellungen bis hin zu einer evtl. beschädigten Identität darstellen wird; ein Versuch also, alle grundlegenden Gesichtspunkte dieser Arbeit übersichtlich in Beziehung zu setzen.

Die *Stigma Identitäts These* (Cloerkes 1997, S. 176/177)

*Stigma*tisierungen

⇩

Bedrohung des Selbst

⇩

*Identität*sprobleme

⇩

Identitätsstrategien

- Zuschreibungen selektiv, verzerrt wahrnehmen
- Zuschreibungen überspielen, herunterspielen
- Zuschreibungen widersprechen, Kompetenz der Zuschreibenden anzweifeln
- Zuschreibungen leugnen, für unwahr und/oder unwichtig erklären
- Mängel durch Überbetonung anderer Qualitäten kompensieren
- Entschuldigungen für das „Versagen" und/oder das „abweichende Verhalten" anführen
- Unangenehme Interaktionen abbrechen
- Andere Bezugsgruppen suchen und in sie hineinwechseln

⇩

Identitätsstrategien versagen

⇩

„beschädigte Identität"

- Anpassung des Selbst an die Bewertungen durch die Außenwelt
- **Fremdbestimmung** statt Selbstbestimmung
- Rückzug in die Gruppe „seinesgleichen"
- Fügung in die Randgruppenexistenz
- Isolation, Ausgliederung, Kontaktverlust, „**Desintegration**"

3.4.4 Zusammenfassung von 3.4 „Coping"

Ein Versuch mit Schwierigkeiten in Form von subjektiv als belastend erlebten Situationen fertig zu werden, stellt Coping dar. Von der Medizin kommend fand es Einzug in der Pädagogik und Sonderpädagogik. Im Gegensatz zu den älteren Bewältigungsmodellen, z.b. den Phasen- oder Stufenmodellen, besitzt das Coping-Modell einen Prozesscharakter, beachtet Einflüsse der sozialen Umwelt und kann als kognitives Modell verstanden werden. Es steht in enger Verbindung mit der Stress-Forschung und zu dem Konzept der kritischen Lebensereignisse. Der Ablauf eines Coping-Prozesses ist eine Art von hintereinander stattfindenden Bewertungen. Einer primären Bewertung (Situationseinschätzung), evtl. auf Grund einer Diskrepanz zwischen dem privaten und sozialen Selbst, und einer sekundären Bewertung (Bewältigungseinschätzung), welche nach den zur Verfügung stehenden Ressourcen fragt. Die Relation dieser beiden ist ausschlaggebend dafür, inwiefern eine Situation als belastend erlebt wird. Ist dies der Fall, hat das Individuum ein Set von Verhaltensmechanismen bzw. Bewältigungsstrategien zur Verfügung, welche eine Neueinschätzung der Situation zum Ziel haben.

Handelt es sich nun um Formen der Stigmatisierung bzw. Diskriminierung, welche eine Belastung auslösen, bzw. eine Diskrepanz zwischen dem sozialen Selbst und dem privaten Selbst erzeugen, so kommen Identitätsstrategien zum Einsatz, um die Identität zu wahren. Wie von Cloerkes (1997) in Anlehnung an Frey und Krappmann formuliert, geht es dabei um eine Integrations- und Balanceleistung. Somit ist es gerechtfertigt, Identitätsstrategien als Coping-Strategien (Bewältigungsstrategien) zu bezeichnen, auch wenn es neben den kognitiven Identitätsstrategien noch die Ebene handlungsbezogener Identitätsstrategien gibt.

Von großer Wichtigkeit ist das Wissen darüber, dass Stigmatisierung jeden treffen kann und Identitätsstrategien von jedem angewendet werden. Durch die Verknüpfung von Stigmatisierung und Bewältigung (Coping), in Form von Identitätsstrategien, kann man ein Prozessmodell der Stigma-Identitäts-These erstellen, welches bei Versagen der Identitätsstrategien bis hin zu einer beschädigten Identität führen kann.

3.5 Gesamtzusammenfassung der theoretischen Untersuchung
– ein „Rück-blick"

Nachdem ich zu jedem Abschnitt eine Zusammenfassung der wichtigsten Aspekte geschrieben habe, ist diese Gesamtzusammenfassung am Ende des theoretischen Teiles dieser Arbeit nun ein abschließender Rückblick auf die wichtigsten Aspekten dieser „Abschnittzusammenfassungen".

Bei diesem „Rückblick" handelt es sich im wahrsten Sinne des Wortes um einen
„Blick auf das Zurückliegende".

Die wichtigsten Aspekte, welche auf den vergangenen Seiten ausführlich erläutert und erarbeitet wurden, werden im Folgenden zueinander in Beziehung gesetzt und in Form eines Schaubildes dargestellt. Die Abbildung kann jedoch bei
weitem nicht alle, aber doch die wesentlichen Erkenntnisse der vorangegangenen Kapitel zusammenfassend und „rück-blickend" festhalten und das Prozessmodell nur vereinfacht aufzeigen.

Ausgangspunkt sind die Einstellungen eines Menschen, welche verhaltenswirksam sind. Diese kann man in positive und negative Einstellungen unterteilen. Im
Rahmen dieser Arbeit wurden besonders negativen Einstellungen betrachtet.
Diese können sich zu Vorurteilen gegen Personen, Gruppen oder Objekten entwickeln, wobei Vorurteile als *„extrem starre, negative Einstellungen, die sich
weitgehend einer Beeinflussung widersetzen" (Cloerkes 1997, S. 77)* verstanden
werden. Diese Personen sind in diesem Fall Menschen mit Behinderungen, deren Behinderung sich in Form eines Stigmas der Aufmerksamkeit der „anderen"
aufdrängen kann und Vorurteile bis hin zu Formen von Diskriminierungen gegenüber ihnen, den Stigmaträgern, bewirken kann.

Diskriminierungen, auch als subjektiv bedeutsame situative Erfahrungen verstanden, können unter Umständen für den Diskriminierten eine Reihe von Bedrohungen darstellen. Broda (1987) hat eine Übersicht von Cohen & Lazarus
über Bedrohungen bzw. *„gemeinsame Auswirkungen chronischer Krankheit"
(ebd., S. 11)* ins Deutsche übersetzt und systematisch dargestellt. Diese Auswirkungen können zum Teil auch Auswirkungen von Diskriminierung sein, denn
ebenfalls Diskriminierung kann folgende Bedrohungen erzeugen:

> *„Bedrohung des Selbstkonzepts"*, der Identität *„und der Zukunfts-pläne*

  - *Notwendige Veränderungen im Selbstkonzept oder Belief-System" (Broda 1987, S. 11)*

  - Unsicherheit im Hinblick auf zukünftige Situationen und Erlebnisse von Diskriminierung

  - *„Gefährdung von Lebenszielen und Wertvorstellungen*

  - *Verlust von Autonomie und Kontrolle" (ebd., S. 11)*

> *„Bedrohung des emotionalen Equilibriums,*

  d.h.: Notwendiges Ertragen von Gefühlen wie Angst, Ärger und weiterer aus den Belastungen resultierender Emotionen" (ebd., S. 11)

> *„Bedrohung der Erfüllung vertrauter Rollen und Aktivitäten" (ebd., S. 11)*

  - Gemieden und ausgegrenzt werden von Freunden, Verwandten und Bekannten; von Mitmenschen allgemein und von gesellschaftlichen Ereignissen und Einrichtungen

  - *„Verlust von wichtigen sozialen Funktionen" (ebd., S. 11)*

> *„Bedrohung resultierend aus der Erfordernis, sich an" Neubewertungen „der sozialen Umgebung anzupassen" (ebd., S. 11)*

Diese Auszüge der Aufstellung von Broda (1987) hat sich im Laufe des theoretischen Teils schon angedeutet, wurde aber in der Form noch nicht beschrieben.

Ebenfalls werden diese Bedrohungen immer wieder im Laufe der Darstellung der Ergebnisse der Interviews auftauchen, teils sehr deutlich, teils aber auch eher versteckt. Im Bezug auf das Thema „Diskriminierung und Gewalt gegenüber Menschen mit Behinderungen – Folgen für das Erleben und Verhalten behinderter Kinder und Jugendlicher und deren Eltern und Formen der Verarbeitung" wird sich zusätzlich herauskristallisieren, dass nicht nur das Kind bzw. der Jugendliche mit Behinderung, sondern vor allem auch die Eltern von den Auswirkungen bedroht sind.

Ob und inwieweit diese Bedrohungen durch Diskriminierung jedoch Auswirkungen haben, ist von unterschiedlichen Einschätzungen des Individuums, evtl.

Empfindungen von Belastung und Stress und möglicherweise einsetzenden Bewältigungsstrategien und deren Ausgang abhängig.

Führt zum Beispiel die primäre Einschätzung (Situationseinschätzung) zu der
Erkenntnis, dass durch eine erfahrene Diskriminierung eine Diskrepanz zwischen dem privaten Selbst und dem sozialen Selbst besteht, wirkt die Situation
als eine subjektive Belastung. Hilft auch die sekundäre Einschätzung (Bewältigungseinschätzung), die Einschätzung möglicher Ressourcen nicht weiter, so
entsteht Stress und wirkt belastend. Nun hängt es von möglichen Bewältigungs-
bzw. Identitätsstrategien ab, ob es zu einer Neubewertung der Situation – Neubewertungen hätten auch schon früher einsetzen können und den Prozess zum
Stillstand gebracht – oder bei Versagen der Identitätsstrategien zu einer veränderten bzw. beschädigten Identität kommt.

Dies veranschaulicht abschließend das Schaubild auf der folgenden Seite.

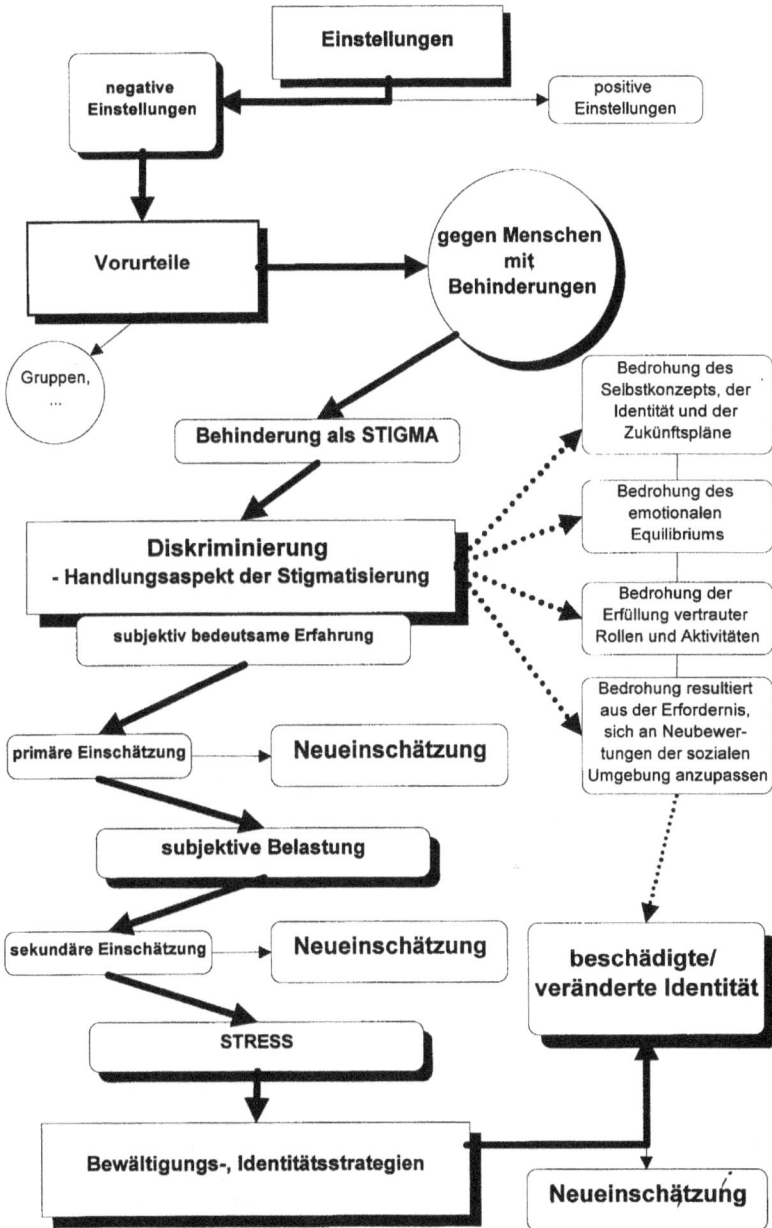

Einstellungen

negative Einstellungen

positive Einstellungen

Vorurteile

gegen Menschen mit Behinderungen

Gruppen, ...

Behinderung als STIGMA

Bedrohung des Selbstkonzepts, der Identität und der Zukünftspläne

Bedrohung des emotionalen Equilibriums

Diskriminierung
- Handlungsaspekt der Stigmatisierung

Bedrohung der Erfüllung vertrauter Rollen und Aktivitäten

subjektiv bedeutsame Erfahrung

Bedrohung resultiert aus der Erfordernis, sich an Neubewertungen der sozialen Umgebung anzupassen

primäre Einschätzung → **Neueinschätzung**

subjektive Belastung

sekundäre Einschätzung → **Neueinschätzung**

beschädigte/ veränderte Identität

STRESS

Bewältigungs-, Identitätsstrategien

Neueinschätzung

4 Die Befragung – Darstellung der Untersuchung

Nachdem ich in den beiden vorhergehenden Kapiteln zum einen die methodischen Grundlagen und zum anderen die theoretischen Grundlagen für die wissenschaftliche Untersuchung vorgestellt habe, bin ich nun an dem Punkt angelangt, welcher den Einstieg in die Empirie darstellt.

Bei der Art meiner Untersuchung handelt es sich um eine Kombination von qualitativer und quantitativer Sozialforschung. Das bedeutet, wie schon in der Einleitung und ganz intensiv in der Darlegung der methodischen Grundlagen beschrieben, dass die empirisch-wissenschaft- liche Untersuchung aus einem Interview bestand und aus Fragebögen zu einzelnen Themenbereichen.

- Doch wie waren die Interviews samt den Fragebögen aufgebaut?
- Wo fanden die Interviews statt?
- Wie kam der Interviewer an die Interviewpartner?
- Wie viele Personen nahmen an den Interviews teil?
- Gab es gewisse Kriterien, die bestimmend waren für die Auswahl der Stichprobe?

All jene Fragen sollen dem Leser nach diesem Abschnitt klar und einleuchtend sein und werden nun von unten nach oben, Schritt für Schritt, beantwortet.

4.1 Stichprobe

Im Folgenden werde ich kurz beschreiben, welche Auswahlkriterien ich für die Stichprobe, welche sich aus den Interviewpartnern – Eltern körperbehinderter Kinder – zusammensetzt, voraussetzte und wie ich die Interviewpartner für ein Gespräch gewinnen konnte.

Zudem stelle ich dar, wie viele Zusagen und Absagen von den Eltern zurückgeschickt wurden und wie viele Interviews ich insgesamt durchgeführt habe.

4.1.1 Auswahlkriterien für die Stichprobe

Für eine Untersuchung, welche sich mit dem Thema Diskriminierung gegenüber Menschen mit Behinderungen befasst, war es als allererstes einmal notwendig, Auswahlkriterien für die Zusammensetzung der Stichprobe, an Hand derer ich dies wissenschaftlich untersuchen wollte, aufzustellen.

Folgende Auswahlkriterien waren maßgeblich:

1) Befragt werden sollten **Eltern körperbehinderter Kinder**, wobei in der Art und Schwere der Behinderung keine Einschränkungen gemacht wurden.

   Eltern und nicht der betroffene behinderte Mensch selbst wurden gewählt, da die Eltern zum Teil Fremdurteile über Erlebnisse von Diskriminierung und mögliche Auswirkungen und Konsequenzen gegenüber ihren Kindern, welche die Kinder den Eltern erzählen, abgeben sollten. Zudem erleben Eltern selbst Diskriminierungen gegenüber ihren Kinder mit oder sind selbst diejenigen, die in irgendeiner Form herabgewürdigt werden. So wurde also auch erforscht, wie Eltern behinderter Kinder selbst mit Diskriminierung umgehen, welcher Art diese Diskriminierungen sind und ob diese bei ihnen selbst auch Folgen hat.

2) Das **Alter der körperbehinderten Kinder** der befragten Eltern wurde eingeschränkt auf die Altersspanne von 12 bis 20 Jahren.

   Informationen über diese Einschränkung des Alters hatten nur die ErzieherInnen und LehrerInnen der Kinder zum entsprechenden Ausgeben der Elternbriefe bekommen. Dieser Elternbrief ist dem Anhang angefügt (S. 191, „Elternbrief").

   Ausgegangen wurde von der Annahme, dass ältere Kinder und Jugendliche häufigeren Kontakt mit Nichtbehinderten haben, je nach ihren kognitiven Fähigkeiten, auch zwischen angenehmen und unangenehmen Interaktionen besser differenzieren können und dies dann evtl. auch eher zu Hause erzählen. Eine interessante Frage ist in diesem Zusammenhang, ob jüngere Kinder weniger oft diskriminiert werden als ältere Kinder oder Jugendliche.

3) Ein weiteres für mich im Bezug auf die Untersuchung wichtiges Auswahlkriterium stellte **der Wohnort** der Kinder dar. Die Untersuchung bezog sich ausschließlich auf in einer **Tagesstätte** betreute, in der Familie wohnende Kinder, entweder aus der Stadt oder vom Land kommend.

   Diese Eingrenzung musste getroffen werden, da es, wenn ich das Zentrum für Körperbehinderte in Würzburg als Beispiel heranziehen darf, zum einen Kinder gibt, die vormittags den Unterricht besuchen, ansonsten nachmittags und die Woche über in einer Internatsgruppe leben und nur am Wochenende nach Hause zu ihren Eltern fahren.

Zum anderen besuchen aber auch Kinder den Unterricht, die jeden Morgen von zu Hause in die Schule und am Nachmittag wieder nach Hause fahren, und somit also ihre Freizeit zu Hause und in der sozialen Umwelt mit ihren Eltern verbringen.

Gerade dieser Aspekt, dass die Kinder nach der Schule zu Hause in bzw. mit der Familie unterwegs sind, hat mich eine Beschränkung auf Kinder der Tagesstätte vornehmen lassen.

4) Um eine ausreichend große Stichprobe mit repräsentativen Ergebnissen zu erhalten, lag die anfängliche Vorstellung der **Anzahl von Interviews** bei 20 bis 25. Durch einen unerwartet großen Rücklauf der Teilnahmebestätigungen wurde die Anzahl auf 27 Interviews ausgeweitet.

4.1.2 Gewinnung der Stichprobe

Nachdem die Auswahlkriterien für die empirische Untersuchung festgelegt waren, setzte ich mich mit der Leiterin der Tagesstätte der Schule für Körperbehinderte am Heuchelhof, Frau Edith Fischer, in Verbindung. Ihr schilderte ich meine Absichten und traf auf ein sehr positives Feedback. In einer Sitzung der Mitarbeiter der Tagesstätte, zu der ich wenig später eingeladen wurde, stellte ich meine wissenschaftliche Untersuchung kurz vor, bat um die Mithilfe der Versammelten und gab ihnen die „Eltern- Briefe" zum Weitergeben an die Hand

In diesem Elternbrief (vgl. S. 191) fragte ich Eltern nach ihrer Mithilfe durch eine Teilnahme an einem Interview. Schon an der Stelle wies ich auf vollste Wahrung der Anonymität bei evtl. Interesse hin und ließ ihnen selbstverständlich eine Entscheidung zur Teilnahme frei.

Die Mitarbeiter der Tagesstätte bat ich, nachdem ich die Auswahlkriterien für die Stichprobe mitgeteilt hatte, die Elternbriefe den Kindern mitzugeben und die „Rückschreiben", die die Eltern mit ihren Kindern wieder an die Schule zurücksenden sollten, einzusammeln und bei Frau Fischer für mich abzugeben.

Auf diesem Rückschreiben gab ich den Eltern zudem die Möglichkeit, Gründe bei Nichtbereitschaft angeben zu können (vgl. Hinze 1993, S. 41f.).

4.2 Absagen und Zusagen

Die ErzieherInnen und LehrerInnen verteilten insgesamt **94** Elternbriefe an SchülerInnen ab einem Alter von 12 Jahren.

Von den Eltern wurden **41 Rückschreiben** zurückgesendet. Das entspricht einem **Rücklauf** von ca. **44%.**

Jedoch handelt es sich bei den zurückgeschickten Schreiben nicht nur um Zusagen.

Insgesamt **10 Absagen**, teils mit Angabe von Gründen, wurden zurückgeschickt. Dies entspricht somit ca. **24%** von allen Rückläufen (11% im Bezug auf die 94 Elternbriefe).

Auf der anderen Seite waren es somit erfreulicherweise **31 Zusagen.** Das entspricht also ca. **76%,** bezogen auf alle Rückläufen (im Bezug auf die ausgegebenen Elternbriefen sind das 33% Zusagen). Auf Grund der starken Teilnahmequote musste ich vier Interviews absagen. Somit liegen für die Auswertung 27 Interviews vor.

Im Folgenden will ich noch kurz auf besondere Hinweise bei den Absagen bzw. Zusagen eingehen:

Wie schon erwähnt hatten die Eltern bei **Absagen** die Möglichkeit der Angabe von Gründen.

Vier Absagen wurden ohne Grund abgegeben, doch bei den übrigen 6 Absagen haben es die Eltern sehr wohl wahrgenommen, Gründe für ihre Absage anzugeben.

Zwei Absagen begründeten die Eltern mit Zeitmangel, drei Absagen zeigen, dass Diskriminierung und Gewalt gegenüber Menschen mit Behinderungen (nach Ansicht der Eltern) nicht zwangsläufig auftreten müssen und wurden wie folgt begründet:

- *„Weil die meisten Menschen freundlich und hilfsbereit zu uns sind."*

- *„Bei unserem äußerlich kaum auffallenden Kind haben wir diesbezüglich keine Erfahrungen."*

- *„Es liegen uns keine negativen Erfahrungen vor."*

Eine Absage, zu der ich mich nicht weiter äußern will, war mit anschließendem „Text" versehen:

„Vor 2 Jahren wurden wir schon einmal zu gleichem Thema und im Rahmen einer Zulassungsarbeit für das 1. Staatsexamen befragt. Unsere Ausführungen wurden nicht verwertet, da sie nicht den Erwartungen des Dozenten entspra-

chen. Die Studentin hat sich dem angepasst. Ein weiters Mal möchten wir uns das nicht antun.

PS: Ich habe dies durch Zufall erfahren, weil ich selbst vor 2 Jahren im Rahmen der Nachqualifikation Sonderpädagogik studierte. Viel Erfolg für Sie!"

Im Falle von **Zusagen** wurden die geforderten Angaben von den Eltern bei Interesse an einem Interview zuverlässig ausgefüllt.

An einer Zusage von einer Mutter hing sogar ein Zeitungsartikel einer lokalen Zeitung, in welchem es gerade um einen der Fälle geht, in dem Diskriminierung gegenüber Menschen mit Behinderung sehr offensichtlich ist und der zudem deutlich macht, dass die Themenstellung nicht aus der Luft gegriffen ist und auf jeden Fall sehr aktuell ist.

4.3 Interviewleitfaden mit Fragebögen

Für die Interviews, zwecks welcher ich mit den Eltern telefonisch Termine vereinbart hatte und dann an diesen Terminen direkt zu ihnen nach Hause gefahren bin, hatte ich jeweils ein Aufnahmegerät, einen Interviewleitfaden (siehe Anhang S. 193ff., „Interviewleitfaden mit Fragebögen") und die auszufüllenden Fragebögen dabei. Mit dem Begriff Interviewleitfaden seien nun auch die Fragebögen gemeint.

Im Folgenden werde ich die unterschiedlichen Gesichtspunkte des Leitfadens kurz herausstellen, wobei ich für Weiteres auf den Anhang verweise.

Die unterschiedlichen Fragenkomplexe für den Interviewleitfaden ergaben sich durch vorheriges intensives Literaturstudium.

Die Interviews begannen mit dem „Schaffen einer angenehmen Gesprächsatmosphäre", in der die Eltern sich wohl fühlen und merken sollten, dass der Interviewer an ihnen mit ihren Erlebnissen Interesse hat.

Dies erreichte ich vor allem durch eine meinerseits sehr offene Haltung und Art den Eltern gegenüber. Ich erzählte den Eltern ausführlich von Gegenstand und Ziel der Arbeit. Zudem berichtete ich auch einige persönliche Dinge von mir.

Daraufhin wurde mit den „Fragen zum Kind", einem quantitativen Teil in Form eines Fragebogens begonnen, um für die Arbeit wichtige Informationen über das Kind bzw. die Kinder zu erfahren. Darunter fielen unter anderem das Alter, die Art, die Schwere und auch die Auffälligkeit der Behinderung des Kindes. Darüber hinaus wurde noch nach dem Wohnort und der Besiedelungsdichte gefragt, da Erfahrungen von Diskriminierung und damit verbunden auch die soziale Akzeptanz, evtl. von diesen oder den vorherigen Faktoren abhängig sein könnten. Der nächste Gesichtspunkt beschäftigte sich nun mit dem eigentlichen Thema der Arbeit, wobei hier sowohl qualitativ (in Form des Gesprächs) als auch quantitativ vorgegangen wurde. Dabei wurde folgendes erfragt:

Der Einstieg in den ersten das ganze Thema umfassenden Bereich bildeten Inhalte aus unterschiedlichen Zeitungsartikel mit Meldungen, welche im Zusammenhang mit Diskriminierung gegenüber Menschen mit Behinderungen standen.

Die Interviewpartner sollten spontane Gefühle zu den Meldungen, die sie selbst lesen könnten oder ihnen vorgelesen wurde, nennen und unterschiedliche selbst schon erlebte Erfahrungen von Diskriminierung und vom Kind erzählte Vorkommnisse berichten. Es wurde auch nach der Art und Weise der Auseinandersetzung mit diesen Situation gefragt sowie nach der vermuteten Auseinandersetzung des eigenen Kindes mit schon selbst erfahrenen Formen von Diskriminierung (Fremdurteil). Daneben wurde nach möglichen Konsequenzen oder Auswirkungen beim Kind sowie in dessen Verhalten gefragt.

Um das Gespräch ein wenig zu rhythmisieren und aufzulockern, kam daraufhin ein Fragebogen zum Einsatz, den ich von Herrn Dr. Fries bekommen hatte. Dabei ging es um 25 Items, die der Interviewpartner bewerten sollte. Seine Bewertungen sollte dieser in Bezug auf eigene erlebte Diskriminierung bzw. auf die Zeitungsmeldungen fällen.

Nach diesen den Themenbereich Diskriminierung umfassenden Fragen ging es im zweiten Abschnitt besonders um Folgen, Auswirkungen und Konsequenzen von Vorurteilen und Diskriminierung bei den Eltern. Ebenfalls wurde das Verhalten der Gesellschaft in Bezug auf die Behinderung des Kindes, die Eltern und das behinderte Kind selbst erfragt. In der Gesellschaft schon erlebte Reaktionen behinderten Menschen gegenüber wurden den Eltern in Form einer Auflistung möglicher Reaktionen zur Auswahl und anschließenden Bewerten vorgelegt. Im Anschluss daran wurde neben anderen Fragen nochmals gesondert auf den Umgang der Gesellschaft mit dem behinderten Kind und mit den Eltern im Großen und Ganzen eingegangen. Des Weiteren wurde nach Möglichkeiten des Spannungsabbaues zwischen Nichtbehinderten und behinderten Menschen, des Abbaus von Vorurteilen behinderten Menschen gegenüber und nach Möglichkeiten Vorurteilen entgegenzuwirken gesucht. Vielleicht ergibt sich hieraus ein Schluss für eine zukünftige Verbesserung der Interaktionen von Nichtbehinderten und behinderten Menschen darstellen. Wie belastend die Behinderung im Moment von den Eltern erlebt wird und wie die Eltern allgemein mit der Behinderung umgehen, wurde daraufhin zur Diskussion gestellt. Vor dem abschließenden Fragebogen zur Bewertung des Gesprächs, konnten die Interviewpartner noch Beurteilungen zur Abhängigkeit der Reaktionen der Umwelt gegenüber Menschen mit Behinderungen bzw. zu der sozialen Akzeptanz von Menschen mit Behinderungen zu je unterschiedlichen Faktoren abgeben.

Eventuelle Ursachen für zwischenmenschliche Schwierigkeiten konnten ebenfalls bewertet oder selbst genannt werden.

5 Die Ergebnisse

Wie viele Mütter und Väter an den 27 Interviews letztendlich teilgenommen haben und welche Ergebnisse sich aus den Interviews und Fragebögen der wissenschaftlich-empirischen Untersuchung ergeben, ist nun Thema.

Hierbei werde ich mich hauptsächlich den aus den Interviews zu ziehenden Resultaten widmen, wobei ich an gegebener Stelle auch Auszüge aus den Fragebögen anfüge, um die Ergebnisse der Interviews zu untermauern.

Konkreter ausgedrückt handelt es sich im Folgenden also um die Interpretation und Analyse der Interviews sowie um die Auswertung einiger wichtiger Variablen des Fragebogens.

5.1 Beschreibung der Stichprobe – ein Rückblick als Einstieg

In drei Wochen einmal durch ganz Unterfranken!

So könnte man einen Teil meiner Arbeit für diese Zulassungsarbeit bezeichnen, da ich für drei Wochen täglich „auf Achse" war, um meine Interviewpartner in ihren häuslichen Gefilden zu besuchen. Pro Tag konnte ich zwei oder drei Interviews, manchmal sogar vier führen. Durchweg wurde ich von den zu Interviewenden freundlich und sehr offen empfangen.

In zwanzig Fällen waren die Mütter alleine, einmal habe ich einen Vater alleine interviewt (Interview 9). Fünf Eltern haben gemeinsam teilgenommen, also die Mutter und der Vater (bzw. Lebensgefährte der Mutter) des behinderten Kindes (Interview 3, 13, 18, 20, 24) und bei einem Interview konnte ich neben der Mutter auch ihre behinderte Tochter interviewen (Interview 16). Diese Ausnahme machte ich, da ich bei der Terminabsprache schon mit der Tochter gesprochen hatte und die Mutter mich bat, die Tochter, um die es ja geht, mit einzubeziehen.

Somit war es mir möglich, 27 Interviews (qualitative Sozialforschung) zu führen und 33 Fragebögen (quantitative Sozialforschung) beantworten zu lassen.

Darstellung der Verteilung der Interviewpartner:

20   Mütter alleine (74%)

1   VATER alleine (3,7%)

5   Eltern (Mutter und VATER bzw. Lebensgefährte der Mutter) (18,5%)

1   Mutter zusammen mit ihrer *behinderten Tochter* (3,7%)

In den Interviewtranskripten selber wurden die unterschiedlichen Aussagen in je verschiedener Schrift festgehalten, um eine leichte Unterscheidung der Personen, die am Interview teilgenommen haben, beim Lesen der Transkripte zu erzielen.

Die Mütter wurden in „normaler" Schrift (Mütter), die Männer in Großbuchstaben geschrieben (MÄNNER). Die Aussagen der Tochter in Interview 16 habe ich zur besseren Unterscheidung in kursiver Schrift notiert *(Tochter)*. Meine Fragestellungen bzw. Anmerkungen, also die des Interviewenden, habe ich mit kursiver fetter Schrift niedergeschrieben (***Interviewer***).

Die Offenheit der Mütter und Väter überrascht mich im Nachhinein immer noch ein bisschen, da das Thema der Gespräche ein sehr heikles Thema war und ist und vor allem auch dadurch, weil ich für die Eltern zu Beginn der Interviews ein wildfremder Mensch war. Dennoch vertrauten sie sich mir sehr offen an, nachdem sie sich nach einer gewissen Phase an diese neue Situation des Unterhaltens – Tonbandaufzeichnung, Fragen gestellt bekommen, Erinnerungen wieder aufwecken, ein unbekannter Student, ... – gewöhnt hatten. Bei manchen Gesprächen hatte ich den Eindruck, die Gesprächspartner waren sehr froh, endlich einmal jemanden vor sich sitzen zu haben, der sich für sie und ihre Probleme interessiert und ihre Situationen samt den Schwierigkeiten, Ängsten und Erlebnissen auch zu verstehen versucht. Ganz bewusst schreibe ich in dem vorigen Satz zu verstehen „**versucht**", da man selbst nach vierjähriger Arbeit mit Kindern, Jugendlichen und erwachsenen Menschen mit Behinderung sowie dem Studium der Sonderpädagogik nur **versuchen** kann, die Situation der Eltern zu verstehen, welche ein Kind mit Behinderung haben, sei es durch Krankheit, Unfall oder von Geburt an.

Bei einigen Gesprächen musste ich für mich auch in der jeweiligen Situation abwägen, welche Frage ich dem Interviewpartner noch zumuten konnte und in welcher Form.

Ein Interview (15) brach ich auf Wunsch des zu Interviewenden ab, da durch das Gespräch zu viele Emotionen aufgewühlt worden waren. Ein anderes Interview (Interview 12) musste ich nach mehr als drei Stunden wegen einem weiteren Interviewtermin beenden.

Die Erfahrungen, durch meine Art mit den Eltern zu reden, viel Vertrauen wecken zu können, erlebte ich als sehr positiv und so konnte ich für mich persönlich durch die Interviews viel „mitnehmen".

Zum einen wurde ich in meinem „Miteinander Reden" und „Miteinander Umgehen" bekräftigt, zum anderen ist es mir, so zeigen die Aussagen der Eltern auf einem separaten Fragebogen – „Bewertung des Gesprächs durch den Befragten" (vgl. 5.3.2) – gelungen, eine durchweg als angenehm und persönlich empfundene Gesprächsatmosphäre zu schaffen.

Die folgenden Abschnitte befassen sich nun mit der Auswertung der Interviews und der Analyse und Auswertung einiger Aspekte der Fragebögen (5.2) sowie mit der Darstellung aller Fragebogenergebnisse in Form einer Tabelle und einer ergänzenden Variablenliste (5.3).

5.2 Interpretation und Analyse der qualitativen Interviews mit Auszügen aus Fragebögen

An dieser Stelle werden nun einige „Ergebnisse" des qualitativen Teils der wissenschaftlich-empirischen Untersuchung dargelegt und mit hierzu passenden quantitativen Ergebnissen untermauert.

Ich mache darauf aufmerksam, dass das vorliegende Material in Form von 27 Interviews und 33 Fragebögen ein derartig großes Angebot an Informationen bietet, dass es den Rahmen einer Zulassungsarbeit sprengen würde, wollte man jedes Interview und auch die Interviews in Beziehung zueinander vollständig auswerten und jede einzelne Variable der Fragebögen untersuchen. Von daher werde ich das Material, unter Wahrung der Anonymität der Interviewpersonen, für weitere Untersuchungen meinem Dozenten Herrn Dr. Fries zur Verfügung stellen.

Im Folgenden werden Interviewauszüge generell eingerückt und teilweise gekürzt angeführt. In Klammer befindet sich nach einem Zitat aus einem Interview der Vermerk auf das jeweilige Gespräch.

5.2.1 Erste Gedanken der Befragten zu Diskriminierung

Mit Hilfe unterschiedlicher Zeitungsmeldungen, in welchen je Herabwürdigungen behinderter Menschen offensichtlich waren und die den Interviewpartnern vorgelesen wurden, wurden erste Gedanken zu Diskriminierung gegenüber Menschen mit Behinderung und Gefühle beim Hören solcher Meldungen erzeugt.

Die erste Meldung handelt von einem Richterspruch, bei dem einem Ehepaar die Hälfte der Reisekosten wieder zurückerstattet wurde, da der Anblick behinderter Menschen für das Ehepaar im Urlaub nicht „zumutbar" gewesen sei. Die zweite Nachricht berichtet von einem Eintrittsverbot für geistig und körperlich behinderte Kinder in ein örtliches Schwimmbad und die dritte Meldung davon, dass körperbehinderte Menschen in der Stadt angestarrt werden.

Die Absicht, Gedanken und Gefühle zu erzeugen, wurde zudem durch die Fragestellung des Interviewers unterstützt, die in etwa folgendermaßen lautete:

> *„Wenn Sie jetzt so die drei Nachrichten gehört haben, was geht Ihnen dann da durch den Kopf?"*

(Interview 2)

Der Richterspruch der ersten Meldung sowie Benachteiligung und Diskriminierung behinderter Menschen allgemein fanden durchweg massive Kritik. Diese geäußerten Reaktionen und die spontanen Assoziationen in 24 der 27 Interviews lassen sich jedoch in drei Kategorien fassen, wobei deutlich wird, dass die Bandbreite der Gedanken von Entsetzen bis hin zu Verständnis in Bezug auf ablehnende Haltungen gegenüber behinderten Menschen reicht.

1. Kategorie: **Entsetzen und Empörung** (41,7%)   **10 Nennungen**

2. Kategorie: **Entsetzen, denn es kann jeden treffen!** (33,3%) **8 Nennungen**

3. Kategorie: **Verständnis versus Unverständnis** (25%)   **6 Nennungen**

Um die Reaktionen und spontanen Assoziationen der Interviewpartner, Mütter und Väter körperbehinderter Kinder, die evtl. auch schon Ähnliches selbst erlebt haben, zu verdeutlichen, werde ich im Folgenden einige Auszüge aus den Interviews zu den drei Kategorien anführen. Teilweise geben die Eltern auch schon detaillierte Begründungen für ihre persönlichen Sichtweisen dieser Zeitungsmeldungen.

5.2.1.1 Entsetzen und Empörung – Antworten zur 1. Kategorie

Wenn man die Gedanken der Interviewpartner nun in Bezug auf die Zeitungsmeldungen betrachtet so wird ein durchgehendes Entsetzen, eine Empörung und ein Unverständnis deutlich.

„... eigentlich bin ich entsetzt ... gewesen" (Interview 2).

„Also ich finde es einfach ein Horror, ich find es einfach ein Witz, aber nach welchen Kriterien der Richter das Urteil gefällt hat, da frag ich mich auch, weil wir haben ja schließlich auch eh, Grundgesetz, ... Es ist einfach haarsträubend. ...., da schwillt mir der Hals, ... " (Interview 3).

„Ja, was eigentlich überhaupt nicht fair ist, den Menschen gegenüber, weil sie haben ja nur eine körperliche Behinderung" (Interview 5).

„DASS MAN IRGENDWIE NICHT BEREIT IST, BEHINDERTE MENSCHEN IRGENDWIE ZU INTEGRIEREN ODER ANZUNEHMEN MIT IHRER BEHINDERUNG" (Interview 9).

An dieser Stelle ist die Aussage einer Mutter ganz interessant. Sie meint, dass teilweise der einfache „Pöbel" auf der Straße verständlicher mit Menschen mit Behinderungen umgeht als zum Beispiel der Richter oder andere Menschen.

„Ja, das ist einfach Empörung. Aber ich sag mir dann, so einer dürfte nicht Richter sein in einem demokratischen Staat. *Ja* . Wenn ein einfacher Pöbel auf der Straße, so Jugendliche, die sich ihren Spass daraus machen und über Behinderte sich lustig machen, das ist noch eher verständlich, als da so ein Richter, der da ein solches Urteil macht" (Interview 16).

In weiteren Gesprächen äußerten sich die Interviewpersonen wie folgt:

„DAS IST – erschreckend – ERSCHRECKEND" (Interview 20).

„Ja furchtbar, einfach traurig muss ich sagen. Ich denk, es sind alle Menschen eigentlich gleich. Ob sie jetzt gesund sind oder ob sie behindert sind" (Interview 21).

„Ich finde es unmöglich. Weil ich finde, der Anblick behinderter Menschen ist nicht, also als nicht zumutbar zu bezeichnen. Find ich also furchtbar. Weil es ist kein Anspruch für niemanden, dass er nicht auch mal behindert wird, oder dass er durch einen, durch Umstände, durch Unfall oder irgendwie, das gleiche Schicksal erleidet" (Interview 22).

„Ja, dass ich es unmöglich find. Ich finde, die behinderten Menschen gehören genauso dazu wie die normalen Menschen und sie sollten eigentlich mehr integriert werden und nicht so als Außenseiter betrachtet werden" (Interview 27).

Der nun folgende Auszug aus einem Interview zeigt, dass diese Mutter nicht nur entsetzt war sondern auch sofort versucht hat, etwas dagegen zu unternehmen.

„... dass ich eine der wenigen war oder eine derjenigen war, die damals zur damaligen Zeit eine Unterschriftenaktion gestartet hatte, gegen dieses Urteil .... Ja da fällt mir schon alles runter, da bin ich schon, also da hört bei mir irgendwo, setzt bei mir der Verstand schon aus" (Interview 23).

5.2.1.2 Entsetzen, denn es kann jeden treffen!
– Antworten zur 2. Kategorie

Neben dem eben schon gezeigten Entsetzen und der Empörung fügen 9 Interviewpartner an dieser Stelle an, dass sich niemand davor schützen kann, nicht auch mal behindert zu werden. Wie schnell kann es gehen – durch einen Unfall oder bedingt durch eine Krankheit.

„... dieses mit dem Ehepaar in der Türkei ... das find ich natürlich total unmöglich. Ja. Unmöglich, denn ehm, auch die Leute könnten einen Unfall haben und durch ihren Unfall hinterher behindert sein. Soweit denken die Menschen aber nicht, ... Das andere weiß ich jetzt nicht – find es natürlich genauso unmöglich" (Interview 1).

„.... es ist ja uns so passiert, durch einen Autounfall, dass unser Kind behindert wurde, das kann den Leuten, die da in Urlaub waren, genauso passieren und ich versteh das absolut nicht. Absolut nicht .... .

ABER DASS SO EIN RICHTER SO EINEN RICHTERSPRUCH ABLÄSST, DASS IST UNVERSTÄNDNIS, SO WAS..... WIR HABEN AUCH EIN NORMALES KIND GEHABT, ... KANN JEDEM PASSIEREN" (Interview 24)

„Also das find ich wirklich unerhört, dass die überhaupt ans Gericht gegangen sind, dass ihnen die Reisekosten zurückerstattet werden, und dass der Richter ihnen noch recht gegeben hat, ne. ... Das kann doch jedem passieren! Geht man auf die Straße raus, zack, hat man einen Unfall und ist behindert. ... Das find ich unerhört, unverschämt" (Interview 11).

„...über so etwas kann ich mich also nur aufregen .... macht mich bösartig, wenn ich so etwas lese. WERDE ICH SAUER ...Wir haben es ihm halt erklärt, dass es solche Menschen auch gibt, und dass es schlimm ist, wenn man so denkt, wenn man so egoistisch ist und man sollte froh sein, dass man jeden Tag gesund früh aufwacht und für viele ist es so eine Selbstverständlichkeit und es kann ganz schnell gehen. Auch diese Menschen können morgen im Rollstuhl sitzen" (Interview 13).

„Also ich find das schon zu unrecht .... Weil sie könnten ja durch einen Unfall auch mal in die Lage kommen, diskriminiert zu werden...und dann müssten sie sich das an dem eigenen Beispiel mal überlegen, was dann passiert, wenn sie dann mal in so eine Geschichte rein rutschen. ... Es fehlt auch der Kontakt vielleicht zu diesen Menschen" (Interview 14).

„Ja, ich finde es auch schlimm und ich denk halt auch, das kann jedem passieren. ...Das kann wirklich jedem passieren. Wissen Sie, Sie können heute bei mir jetzt weggehen, es kann Ihnen mit dem Auto etwas passieren und Sie liegen dann da" (Interview 12).

„Ich finde es unmöglich. Weil ich finde, der Anblick behinderter Menschen ist nicht, also als nicht zumutbar zu bezeichnen. Find ich also furchtbar. Weil es ist kein Anspruch für niemanden, dass er nicht auch mal behindert wird, oder dass er durch einen, durch Umstände, durch Unfall oder irgendwie, das gleiche Schicksal erleidet" (Interview 22).

Diese Mutter beschreibt neben ihrem Entsetzen und der Möglichkeit, dass es jeden treffen kann noch, was sie macht, wenn sie dann „der Frust packt":

„Eine unwahrscheinliche Wut, denn wie schnell kann ein normaler Mensch auch behindert sein und wird dann auch angestarrt oder diskriminiert. Ich finde das an für sich unverschämt, weil kein Mensch für seine Behinderung was dafür kann" (Interview 8).

„Was ich dann mache, wenn mich der Frust so packt? Dann stell ich mir vor, wie viele auch selber behindert sein könnten, durch Unfall oder Krankheit. Wie schnell das gehen kann. Von einem Tag auf den anderen. Und dass sie dann eines Tages auch die Strafe in solcher Form dann ereilen für die Bemerkungen, die sie gedankenlos fallen lassen" (Interview 8).

5.2.1.3 Verständnis und Unverständnis – Antworten zur 3. Kategorie

Verständnis und Unverständnis, was ist damit gemeint?

Von den insgesamt 27 Interviewpartnern zeigen immerhin 5 Mütter behinderter Kinder und ein Vater Verständnis für ein Sich-gestört-fühlen des sogenannten „Normalen" durch die Anwesenheit behinderter Menschen. Unverständnis wird jedoch in Bezug auf das Urteil ausgesprochen.

Zwei Mütter begründen ihr Verständnis zum Beispiel damit, dass sie früher eine ähnliche Sicht von Behinderten hatten.

> „... ich hab zwar selbst ein behindertes Kind, und ich find das auch nicht o.k., dass sie da die Hälfte zurück kriegen deswegen, aber ich kann mir ganz gut vorstellen, dass sich Leute in so einer behinderten, also wenn so eine Behinderten Gruppe, eine Gruppe Schwerstbehinderter auftritt, sich gestört fühlt, wenn einer nicht mit Behinderten zu tun hat. Also ich kann es voll verstehen, weil ich, mir ist es früher genauso gegangen. ... ich kann jemanden verstehen, der keinen Umgang damit hat, dass er wirklich größte Schwierigkeiten hat ... den Bezug zu finden" (Interview 4).

> „Aber ich könnt mir das schon auch vorstellen. Ich denk mir, bevor ich den Martin gehabt hab, hätte ich damit auch nicht unbedingt was anfangen können. ..., die wissen einfach nicht was das ist. Also natürlich täte es mich jetzt nicht stören und ich find es auch entsetzlich, dass es so etwas gibt, aber ich kann mir es halt auch vorstellen, dass man sagt, das stört meinen Urlaub. Das kann ich mir schon mal vorstellen, obwohl ich selbst ein behindertes Kind habe ..... Ich find das schon schlimm, also, ich will jetzt nicht sagen, dass ich das toleriere, ich weiß nicht, wie ich jetzt sagen soll, aber ich hab halt auch die Gedanken, dass ich es auch ein bisschen verstehen kann" (Interview 10).

Eine andere Mutter erklärt ihr Verständnis aus der Sicht heraus, dass sie unangemessene Reaktionen auf das „Nichtgewohntsein" an Menschen mit Behinderungen schiebt:

> „...mit dem Ehepaar, das in der Türkei Urlaub macht. Kann ich zum Teil verstehen. Wenn einer überhaupt nie mit Behinderung zu tun hatte, ist es ein Schock. Ist einfach so. ... Und wenn das jetzt Menschen sind, die wirklich viel zappeln und die Spucke läuft und laute Schreie und er ist überhaupt nicht darauf eingestellt, ich kann es verstehen. Das Urteil ist ein Hammer. ... Aber ich habe trotzdem ganz großes Verständnis" (Interview 6).

Dieses Verständnis der Mutter bezieht sich, wie die anderen Meinungen von Eltern auch, nur auf das Urteil. In Bezug zu den beiden anderen Meldungen sagt die Mutter:

„Das zweite ist ein Hammer. Also das Zweite find ich viel viel schlimmer" (Interview 6).

In ähnlicher Weise berichten folgende Mütter:

„Also zu dem ersten. Ich kann mir das schon sehr gut vorstellen, wenn sich manche Leute da behindert, beeinträchtigt fühlen in ihrer, wie soll ich sagen, in ihrem Urlaubswohlbefinden, weil sie wahrscheinlich auch mit so etwas nicht gerechnet haben. ... Ich denk, wenn man weiß, was auf einen zukommt, dann kann man sich darauf einstellen und das kommt wahrscheinlich auch darauf an, in wie weit diese Menschen jetzt behindert waren. ... . Bloß das Rechtsurteil hat mich auch aufgeregt, weil ich es eigentlich .... find ich also völlig übertrieben" (Interview 15).

„Die erste Meldung. .... es ist unglaublich, aber doch wieder nachvollziehbar, weil ich denk, beide Seiten muss man kennen. Weil es nicht ganz einfach ist, wenn man es nicht gewohnt ist, behinderte Kinder oder behinderte Menschen, ja, zu akzeptieren. Es ist also, denk ich, eine Gewöhnung, wobei ich aber sag, also das richterlich zu, anzuerkennen, dass das eine Minderung ist, das ist also für mich nicht nachvollziehbar... . Und diese Geschichte mit dem Schwimmbad ist, find ich, genau das selbe. Man kann niemanden als Menschen zweiter Klasse behandeln, bloß weil er anders ist als die anderen ... .

Und ... von Passanten angestarrt werden, das ist nach wie vor immer noch und das passiert, denk ich, jedem tagtäglich, der mit seinem Kind oder auch als Jugendlicher, Erwachsener unterwegs ist. Und das wird sich auch, denk ich, immer noch nicht vermeiden lassen" (Interview 19).

Der Vater einer schwerstbehinderten Tochter sagt:

„JA, DAS IST UNMÖGLICH, MEINE ICH. ... NATÜRLICH. DAS WÄRE EIN MORALISCHER SKANDAL, WENN JEMAND NUR DURCH DIE SICHT VON BEHINDERTEN PERSONEN SO BELÄHMT FÜHLT. NATÜRLICH ICH KANN MIR VORSTELLEN, DASS MAN URLAUB MACHEN MÖCHTE, DURCH SCHREIEN

ODER ANDERE GRÜNDE, DAS KANN URLAUB ZUR STÖRUNG
KOMMEN. UND DAS KANN ICH VERSTEHEN" (Interview 18).

5.2.2 Eigene Erfahrungen mit Diskriminierung und Gewalt

Von Interview zu Interview wurde eines immer deutlicher:

In den meisten Familien bewegen sich die Kinder nur in Begleitung ihrer Eltern
in der sozialen Umwelt.

> „Er ist natürlich auch immer mit mir unterwegs. Da haben vielleicht auch
> viele Respekt, oder – *ja* –, wenn sie vielleicht was sagen möchten oder
> würden. *Mhmmm.* Würde ich wahrscheinlich im Weg stehen, nehme ich
> mal an" (Interview 14).

> „Sie ist im Grunde genommen immer mit uns zusammen und ich kann
> mich da schon wehren. ...

> Wobei das bei uns so ist, dass die Kerstin im Grund genommen nur mit
> uns weggeht" (Interview 19).

> „Wir gehen also nie ohne Michael weg" (Interview 3).

> ***„Und wie ist es, wenn Sie dabei sind und so etwas miterleben?*** Da pas-
> siert gar nichts!" (Interview 1)

> „ ... da hab ich mit dem Sven keine Probleme, wenn ich mit dem Rollstuhl
> unterwegs bin .. " (Interview 2).

> „... also im Dorf, da wird er überall mit hin genommen. Da haben wir ihn
> überall dabei und da kennen ihn auch die meisten Leute" (Interview 10).

> „ ... Erwachsene hoffentlich machen es nicht. In meiner Gegenwart we-
> nigstens nicht, denn ich werde patzig" (Interview 11).

An dieser Stelle wird die in der Einleitung beschriebene „Pufferfunktion" der
Eltern deutlich. Würden Diskriminierungen stattfinden oder ereignen sie sich
tatsächlich, so werden sie meist von den Eltern aufgefangen, abgefangen und
abgeschwächt, so dass die Wirkung auf die Kinder meist sehr reduziert ist. Für
die Eltern stellt dies jedoch eine teils sehr große Belastung dar. Denn dadurch,
dass sie die Wirkung von als diskriminierend erlebten Situationen auf das Kind
abschwächen, trifft sie diese selbst.

Manchmal ist es jedoch auch der Fall, dass Kinder sich auf Grund ihrer Behinderung in manchen Situationen, welche für die Eltern sehr wohl verletzend sind,

weder diskriminiert fühlen noch diese Situation überhaupt als angespannt wahrnehmen.

Manche Eltern bezeichnen dies sogar als Glück ihrer Kinder, auf Grund der Behinderung manche in den Augen der Eltern diskriminierenden Situationen nicht mitzubekommen.

Die den Eltern auffallenden Herabwürdigungen haben somit manchmal auf die Kinder keine Auswirkungen, was folgendes Beispiel verdeutlicht:

„Eben, das ist eigentlich das Gute daran, der Martin merkt das nicht. ... Der Martin ist glücklich und zufrieden. ... Und er kriegt das nicht mit. Von daher ist es halt leichter, ich weiß es und von daher stört es mich auch nicht so, das stimmt" (Interview 10).

Erfreulicherweise erhielt ich keine Hinweise oder Anzeichen von sogenannter „körperlicher, offensichtlicher Gewalt". Teilweise wurde jedoch genannt, dass es in Großstädten wie München oder Frankfurt, in denen die Rechte-Szene verstärkt vertreten ist evtl. ganz anders ausschauen könnte.

„Wobei du jetzt auch vielleicht den Unterschied machen musst von Land zur Stadt. Wenn jetzt vielleicht in München oder so, Frankfurt, wo diese rechtsradikale Szene vielleicht ein bisschen mehr ist, wie es jetzt bei uns hier auf dem Land, K. ist ja doch noch Land, ist möchte ich das vielleicht auch anders sagen, aber es liegt vielleicht auch wirklich an dem Behinderten selber" (Interview 3).

Ein Studienkollege, der durch einem Motorradunfall einen Arm verloren hat und dem ich von meiner Arbeit erzählte, berichtete mir von einem Erlebnis, das ihm selbst in Ostdeutschland passiert ist. Er wurde von Skinheads, die ihn auf der Straße sahen, brutalst zusammengeschlagen. Ein zu Hilfe eilender Passant wurde ebenfalls verprügelt.

Dieses Beispiel sowie Meldungen in Zeitungen zeigen somit, dass der Aspekt der „körperlichen, offensichtlichen Gewalt gegenüber Menschen mit Behinderungen" von mir nicht aus der Luft gegriffen ist, sondern berechtigt mit in diese Arbeit eingebracht wurde auch wenn er in dieser Arbeit nicht bestätigt wurde.

Zu dem Aspekt der Diskriminierung in Form von Worten, Blicken und Gesten oder fehlenden Hilfsangeboten der Gesellschaft für Menschen mit Behinderung konnten mir die Eltern neben mit ihrem behinderten Kind miterlebte auch von Freuden und Bekannten erzählte Erlebnisse und Situationen, in denen behinderte

Menschen „als Menschen zweiter oder dritter Klasse behandelt worden waren",
berichten.

Ebenfalls teilten mir die Eltern Erfahrungen und Geschehnisse mit, die ihre Kinder alleine erlebt haben und die sie vor den Eltern zu Hause dann schilderten.

Diese beiden unterschiedlichen Ausgangspunkte für Diskriminierung sollen im Folgenden unterschieden werden.

5.2.2.1 Was Eltern mit ihren Kindern erleben – Kategorien und Auszüge aus Interviews

Hierbei muss zwischen Diskriminierung durch Personen und Diskriminierung durch das System unterschieden werden.

Beschimpfungen, Worte und Blicke sowie Gesten zählen hierbei zu von Personen kommenden Diskriminierungen.

Bauliche Barrieren, Auseinandersetzungen mit den Krankenkassen und anderen Behörden und dergleichen sind demgegenüber als Diskriminierung durch das System zu verstehen. Diskriminierung durch das System begegnet den Eltern zum einen mit ihren behinderten Kindern und zum anderen aber vor allem auf Grund der Tatsache, dass sie ein behindertes Kind haben.

> ➤ **Kategorisierung der Antworten der Interviewpersonen**

Die Antworten der befragten Personen wurden nach Kategorien gebildet. Inhaltliche Schwerpunkte sind aus den Nennungen und den Prozentsätzen zu schließen. Mehrfachnennungen waren möglich:

1. Kategorie: **Diskriminierungen in der Öffentlichkeit ohne spezielle Kategorisierung** (25%)　　　　　　Nennungen 13

2. Kategorie: **Busfahrer und Straßenbahnschaffner – dein Freund und Helfer?** (5,8%)　　　　　　Nennungen　3

3. Kategorie: **Diskriminierung in Verbindung mit dem Dritten Reich** (7,7%)　　　　　　Nennungen　4

4. Kategorie: **Diskriminierung durch Ärzte und Erzieher – häufig eine Form der Schuldzuweisung** (11,5%)　　　Nennungen　6

5. Kategorie: **Angeschaut und angestarrt werden – eine als Diskriminierung erlebte Erfahrung oder doch normal?** (30,7%)　　　　　　Nennungen 16

6. Kategorie: **Diskriminierung durch Verwandte, Familienangehörige oder durch bis dahin als Freunde**

der Eltern eines körperbehinderten Kindes
betrachtete Personen (5,8%) Nennungen 3

7. Kategorie: **Unwissenheit statt Diskriminierung
– schon eine mögliche Form des Copings?** (13,5%) Nennungen 7

Zusatzkategorie: **Diskriminierung durch das „System", bauliche
Barrieren und vieles mehr** (keine % Angaben) Nennungen 4

➢ **Auszüge aus den Antworten zur gestellten Frage:**

Auszüge aus den Antworten zur gestellten Frage werden im Folgenden dargestellt, wobei teilweise auch quantitative Forschungsergebnisse zur Verdeutli-
chung zusätzlich angeführt werden (vgl. folgende Kategorie: „Angeschaut und
angestarrt werden – eine als Diskriminierung erlebte Erfahrung oder doch normal?").

- Diskriminierungen in der Öffentlichkeit ohne spezielle Kategorisierung

- Busfahrer und Straßenbahnschaffner – dein Freund und Helfer?

- Diskriminierung in Verbindung mit dem Dritten Reich

- Diskriminierung durch Ärzte und Erzieher
  – häufig eine Form der Schuldzuweisung

- Angeschaut und Angestarrt werden – eine als Diskriminierung erlebte
  Erfahrung oder doch normal? **(mit einer Darstellung quantitativer
  Ergebnisse der Variablen „Anschauen" und „Anstarren" weiter unten)**

- Diskriminierung durch Verwandte, Familienangehörige oder durch bis dahin
  als Freunde der Eltern eines körperbehinderten Kindes betrachtete Personen

- Unwissenheit statt Diskriminierung – schon eine mögliche Form des Copings?

- Diskriminierung durch das „System", bauliche Barrieren und vieles mehr

1. Kategorie: **Diskriminierungen in der Öffentlichkeit ohne spezielle
   Kategorisierung**

Von einem Erlebnis bei einem Familienausflug zusammen mit anderen Roll-
stuhlkinder schildert diese Mutter folgendes:

„Da waren wir auf Kloster Andechs ... und dann hat sich wirklich so ein älte-
res, so ein Ehepaar, so fünfzig, ist aufgestanden und hat gesagt, da kann man
ja überhaupt nicht essen bei solche Leute und hat sich wirklich drei Tische
weiter rüber gesetzt, ganz laut. ... Und das hab ich eigentlich erst schlimm gefunden" (Interview 4).

Eine andere Mutter berichtet von ganz spürbarem negativem Verhalten von Personen in der Nachbarschaft und in der näheren Umgebung:

> „Ich habe die Erfahrung hier gemacht, sobald jemand mitgekriegt hat, dass wir ein Kind haben, was eine gewisse Behinderung hat, das zwar nicht unbedingt sofort sichtbar ist, dass sie einem sofort aus dem Weg gehen. Und nach Möglichkeit nichts mit einem zutun haben wollen" (Interview 5).

Das nun folgende Beispiel einer Diskriminierung gegenüber einer Gruppe von Rollstuhlfahrern erzählt eine Mutter. Die Erzieherinnen, die mit den Kindern unterwegs waren, nahmen hierbei die Pufferfunktion ein.

> „In dem Moment war es eine Frau, die aus Russland kam. .. Also es waren fünf oder sechs Rollstuhlfahrer und E-Stuhlfahrer. Und da kommt diese Frau her und sagt halt, in Russland würde es Euch gar nicht geben. Und wisst ihr denn, dass eure Eltern alle gesoffen haben und Rauschgift genommen haben in der Schwangerschaft und darum seit ihr so, wie ihr seit. Und dann hat halt die Erzieherin sofort sich mit eingemischt und hat gemeint, das Gespräch führen wir jetzt aber nicht weiter. Was sie hier machen ist ja jetzt wohl das Letzte. Und die Kinder haben dann genauso reagiert, oder was weiß ich" (Interview 6).

In Bezug zu selbst erlebter Diskriminierung redet eine Mutter von einem Vorfall, bei dem ein Kind aus der Nachbarschaft Erdklumpen hinter ihr und ihrem Sohn her geschmissen hatte. Da der Junge das aber auch bei „normalen" Personen macht, ist es für sie nicht so gravierend. Zudem unterstellt sie dem Jungen auch keine böse Absicht, gezielt gegen ihren behinderten Sohn gegangen zu sein.

> „Ich bin gerade zur Straßenbahn rüber gegangen, also über den Parkplatz rüber und da bin ich hier draußen an der Mülltonne vorbei und da kam da auf einmal so ein Stück Klumpen an.... Das war uns vor die Füße gefallen. Vor den Rollstuhl. .... Aber das machen sie auch bei ganz Normalen, dass sie was hinterher schmeißen. ... Und dass es absichtlich, ich hoffe es nicht,..." (Interview 11).

In einem Gespräch mit einer Mutter und ihrem Lebensgefährten wird von einem Vorfall in einem Hotel berichtet. Dieser Vorfall war jedoch das einzige, was ihnen an offensichtlicher „Diskriminierung" ihrem Sohn gegenüber eingefallen ist.

„... am Silvester-Abend, dann, beim Menü. Da saß einer neben dran, ein junges Ehepaar, kinderlos, wo gemeint hat, das ist ja unmöglich, weil der Christian kann nicht ganz so leise essen, und da tut er halt ein klein wenig schmatzen" (Interview 13).

Von einem sehr heftigen Vorfall von Diskriminierung, welcher schon einige Jahre zurückliegt, berichtet diese Mutter. Als sie mit der Vorschulklasse ihrer Tochter unterwegs war wurden sie bei strömenden Regen in einem Pavillon auf der Landesgartenschau nicht bedient und dann sogar aus diesem verwiesen. Diesen Vorfall beschreibt die Mutter als das bis jetzt Schlimmste, was sie an Diskriminierung erlebt hat. Hierbei wird auch wieder die Pufferfunktion der Mutter und die der übrigen Erzieherinnen deutlich.

„Da waren wir mit der Klasse auf der Gartenschau in Würzburg. ... Wir hatten Rollstuhlfahrer dabei, Betreuer und ich bin als Mutter auch eingesprungen zum Rollstuhlschieben, ... Es regnete was runter konnte .... bis zur Gartenschau waren wir dementsprechend durchnässt. .... Und von einer bekannten Sektkellerei war ein Pavillon und der hatte schon geöffnet zu der Zeit. Die meisten hatten noch zu und wir hatten uns vorgenommen ... den Kindern auch etwas warmes zu Trinken zu bestellen, weil es ja relativ kalt war, an dem Tag. Erstens sind wir gar nicht bedient worden. ... Die Kinder sind überhaupt ignoriert worden. Nach einer drei viertel Stunde, durchgefroren, und nach mehreren Ermahnungen von unserer Seite an denjenigen, hat er uns dann gesagt, er möchte unsere Truppe nicht in dem Pavillon haben. Es schreckt alle anderen ab. Unsere Kinder würden sich benehmen wie – also den Ausdruck sag ich jetzt nicht laut, es hat mit etwas vierbeinigem zu tun. Und wir sind aus dem Pavillon gewiesen worden. ... Und das ist das Schlimmste, was bis jetzt passiert ist, dass man eine Gruppe Rollstuhlfahrer und kleine Kinder, die durchnässt sind bis auf die Knochen, rausschickt in den strömenden Regen. Das ist doch unverschämt. Es waren ja nicht mal andere Menschen da, es war alles menschenleer" (Interview 8).

In einem Gespräch mit einer Mutter berichtet diese, dass die Familie beim Besuch einer Pizzeria wegen dem Rollstuhl des behinderten Mädchens des Hauses verwiesen wurde (vgl. Interview 25).

Eine andere Mutter erzählt im Interview 16 ein ähnliches Beispiel, welches ihre nichtbehinderte Tochter mit blinden Personen erlebt hat.

„Und da sind sie in eine Eisdiele in der Eichhornstraße, da neben der AOK, links die Eisdiele. Und das ist eine Gartenwirtschaft und da sind sie abgewiesen worden" (Interview 16).

Die Mutter eines nach außen hin recht unauffälligen behinderten Jugendlichen erzählt neben negativen Äußerungen von Spielkameraden ihrem Sohn gegenüber noch von Sprüchen, die sie von Seiten der Erwachsenen manchmal zu hören bekommt.

„Dass es natürlich von Erwachsenenseite so reaktionäre Thesen gibt, wie zum Beispiel, ... denen geht es sowieso viel zu gut, ungefähr, und eh, wieso sollen die noch Steuervorteile und sonstiges kriegen, das gibt also schon auch einmal. Und da bin ich dann total schockiert" (Interview 15).

Die Mutter einer behinderten Tochter berichtet, dass sie die Reaktionen der Gesellschaft als nicht angebracht empfand, als sie sich noch weitere Kinder nach dem behinderten Kind wünschte.

„Wo die sogenannte Gesellschaft meint, sich eine Meinung bilden zu müssen, zu urteilen, ob es jetzt einem zusteht. Wie gesagt, ob er eben ein behindertes Kind oder ein nichtbehindertes, oder auch sprich mehrere Kinder hat" (Interview 17).

Von anderen behinderten Personen im Dorf, denen gegenüber Diskriminierungen stattfinden, erzählt diese Mutter. Da sie jedoch mit ihrer behinderten Tochter meistens zusammen unterwegs ist, passierte ihr so etwas (noch) nicht.

„Ja, ich würde jetzt einmal sagen, die werden, die sind zwar in das dörfliche Leben integriert, aber wenn es halt dann irgendwo doch drauf rauskommt, werden sie dann mehr mit Worten veräppelt oder ein bisschen an der Nase herumgeführt oder einfach nicht für voll genommen. Und dann werden halt Witze auf ihre Kosten gemacht" (Interview 19).

Ein Vater bringt es auf den Punkt, ohne ein Beispiel zu nennen, indem er meint:

„ES PASSIEREN IMMER MAL WIEDER SO DINGER" (Interview 20).

In einem anderen Interview erzählt eine Mutter von einem Vorfall im Schwimmbad, den sie als Diskriminierung ihrem Sohn gegenüber auffasste. Ihr Sohn sprang ein wenig „komisch" ins Wasser,

„und da sagte der, der haut sich auch mal den Kopf an, wie er rein springt. Einer zu dem anderen. Und da sagt der andere, naja, bei dem kommt es ja nicht drauf an, der ist ja eh schon behindert" (Interview 22).

Ein Vater berichtet von einem Vorfall, der schon einige Jahre zurückliegt.

„EIN ERWACHSENER MENSCH LÄUFT DA LANG GUCKT DIE JEAUNINE AN UND SAGT, KONNT SOGAR NICHT MAL RICHTIG REDEN, SAGT, SO KLEIN UND SCHON EINEN HOLZFUSS" (Interview 24).

2. Kategorie: **Busfahrer und Straßenbahnschaffner**
   – dein Freund und Helfer?

> „... ja oft, da haben dann zwei, drei gleichzeitig helfen wollen. Ist schon vorgekommen. *Und wenn sie mit ihrem Sohn unterwegs waren, der dann im Buggy war, der nicht behindert ist* – dann musst ich mich alleine abplagen und manchmal auch mal jemanden ansprechen, würden sie bitte mir mal helfen" (Interview 14).

Im Gegensatz zu dem Beispiel dieser Mutter, die mit ihrem Rollstuhl beim Einsteigen in die Straßenbahn immer Hilfe von Passanten bekam, im Gegensatz dazu aber mit dem Buggy beim Einsteigen in die Straßenbahn immer um Hilfe bitten musste, stehen die folgenden Erfahrungen von Müttern mit Straßenbahnschaffnern und Busfahrern:

> „... da musste ich mit der Vierer zum Dominikanerplatz. ... Und da stand ich dann da mit dem Rollstuhl und dummerweise kam die alte Vierer. Jetzt wie kriege ich den Rollstuhl rein? Der Straßenbahner hat gerufen, warum ich ausgerechnet jetzt mit ihm fahr. .... Ja wie soll ich den Rollstuhl heraufbringen? ... Und das geht doch nicht, blablabla und so weiter. Also sag ich, ich bitte sie jetzt, sie muss rauf auf den Heuchelhof, helfen sie mir jetzt bitte, den Rollstuhl mit hoch zu heben. Auch das noch, dafür werde ich nicht bezahlt. Und dann waren drei Männer ... und die haben mir dann auch geholfen und der Straßenbahner nicht" (Interview 25).

> „und ich sagte zu ihm, sind sie so gut, helfen sie mir, ich kann alleine nicht, weil die Stufen da zwei waren – *zum Busfahrer* – und da hat er gemeint, er hat es im Kreuz, er hat es mit den Bandscheiben und da hab ich zu ihm gesagt, ich hab es auch und kein Mensch fragt nach mir, ... Oder der, der wollt fort fahren, der eine Busfahrer, der war ganz schlau, ich ... wollte denn raus und er ist losgefahren und machte die Tür zu. Wir waren mittendrin zum Heraus tun. Und das hat ihn gar nicht gestört. Er muss jetzt seine Uhr, er muss jetzt fort" (Interview 26).

3. Kategorie: **Diskriminierung in Verbindung mit dem Dritten Reich**

Sehr erregt sind Eltern körperbehinderter Kinder vor allem bei Äußerungen, bei denen die Gedanken des Dritten Reichs mit ihren Kindern in Verbindung gebracht werden.

Eine Mutter erzählt von einem Vorfall, den ihre Schwester miterlebt hat. Da die Schwester nun aber auch durch die Behinderung ihres Neffen mit dem Thema vertraut ist, hat sie den Vorfall mit besonderen Ohren gehört und dann auch weiter erzählt.

> „In der Straßenbahn hat ein Herr, ein alter Herr, er war vielleicht sechzig gewesen, hat einen Behinderten gesehen in der Straßenbahn und meint, zum Hitler seiner Zeiten wären die Behinderten nicht gewesen .... Würden also nicht leben" (Interview 11).

Dass es sich bei dieser Äußerung in der Straßenbahn jedoch nicht um einen Einzelfall handelt, zeigen folgende Ausschnitte aus Interviews:

> „Aber wir haben auch schon sehr unverschämte Sätze zu hören gekriegt. Also, unter Hitler hätte es so etwas wie ihre Tochter nicht gegeben. Das ist uns ins Gesicht gesagt worden, auch schon" (Interview 8).

> „Ehm, einer, der hat früher bei meinen Schwiegereltern im Haus gewohnt, der hat jetzt vor kurzem zu meinem Schwiegervater gesagt, und der ist allerdings auch achtundsiebzig, und da war er, wie hat er gesagt, früher war also doch nicht immer alles so schlecht. Beim Hitler gäbe es so etwas nicht, oder hätte so etwas nicht gegeben" (Interview 20).

> „... hat sie gesagt, und uns hätten sie damals ins KZ. Dich und mich hätten sie sowieso ins KZ. Also das war, das war echt, also ich sag ja, ich kann das Wort, aber es war genauso der Sinn eigentlich, also es war so das ziemlich Schlimmste eigentlich" (Interview 21).

4. Kategorie: **Diskriminierung durch Ärzte und Erzieher**
   – häufig eine Form der Schuldzuweisung

Nicht nur von Freunden der Kinder oder Nachbarn, nicht nur von Mitmenschen auf der Straße, nein, auch von Ärzten und Erziehern kommen teilweise Kommentare, die zutiefst diskriminierend sind.

> „Das Diskriminierendste, was ich erfahren hab, das sind, da war die Maria zwei Jahre alt, von einem Arzt. ... und dann hat der mir, der war so grantig und wütend und da hat er mir innerhalb von einer Stunde dreimal gesagt,

sie haben schließlich ein behindertes Kind und sie haben sich nach uns zu richten ... .

Und dann hab ich mir noch einmal einen Termin geben lassen, und da hab ich gesagt, ich möchte zum Professor und hab wieder nicht gekriegt. Ich bin den ganzen Tag unterwegs, Kilometer und ... . Das war ja dann das zweite Mal, wo sie so etwas erlebt haben, dass sie von Ärzten – Was bilden sie sich ein?" (Interview 16)

Dieser Kommentar eines Arztes stellt zum Beispiel eine Schuldzuweisung dar.

„..., zu dem Anfang von der Lucia, wie die also auf die Welt gekommen ist, da war ich in der Frauenklinik gewesen und da kam also eines Nachmittags halt, kam der Professor zu seiner Visite...., war also die ganze Mannschaft dabei. Und da nimmt er die Lucia so hoch, nimmt sie so hoch und sagt, so hat er gesagt, so sieht ein typisches Raucherkind aus. *Aber du hast nie geraucht.* Ich hab nie geraucht, weder geraucht noch getrunken gehabt und der hat das halt so erklärt" (Interview 21).

Obwohl die Mutter im Kindergarten angeboten hatte, ihr Kind auf dem Ausflug selbst zu schieben und zu verpflegen, hat die Erzieherin abgelehnt.

„Dass sie da eben nicht an dem Ausflug teilnehmen konnte, weil die Kindergärtnerin gemeint hat, das wäre für die anderen Kinder eine Zumutung, oder sie würden zu sehr abgelenkt werden, dadurch, dass ... Also sie hätte dadurch überhaupt keine Arbeit gehabt" (Interview 21).

Das behinderungsbedingte Verhalten von zwei behinderten Kindern wurde den Eltern als Erziehungsfehler angelastet; eine Form der Schuldzuweisung.

„Mangelnde Erziehung, falsche Erziehung, gar keine Erziehung?" (Interview 20).

Während eines Gespräches berichtet eine Mutter von einem Vorfall, bei dem sie einen Arzt um Hilfe gerufen hatte und dieser sich ihr gegenüber und dem Leben allgemein sehr diskriminierend verhielt. Dieser Vorfall erregte die Mutter so sehr, dass sie beim Erzählen teilweise zu weinen begann.

„.... David hatte sich verschluckt gehabt ... Herr Dr. T. ... ruf den an ... Und... er kam nicht die Zeit, wie er sonst kam ... Und die Sanitäter die waren schon da. Und er kam, ich rannte raus und sagte, her Doktor, Gott sei Dank, dass sie kommen. Er ganz langsam aus den Auto raus, dreht sich um und sagt zu mir, Frau S., warum lassen sie den Jungen nicht sterben.

.... Er soll helfen! Er ist, er ist verpflichtet ... und sagt zu mir, warum lassen sie den Jungen nicht sterben?" (Interview 26)

An dieser Stelle will ich noch einen Auszug aus einem Interview anführen, der sich nicht auf Ärzte oder Erzieher direkt bezieht, sondern auf den Aspekt der Schuldzuweisung.

„Weil diese Leute, die können das überhaupt nicht nachvollziehen, dass trotz allem die Behinderung, die ein Kind hat mehr oder weniger den Eltern angelastet wird. So ungefähr, ja was hast du denn in der Schwangerschaft gemacht" (Interview 15).

5. Kategorie: **Angeschaut und angestarrt werden – eine als Diskriminierung erlebte Erfahrung oder doch normal?**

Durch die tägliche Konfrontation mit Angeschaut oder Angestarrt werden wird dies bei manchen Eltern zur Normalität. Durch diese Umdeutung können die Eltern dann evtl. manche Erlebnisse positiver sehen.

„Ja, das ist auch ...... also mit starren. Also starren naja, starren und schauen, also das bin ich auch gewöhnt. Wenn ich gehe zu Spielplatz. Viele Kinder kommen und fragen, warum sitzt noch im Rollstuhl, sie ist so groß. Und kleine Kinder fragen und das stört uns nicht und schauen – ABER DAS STÖRT UNS NICHT, DAS IST NORMAL" (Interview 18).

„Ja gut Fußgängerzone, behinderte Menschen angestarrt, das machen sie immer. Da hat unser Michael ja einmal dazu gesagt, klotz nicht so. Aber das ist ganz einfach – ich finde ... musst Du auch akzeptieren, weil, dass die Körperbehinderten jetzt auf die Straße gehen, öffentlich werden, ist erst neu. ... der war schon mit drei im Rolli gesessen, da haben sie alle, noch alle geguckt; heut siehst de schon viel mehr auf der Straße. ... Ich bin natürlich jetzt auch jemand der offen da drauf zugeht, der auch akzeptieren kann, wenn mal einer den Michael anstarrt... " (Interview 3).

„Oh Gott, ich weiß es nicht, aber es ist immer was Andersartiges und ich denk es ist einfach in Ordnung wenn man guckt" (Interview 6).

Der folgende Interviewauszug zeigt, dass es eben nicht immer als normal empfunden wird, wenn man als behinderter Mensch angeschaut wird und dies auch nicht ganz ohne Folgen bleibt.

„Sie sagt dann ab und an nur mal so, die haben aber jetzt mich angeschaut. Die Kerstin registriert das schon, also die merkt das schon, wenn sie so betrachtet wird. Was ist denn das für eine, aber sie ist eher die Verschlossene, die Kerstin würde nicht darüber sprechen, die igelt sich dann nur so ein, wobei sie schon ab und an mal sagt, die haben jetzt aber geguckt" (Interview 19).

Eine Mutter eines behinderten Sohnes findet es natürlich, dass andersartige Menschen, also auch Menschen mit Behinderungen, angeschaut werden.

„... das passiert immer wieder, dass gerade Behinderte angestarrt werden. Das ist auch ehm, in gewisser Weise natürlich, weil andersartige Menschen grundsätzlich erst einmal angeschaut werden. Das, da find ich jetzt eigentlich nichts schlimmes dabei... " (Interview 15).

An späterer Stelle, als es jedoch um ihren Sohn konkret geht berichtet die selbe Mutter, dass es neben ihrem Sohn sogar ihr zu schaffen macht, wenn sie angestarrt wird:

„Wenn ich noch einmal zurückkommen darf auf das, was sie vorhin gesagt haben, wo sie gemeint haben, mit dem Schwimmbad, dass sie da nicht mit ihm hingehen, weil dann alle Leute so starren. Das machen sie schon auch, um ihn vor den Blicken zu schützen, weil er das nicht will.

Also früher hat es ihm nicht so viel ausgemacht, mein Mann ist öfters mit ihm gegangen.

Mhmmm. Ja ich, seit letztem Jahr macht es ihm auch etwas aus, vorher hat es ihm eigentlich auch nichts ausgemacht, weil er das nicht realisiert hat – *mhmmm* . Es ist ein Schutz für ihn und auch für mich, muss ich ehrlich sagen. Ich halt das nicht aus" (Interview 15).

Diese Mutter unterscheidet beim Angeschaut werden zwei Bereiche. Sie empfindet das Angeschaut werden von Erwachsenen als nicht angebracht, bei Kindern interpretiert sie es jedoch als eine Art gezeigtes Interesse.

„...durch die Stadt ... und die Erwachsenen – *mhmmm* – ziemlich, ja, vierzig oder fünfzig waren sie auf jeden Fall, sind sie vorbei gegangen und dann haben sie sich umgedreht.

Haben geguckt und dann sind sie wieder ein paar Schritte gegangen und haben sich wieder umgedreht und wieder geguckt. ....

Es ist nur bei den Erwachsenen so, dass sie sich einfach umdrehen und gucken dann so und tun als hätten sie nichts gesehen. Und wenn man sie dann
anschaut, dann drehen sie sich schnell weg. ...

Bei Kindern ist es so, dass die auf einen zukommen, fragen dann, warum ist
es so, warum kann er das nicht, weshalb sind seine Zähne so, weswegen
spricht er nicht und dann kann man wenigstens drüber reden. Und das machen Erwachsene im seltensten Fall" (Interview 11).

Ein körperbehindertes Mädchen erzählte ihrer Mutter einmal, dass sie sich im
Schwimmbad angestarrt gefühlt hat (– diese Situation hat das Mädchen ohne
Mutter erlebt, wird aber dennoch an dieser Stelle angeführt, da es sich um die
Sichtweise einer Betroffenen selbst handelt). Sie empfand das angeschaut wer-
den als verletzend und nicht als normal.

„Ja, sie meint halt, dass man; also sie waren einmal im Schwimmbad, im
Nauti, und da ist sie schon sehr angeschaut worden, ja. *Mhmmm. Und das
fand sie dann schon verletzend?* Ja, ja, sie ist schon begutachtet worden"
(Interview 12).

Die folgende Aussage stammt von einer Mutter mit zwei behinderten Kindern.
Hier wird deutlich, dass es selbst für die Mutter unangenehm war, in bestimmten
Situationen angeschaut zu werden. Demgegenüber erzählt die Frau jedoch, dass
selbst sie manchmal schaut.

„Ich hab das auch öfters die Erfahrung gemacht, dass Leute sich rum drehen, oder gucken oder, gut. Man guckt vielleicht, ich guck dann auch mal
bei Behinderten, aber ich guck dann vielleicht eher, um zu sehen, hat der
das Gleiche. Zum Registrieren oder so. Aber mir ist das so auch schon
passiert. Ich hab auch schon mit dem Simon erlebt, wo ich dann ganz ver-
stört war" (Interview 22).

Ein Vater empfindet das Angeschaut werden seiner Tochter sehr wohl als diskriminierend.

„DAS SELBE, IST SCHON DISKRIMINIERUNG, SAGEN WIR MAL
SO, WENN MAN IN DER ÖFFENTLICHKEIT ANGESTARRT WIRD,
DESWEGEN" (Interview 24).

Diese Mutter fügt an, was sie macht, wenn sie angestarrt wird und erzählt zudem
eine als sehr negativ empfundene Erfahrung:

„ ... gucken. Manchmal schon, ja. Sehr provokant. Das hab ich ja vorhin schon gesagt, wenn ich die Blicke spüre, dann dreh ich mich dann ja auch um und guck provokant zurück – **oder es *kommt eben irgendein Spruch*** – ein Spruch, eine Bemerkung, dann nehm ich denen den Wind aus den Segeln. Also ist dann Ruhe" (Interview 25).

„ ... da haben wir vom Krankenhaus vorübergehend einen Rollstuhl ge-kriegt, dass man bei schönem Wetter mit ihr ein bisschen raus konnte und dann sind wir mal in die Kaffeteria und da war es teilweise, da war es schlimm, das Gebabbel von den Leuten. Die waren aber selbst auch Pati-enten auf dem Unigelände. *Mhmmm.* Und die haben gegafft und das war zum Kotzen, muss ich ganz ehrlich sagen. ..... Sie musste gefüttert wer-den, sie musste wieder lernen zu essen, und da war das Gegaffe der Leute also da ... klotzt auf euren Kaffee und klotzt nicht auf mich. Da ging mir echt die Galle hoch" (Interview 25).

Auch bei dem folgenden Interviewauszug wird deutlich, dass erst genannt wird, dass das Angeschaut werden als nicht schlimm empfunden wird. Später jedoch zeigt sich, dass es sehr wohl als nicht angebracht empfunden wird und sich sogar Konsequenzen im Verhalten der Mutter zeigen:

„Ja, doch, es gibt viele und es gucken viele und fallen die Augen bald raus oder sie tuscheln gegenseitig und, aber das macht mir gar nichts aus. ...

Und das empfinden Sie dann schon als diskriminierend?

Das ist schon, ich find, das ist schon, ist schon hart. Weil er kann ja nichts dafür. Er kann ja, ich kann ja den Jungen nicht einsperren, nur weil er jetzt da, ne, er freut sich, er guckt gerne und das findet er interessant, wenn er woanders, sind Leute dann, das Rauschen oder irgendwas, gell. .... Auch wenn hier ein Fest ist oder ich geh mit ihm durch die Straßen oder über-haupt hier gucken sie. ... Ich geh ja wenig raus, ich tu ihn meist hier raus stellen und da fühlt er sich dann wohl" (Interview 26).

Mit dem behinderungsbedingten, „nicht der Norm entsprechenden Verhalten" ihrer Tochter verbindet diese Mutter das Angeschaut werden und kann von da-her die Reaktionen verstehen.

„Ich meine, das angestarrt werden, ja, wenn sie sich dann auf den Boden wirft. Ja, ich meine, das ist eine normale Reaktion, wenn die Menschen sagen, das ist fast ein Erwachsener, ein Jugendlicher, ein jugendliches gutaussehendes Mädchen und wirft sich dann plötzlich auf den Boden und schreit oder, das ist schon klar, dass wir dann mit solchen Reaktionen rechnen müssen. *Mhmmm.* Die sich an und für sich auch erklären lassen. (Interview 8)

Eine Mutter erzählt, dass sie selbst auch behinderten Menschen nachschaut um z.B. deren Behinderung in gewisser Weise einzuordnen. Von daher beschreibt auch sie das Anschauen als etwas doch relativ Normales, was vor allem der Einordnung des Anderen in das Schema des Beobachters dient. Dennoch merkt sie an, dass es bestimmt vom eigenen Verarbeitungsgrad abhängt, ob man das Anschauen als Anstarren negativ bewertet oder ob man es als normal auffasst.

> „... sehr viele Menschen gucken. Aber da geht mir auch durch den Kopf, wenn ich jetzt beim Einkaufen bin und es kommt ein anderes behindertes Kind oder Jugendlicher, guck ich auch, ja wie läuft der, oder gut. Vielleicht mag der in dem Moment vielleicht auch registrieren, ich guck jetzt komisch, ne. Aber ich denk auch, der Mensch ist eigentlich immer bestrebt, irgendwo halt den anderen einzuordnen,... . Aber ich denk jetzt, wenn zum Beispiel junge Eltern, die noch nicht so weit in ihrer Verarbeitung sind, die fühlen sich dann angestarrt. Wobei ich denk, dass die anderen Menschen das gar nicht so als was schlimmes, oder dass sie den anderen dadurch jetzt diskriminieren wollten machen, sondern sie gucken halt um einzuordnen" (Interview 17).

Dieser Vater kann verstehen, wenn jemand schaut und evtl. beim Anblick seiner behinderten Tochter erschrickt. Dennoch hält er das Angeschaut werden für etwas Normales.

> „ABER DIE LEUTE IN DER STRASSE SCHAUTEN UND WAREN IRGENDWIE ERSCHROCKEN DURCH DIE SICHT UNSERER TOCHTER. WEIL ES IST EINE SICHT, DIE KANN ERSCHRECKEN, DAS VERSTEHEN WIR, SO EIN BISSCHEN SCHAUTEN.... DAS IST NORMAL, VERLETZT (durch das Erschrecken der anderen Personen), SO DASS, NEIN" (Interview 18).

Zusammenhang dieser qualitativen zu passenden quantitativen Ergebnissen:

Wie aus der Darstellung der unterschiedlichen Zitate deutlich wurde, empfinden die Hälfte der sich hierzu geäußerten Eltern „Anschauen" als normal bis sogar dahin, dass sie es als positiv bewerten. Teilweise berichten die Eltern jedoch, dass es sehr wohl von ihren Kindern als nicht angebracht empfunden wird, wenn sich diese angestarrt fühlen.

Hier wird also genau das ersichtlich, was sich durch die im Anschluss angeführten quantitativen Ergebnisse, in Bezug auf die Bewertung der beiden unterschiedlichen Reaktionen der Umwelt, „Anschauen" im Gegensatz zu „Anstarren", zeigt und zwar, dass es sehr wohl einen Unterschied zwischen diesen beiden Formen des Anblickens gibt und dass „Anschauen" als positiver empfunden wird.

Die Variable 53, „Anschauen" (vgl. 5.3.2), wurde in 33 Fragebögen von 27 Interviewpersonen bewertet, die Variable 36, „Anstarren", von 28 Gesprächspartnern.

In der folgenden Tabelle werden die unterschiedlichen Bewertungen von „als sehr positiv empfunden" bis hin zu „als sehr verletzend empfunden" veranschaulicht dargestellt.

Bewertungsskala	53. Anschauen		36. Anstarren	
0 = Als sehr positiv empfunden	-		-	
1 = Als positiv empfunden	(7,4%)	2 Nennungen	-	
2 = Als angenehm empfunden	(7,4%)	2 Nennungen	-	
3 = **Als normal empfunden**	(63%)	17 Nennungen	(39,3%)	11 Nennungen
4 =Als nicht angebracht empfunden	(11,1%)	3 Nennungen	(21,4%)	6 Nennungen
5 = Als negativ empfunden	(7,4%)	2 Nennungen	(21,4%)	6 Nennungen
6 = Als sehr verletzend empfunden	(3,7%)	1 Nennung	(17,9%)	5 Nennungen

Aus dieser Darstellung wird ersichtlich, dass „Anschauen" im Gegensatz zu „Anstarren" positiver bewertet wird. Von insgesamt 77, 8% der die Variable „Anschauen" bewertenden Interviewten wurde das „Anschauen" als auf jeden Fall normal bis hin zu positiv bewertet. Im Gegensatz hierzu wird zwar „Anstarren" immerhin von 39,3% als normal betrachtet, jedoch wird von 60,7% Anstarren als „nicht angebracht" bis hin zu als „verletzend" empfunden.

Durch diesen Vergleich der qualitativen und der quantitativen Sozialforschungsergebnisse werden die Resultate der unterschiedlichen Forschungsmethoden gegenseitig gestützt und das Ergebnis wird aussagekräftiger.

Zudem unterscheiden die Eltern in manchen Gesprächen wer einen wie betrachtet. Bei Kindern wird es als normal betrachtet, wenn sie schauen. Von Erwachsenen als eher unangepasst bis hin zu negativ bewertet, wenn es ein intensives Schauen oder ein Nachschauen ist.

6. Kategorie: **Diskriminierung durch Verwandte, Familienangehörige oder durch bis dahin als Freunde der Eltern eines körperbehinderten Kindes betrachtete Personen**

> „...wo Freunde zu uns gesagt haben, also du kannst kommen, aber ohne dein Kind. ... von dem Tag an bin ich, muss ich auch ganz ehrlich und offen sagen bin ich auch ganz anders damit umgegangen.... Eh, es war für mich ein Schock, das war für mich ein ganz enormer Schock, weil's angeblich unsere besten Freunde gewesen sind, also ich war entsetzt, ich war getroffen und enttäuscht, es gibt also dafür keinen Ausdruck ...“ (Interview 3).

Neben diesem negativen Ereignis mit Freunden berichtet dieselbe Mutter von zwischenzeitlich sehr positiven Erfahrungen mit anderen Freunden. Wenn es aber zum Beispiel um eine Feier bei Verwandten geht, sieht das ganz anders aus. Das Wort „Diskriminierung" ist der Mutter in diesem Zusammenhang jedoch zu heftig. Gezielte Aktionen gegenüber Behinderten oder die Vorkommnisse im Dritten Reich, das fasst die Mutter unter den Punkt Diskriminierung. Für sie ist das täglich sich Ereignende eher Unwissenheit!

> „ ... und es ist halt auch so, dass du selbst in der eigenen Familie wenig Rückhalt hast. ... wo ich jetzt wieder bei meinen eigenen Eltern sagen muss, da wenn ich auf Geburtstag geh, da ist eine endlose Diskussion, da kann ich hundertmal erklären, es geht halt nicht, er kann nicht mehr auf seinem Hintern sitzen, ... ich denk das ist auch, für die ganze Familie ist es schwierig, weil Omas und Opas die hätten halt gern schon ein gesundes Kind, wo rum läuft und wo dann mit vierzehn fünfzehn macht was er .... Aber ich denke du solltest das nicht so, das Wort Diskriminierung ist mir eigentlich muss ich sagen zu hart." (Interview 3).

Eine andere Mutter berichtet auch, dass vor allem von ihren Eltern Reaktionen kommen, die sie als diskriminierend ihrem Kind und auch der ganzen Familie gegenüber betrachtet.

> „... was mir immer viel zu schaffen macht, wenn meine Eltern zum Beispiel irgend ein Fest haben oder so, eine Geburtstagsfeier oder irgend wie

was Größeres und dann sagen sie halt, nehmt aber den Martin nicht mit. Das ist schon diskriminierend. ... Und wenn das nicht mal in der eigenen Familie; ich find sowieso, dass, was die anderen Leute sagen, das interessiert mich lange nicht so, als was die eigene Familie sagt. Ich möchte, dass er da genau so dazu gehört, wie die anderen auch" (Interview 10).

7. Kategorie: **Unwissenheit statt Diskriminierung – schon eine mögliche Form des Copings?**

„Denn ehm, die Kinder wissen manchmal ja auch gar nicht was sie da machen" (Interview 1).

„die konnten vielleicht auch damit nicht umgehen. Die haben selber zwei gesunde Kinder und ich mein von dem Tag an, wo du ein behindertes Kind hast ist es halt nicht mehr so wie es war ... in der eigenen Familie wenig Rückhalt ... . Die können damit nicht umgehen. Heut seh ich das nicht als Diskriminierung, das wär jetzt ein zu hartes Wort, einfach Unwissenheit." (Interview 3)

„Ich denk auch immer, das ist so aus Unwissenheit" (Interview 10).

„Da sie nicht mal wissen, wie sehr sie den anderen dadurch verletzen" (Interview 8).

„Vielleicht zu einem kleinen Teil Unwissenheit, weil ich denk, dass das sehr egoistische Menschen sind und vielleicht nicht gerade mal dumme ..." (Interview 14).

Wenn diese Mutter negative Reaktionen der Umwelt ihrem Sohn gegenüber mitbekommt, fügt sie zu dem Aspekt der Unwissenheit in manchen Fällen noch etwas Bedeutendes hinzu: Sie berichtet, dass es sehr wohl ein Prozess war, bis sie diesen Blickwinkel eingenommen hatte – was auch andere Eltern im Laufe der Interviews immer wieder betont haben. Sehr wohl weiß sie jedoch zwischen Unwissenheit, Unüberlegtheit oder Taktlosigkeit im Gegensatz zu wirklicher Diskriminierung zu differenzieren.

„... ich mein, das ist von Unwissenden, die dann eben, für mich sind das Unwissende, die damit nicht umgehen können. Vielleicht ist es zum Teil auch Angst davor damit umzugehen.

... heute differenziert man dann schon. Ich meine, wenn die Bemerkung von so einem Kahlköpfigen käme, dann würde ich sicher anders reagieren, wie wenn heute irgendein Jugendlicher ... dann irgendwann mal sagt naja, der mit seinem Stuhl, ..." (Interview).

Auch diese Interviewpartnerin spricht nicht von Diskriminierung, denn sie unterstellt in manchen Fällen den „Normalen" (einfach) keine Absicht:

> „ja, das war nicht mit Absicht ... ja so einfach so dahin gesagt, aber bestimmt nicht mitgedacht, dass es eine ...." (Interview).

Zusatzkategorie: Diskriminierung durch das „System", bauliche Barrieren und vieles mehr

So berichtet zum Beispiel eine Mutter, dass sie und auch ihre Tochter in der sozialen Umwelt mit Menschen noch keine schlechten, diskriminierenden Erfahrungen gemacht haben.

Die Diskriminierungen vom System jedoch hat sie schon öfters erlebt.

> „Die größte Diskriminierung, die erlebe ich eben nur mit der Krankenkasse oder mit Behörden ... Mit Mitmenschen, nein. ... ich kriege überall geholfen..... *Und wenn sie sagen Behörden und Krankenkassen. Das sieht dann so aus, dass* – wenn du irgendetwas brauchst, dann darfst du überall bitten und betteln, damit du was kriegst. Obwohl es dir eigentlich im Großen und Ganzen zustehen würde ....
>
> Zum Beispiel, eine ganz einfache Sache, bis wir den E-stuhl gekriegt haben, es war einfach ein Werk. Es war wirklich ein Werk, bis wir den E-stuhl gekriegt haben. Da wartest du Jahre und darfst es zichmal beantragen, bis du das endlich mal kriegst.....
>
> Oder, für's Auto diese Auffahrschienen, die man da so braucht. .... Das wird dann damit abgetan, das Kind hat ja einen elektrischen Rollstuhl, das ist mobil. Was braucht es da das Auto. ... Das ist eine Mobilität und das reicht, eine Mobilität." (Interview 4).

Neben diesen Beispielen berichtet die Mutter noch von einem für ihre Tochter notwendigen Winterfusssack, welcher von der Krankenkasse nicht übernommen wurde. Erst nach dem Winter war er wieder im Hilfsmittelkatalog und dann bekam sie ihn auch.

> „... vor ein paar Wochen ruft der Orthopäde an, er hat die Winterfusssäcke für alle Kinder neu bestellt, die es abgelehnt bekommen haben in der Zeit von September bis März, eh, sie sind jetzt mittlerweile wieder in den

Hilfsmittelkatalog wieder mit hinein gekommen, weil es hat einer prozessiert" (Interview 4).

An anderer Stelle fügt die Mutter ein Erlebnis an, das sie mit ihren Kindern in einem Großkino bei Dettelbach, in der Nähe von Kitzingen, gemacht hat.

„... da waren wir da im Kino drin, schön wunderbar. Die Julia muss unten stehen und wir sitzen oben. Die Rollstuhlfahrer müssen sich ja unten hinstellen, an der Seite. ... Also da muss ich mir sagen, jetzt ist das wirklich niegelnagelneu gemacht und man denkt an Rollstuhlfahrer und will das irgendwie auch mit einbeziehen, aber im Großen und Ganzen sind sie auch wieder total" ausgeschlossen. „Und hab mir gedacht, das ist eigentlich auch schon wieder eine Diskriminierung irgendwo. Und dann wollten wir hoch in den ersten Stock, da gibt es ja auch noch etwas zum Essen, wir wollten halt anschließend noch etwas essen, geht nicht. Es gibt keinen Aufzug, es gibt nichts! ... – da ist man ausgeschlossen, ja" (Interview 4).

In dem folgenden Auszug aus einem Interview berichtet eine andere Mutter ebenfalls von mit dem System zusammenhängenden Diskriminierungen. Das eine Beispiel betrifft Krankenkassen das andere den Versuch, ihren behinderten Sohn mit auf eine Kur nehmen zu dürfen. Sie nennt aber auch mögliche Wege, wie man sich als Eltern wehren kann.

„...Beispiel Krankenkasse. Ich brauche Hebegeräte, die Krankenkasse lehnt das ab, also das, was ich möchte, lehnt sie ab, will da irgendwas zusammen stüpfeln. ... gut, dann schreib ich das ganze an das Gesundheitsministerium nach Bonn, dann kriegt ihr von oben Druck und dann läuft das.... Und dann kriege ich's irgendwann, ... Wir wollten zur Kur fahren, meinem Sohn steht keine Kur in Deutschland zu. Behinderten Kindern steht keine Kur zu. Ich könnte ihn ja ins Heim geben, in der Zeit, wo ich zur Kur fahr. ... und wenn das 465.-DM am Tag kostet, ... Nur ne Kur für 2000 DM, ... das sind sie nicht in der Lage zu zahlen. Dann haben wir nach Bonn geschrieben, an die Frau Fischer und dann sind wir zur Kur gefahren" (Interview 2).

5.2.2.2 Was Kinder und Jugendliche mit Behinderungen alleine erleben und ihren Eltern erzählen – Kategorien und Auszüge aus Interviews

Sofern behinderte Kinder und Jugendliche sich alleine in der sozialen Umwelt bewegen, treffen sie auf Reaktionen der Umwelt, welche unter den Aspekt der Diskriminierung fallen. Im Gegensatz zu erlebter Diskriminierung zusammen mit den Eltern („Pufferfunktion") bzw. von den Eltern erlebter Herabwürdigung, werden die behinderten Menschen bei allein erlebter Diskriminierung direkt getroffen. Da sich behinderte Kinder und Jugendliche hierdurch angegriffen fühlen und damit auseinandersetzen, erzählen sie diese Vorfälle unter Umständen auch ihren Eltern. Dies ist bei einigen körperbehinderten Menschen die einzige Stufe der Auseinandersetzung und gleichzeitigen Verarbeitung, ohne dass sie davon „tiefer" getroffen werden. Andere jedoch werden sehr wohl „tiefer" getroffen, so dass Erlebnisse von Diskriminierung zu Folgen, Auswirkungen und Konsequenzen führen können, die sich evtl. im Verhalten der behinderten Jugendlichen niederschlagen. Dies wird jedoch unter einem anderen Punkt aufgenommen.

Es bietet sich auch hier wieder an, die Erlebnissen von behinderten Kindern und Jugendlichen mit Herabwürdigungen und negativen Reaktionen der sozialen Umwelt zu kategorisieren. Mehrfachnennungen sind möglich. So kommen Äußerungen und Reaktionen von gleichaltrigen, jüngeren oder älteren Kindern und Jugendlichen oder sogar von Erwachsenen. Dies soll im Folgenden berücksichtigt werden.

➢ **Kategorisierung der Antworten der Interviewpersonen**

1. Kategorie: **Diskriminierung durch andere Kinder
und Jugendliche** (gesamt 91,7% aller Antworten)   **22 Nennungen**

Unterkategorien:

- Diskriminierung durch andere Schulkinder
(teilweise auch mit Behinderung) (8,3%)   2 Nennungen

- Ausnutzen der Hilflosigkeit (29,2%)   7 Nennungen

- Herabwürdigung eines Schwächeren,
um sich in seiner Gruppe zu profilieren. (4,2%)   1 Nennung

- Schmeißen von Gegenständen nach Behinderten (4,2%)   1 Nennung

- Auslachen von behinderten Kinder (4,2%)   1 Nennung

- Ausgrenzung durch ehemalige Freunde oder Kinder allgemein (16,7%)   4 Nennungen

- Behinderung als Mittel, die nichtbehinderten
Geschwister zu verletzen (4,2%)   1 Nennung
- Negative Äußerungen gegenüber behinderten Kindern (12,5%)   3 Nennungen

2. Kategorie: **Diskriminierung durch Erwachsene** (8,3%)   **2 Nennungen**

Aus dieser Auflistung der unterschiedlichen Kategorien wird ganz klar ersichtlich, dass Diskriminierung gegenüber Kinder und Jugendliche hauptsächlich (zu 91,7% !) von Kindern und Jugendlichen aus geht. Vor allem der Aspekt der Hilflosigkeit wird immer wieder „ausgenutzt". Daneben stellt das Ausgegrenzt werden von ehemaligen Freunden einen weiteren Punkt dar, der einige Male zur Sprache kam.

➤ **Auszüge aus den Antworten zur gestellten Frage**

Auszüge aus den Interview zu den unterschiedlichen Kategorien der von behinderten Kindern allein erlebten, als diskriminierend empfundenen und den Eltern erzählten Situationen werden auf den kommenden Seiten nur nach den beiden Hauptkategorien unterteilt, ansonsten jedoch ungeordnet aufgelistet:

- Kategorie: **Diskriminierung durch andere Kinder und Jugendliche**
- Kategorie: **Diskriminierung durch Erwachsene**

1. Kategorie: Diskriminierung durch andere Kinder und Jugendliche

Der folgende Auszug aus einem Interview mit einer Mutter zeigt, dass Kinder und Jugendliche, welche selbst eine Behinderung hatten, gegen ihren körperbehinderten Sohn vorgegangen sind, wobei sie genau die Schwächen des Kindes ausnutzten. Die Vorfälle ereigneten sich unter anderem in einer Schule zur individuellen Lernförderung und auf dem Weg in die Stadt und teilweise heute noch in der Stadt.

„Ja, und zwar als mein Sohn in die Schule ging, da waren also solche Sachen vorgekommen, dass er auf dem Pausenhof herum gelaufen war mit seinem Brot, oder mit seinen damals diese Trinkpäckchen in der Hand und andere Kinder, solche Rowdys, die es überall gibt, nichts besonderes eigentlich, haben ihm dann, schwups das Brot weggenommen, oder eben das Trinkpäckchen. Er konnte nicht hinterherlaufen. **Mhmmm**. Also das war das eine. ... das war an einer Sonderschule, also Lernbehindertenschule, aber keine Körperbehindertenschule.

Dann ist passiert, dass auch solche Rowdys ... da eben diese Hilflosigkeit ausgenutzt haben, die haben ihn dann in der Pause in die Mülltonne gesteckt. Also er stand da drin, er konnte herausgucken, aber er kam alleine nicht raus. ... Und die waren dann schon so zwölf. ...

Oder er ging zur Bushaltestelle und da konnte er noch laufen und eben zur Bushaltestelle gehen und auf dem Weg dahin ist eine Telefonzelle und da hat man ihn in die Telefonzelle rein geschoben und die Türe zugehalten. Und als sein Bus dann angerollt ist zum Losfahren, da hat man schnell die Tür aufgemacht und wollte eben so ne, jetzt renn mal schön – **mhmmm** – und es war ja bekannt das er das nicht kann, ...

Ansonsten passiert ihm heute, jetzt wo er eben demnächst 17 ist, dass er in die Stadt fährt und dass ein paar Kinder die am Anfang so ein bißchen verunsichert waren, weil sie nicht mit dieser Behinderung umgehen konnten, so ein bisschen gelacht haben, und dann mal was hinterher gerufen, oder manche ja um sich wichtig zu tun in ner Gruppe auch mal ne dicke Lippe riskiert, was hinterher geworfen, oder ah wenn du wieder hier durch willst, dann sperr ich für dich ab und solche Sachen. Also da sind einige dann, die sich in ihren Gruppen etabliert haben, die dann schon ziemlich massiv werden und ihn richtig ärgern. **Mhmmm.** Ja, also ob sie nun was dann reden, oder rufen, oder wirklich dann auch ganz offen hinterher dann Sachen werfen, oder, das passiert täglich" (Interview 1).

„Und das sind eben jetzt in dem Moment, sag ich, Kinder die sind jünger als er und nutzen das aus" (Interview 1).

In diesem Ausschnitt des Interviews 15 wird auch deutlich, dass es als diskriminierend empfunden wird, wenn ein behindertes Kind auf Grund der Behinderung ausgenutzt wird.

„Ja, also ich kann mich noch erinnern, wie der D. klein war, dass eben so Fälle aufgetreten sind, dass das ausgenutzt wurde, dass er nicht so schnell war wie andere oder nicht so reagieren konnte. Aber wie gesagt, ich, die Kinder kennen ihn jetzt hier alle.

Das folgende Zitat ist auch ein Beispiel für ein Ausnutzen der Hilflosigkeit:

„Einmal gab es ein Problem. *Mhmmm*. Da sind die irgendwie nicht durchgelassen worden. Damals die Kinder. *Ach da kamen sie mit dem Rollstuhl an und da ist ihnen der Weg versperrt worden?* Ja genau, einmal war was. Aber das war nur ein einziges Mal gewesen" **(Interview 2***)*.

Ausgelacht werden ist verletzend, wie folgender Auszug zeigt:

„... zwei Kinder, die wir Gott sei Dank gekannt haben, und zwar aus Michaels Klasse, sind halt dann hin zur Carolin und na Caro, wie war es in der Schule. Ach wie fährst denn du heut E-stuhl und wenn die Caro dann aufgeregt ist, dann kann sie nicht besonders gut sprechen ... und dann haben sie sie ausgelacht! Und dann war die Caro so stinke sauer..." (Interview 6).

Dass eine Ausgrenzung auch als Diskriminierung verstanden werden kann, zeigt das Beispiel, das eine andere Mutter erzählt. Die Mutter ist vor allem darüber unglücklich, dass ihre Tochter eigentlich keine richtige Freundin hat und von anderen Jugendlichen ausgenutzt wird. Das Ausgegrenzt werden begründet die Mutter mit der Behinderung ihrer Tochter.

„...also eine richtige Freundin hat sie eigentlich nicht, ... Und da ist sie schon hauptsächlich eine Einzelgängerin. ...ich hab halt oft das Gefühl gehabt, dass sie von den anderen auch benutzt wird, ausgenutzt wird. ... Und dann ist sie öfter schon zum Einkaufen geschickt worden, oder dass sie Zigaretten holen soll, oder sonst irgendetwas" (Interview 7).

Für den Vater von Daniela, welche nach einem Verkehrsunfall mit einer Behinderung lebt, fällt diese Ausgrenzung ebenfalls unter den Aspekt der Diskriminierung. Er meint auf die Frage, ob er schon einmal konkrete Diskriminierung erlebt hat:

„... ICH HAB'S HALT GEMERKT, BEI DER DANIELA, DASS EIGENTLICH DIE SCHULFREUNDINNEN AM ANFANG DER KRANKENHAUSZEIT DOCH NOCH DA WAREN UND DANN AUF EINMAL WEG WAREN ... UND EHM, ICH WILL NICHT SAGEN, AUCH TEILWEISE DARÜBER GELACHT HABEN, WAS MICH SEHR BEDRÜCKT HAT" (Interview 9).

Eine andere Mutter berichtet Ähnliches:

„ .... zu Hause, da hat er halt Probleme Freunde zu finden, durch seine Behinderung" (Interview 2).

Die Mutter einer verunfallten Tochter berichtet, dass ihre Tochter nach dem Unfall den Anschluss zu Freundinnen und Freunden verloren hatte.

„Zu den Freunden, ja. Also es war so, wo sie da, also die haben gedacht, ja, die Betty ist im Krankenhaus, da besuchen wir sie, dann kommt sie

132

wieder und dann ist es wieder die Betty wo sie war. ... Und die war sie halt nicht mehr und damit sind die nicht klar gekommen" (Interview 12).

An anderer Stelle erzählt die Mutter von einem anderen Vorfall mit einer Freundin der Tochter:

„ ... Bushaltestelle ... Und da wäre dann ein Mädchen vom Dorf gekommen und dann ist die Bettina halt hin und hat gesagt, hi, wie geht's und so und die hat sie dann gar nicht beachtet" (Interview 12).

Teilweise kommt es auch vor, dass gerade Kinder bewusst die Behinderung von Geschwistern ihrer Freunde als Mittel einsetzen, um diese dadurch zu verletzen. So berichtet eine Mutter folgendes bei der Frage nach erlebter Diskriminierung.

„....vielleicht die Freunde von meinem Sohn, also, wenn die mal geärgert wurden von meinem Sohn, dann hatten die schon mal vielleicht einen Satz über den Andreas losgelassen. ... Ja. Wenn die mal ein bisschen vergrätzt waren über ihn, dann haben die schon mal gesagt, du mit deinem Behindibruder. So in der Art. Oder beim Spielen, beim Fußballspielen, wenn sie sich geärgert haben, dann haben sie ihn angegriffen über den Bruder, teilweise" (Interview 14).

Eine andere Mutter berichtet, dass ihr Sohn auf Grund seiner Behinderung von anderen Kindern ausgenutzt wurde.

„Ja, also ich kann mich noch erinnern, wie der D. klein war, dass eben so Fälle aufgetreten sind, dass das ausgenutzt wurde, dass er nicht so schnell war wie andere oder nicht so reagieren konnte. .... Ja, gut, er kommt heim und sagt, die sagen, dass ich nicht Fussball spielen kann, oder dass ich nicht richtig zielen kann und so" (Interview 15).

Da ich ein Interview sowohl mit der Mutter als auch mit der Tochter geführt habe, kann ich an dieser Stelle einen Auszug aus dem Interview anführen, welcher direkt die Sichtweise eines Menschen mit Behinderung schildert.

„Ich hab über eine Annonce, da hat eine Brieffreunde gesucht und da hab ich mir gedacht, na gut, schreibst du mal hin..., gut passt ja wunderbar,.... Und dann, so hab ich mich halt vorgestellt, hab dazu gesagt, dass ich eben behindert bin, dass ich im Rollstuhl sitze.

Und dann musst ich mir so was anhören, wie, äh, ich, Behinderte, äh, ne ... und dann hab ich mir nur gedacht, (macht eine Geste)" (Interview 16).

„Es gibt aber auch wiederum ein Nachbarmädchen, die, mit der, nein. .... ich weiß nicht, ich mag die einfach nicht besonders, weil früher, als ich noch die ersten Jahre hier gewohnt hab, hat sie das halt, sag ich jetzt mal so ausgenutzt. Behinderte und ahhh. ... Ja, also so, hat mich halt immer verarscht. Von wegen, du auf dem und dem Sender kommt dein Lieblingssänger meinetwegen. Toll, wo ich mir gedacht habe, was soll das eigentlich. Warum macht sie das? Und jetzt, wir haben keinen Kontakt mehr" (Interview 16).

Vor allem mit Diskriminierung von Seiten anderer Schulkinder hatte die Tochter dieser Mutter zu kämpfen:

„...von Mitschülerinnen blöde Bemerkungen bekommen. Und das ging also schon in der Grundschule an, dass ein Mädchen halt immer grundlos wahrscheinlich, nur damit sie sie halt irgendwo piksen wollte, halt gesagt hat, sie würde stinken oder lauter so Scherze .... oder später auch dann, wenn sie ... dann kam sie irgendwann einmal von einer OP zurück und dann sagt halt einer, ein Jugendlicher dann schon, na, hast jetzt das Herz von einer Kuh, oder so" (Interview 21).

Das anschließende Beispiel fällt auch unter Ausnutzen der Behinderung:

„Und da war einer dabei, der ist 16, und der verarscht den Simon. .... Und dann hat der Simon gesagt, ich will auch mit Pizza essen, das hat er mir erzählt, und dann hat der gesagt, du bleibst da und passt auf das Feuer auf.. ... Dann kam der Simon so um halb zehn hoch, Mama, stell dir vor, ich soll auf das Feuer aufpassen und die kommen und kommen nicht bei. Und dann hab ich gesagt, Mensch Simon, die wollten dich halt nicht mitnehmen, die haben halt gesagt, passe auf das Feuer auf. Jetzt haben die den Kerl da ganz allein da unten sitzen gelassen" (Interview 22).

Das Folgende berichtet eine Mutter und empfindet es als ein sehr negatives Verhalten ihrem Sohn gegenüber, wobei dieser das Gemieden werden selbst durch seine Behinderung bedingt nicht in dem Ausmaß mitbekommt.

„Das Negativste, dass sie einfach eben nicht mit ihm spielen. Dass sie dann weggehen. Das wäre das Negativste" (Interview 27)

2. Kategorie: **Diskriminierung durch Erwachsene**

Neben Diskriminierungen durch Kinder und Jugendliche erfahren körperbehinderte Teenager sehr vereinzelt auch negative Reaktionen von erwachsenen Mitmenschen, was die folgenden den Eltern berichteten Erlebnisse verdeutlichen.

> „Und genauso ist es was ihm passiert ist, er ist unten an der Tauber entlang gefahren. Da ist also ein Spazier- und Radweg. Und auf einer Bank, da waren mehrere Leute. Ob da nu jetzt auch irgendwelche Penner dabei waren, das weiß ich nicht, aber – **also Erwachsene** – Erwachsene, die hatten getrunken, da und einer hat sich da hingestellt und hat gesagt, er darf da nicht herfahren. Ja, also das wäre nur für Fussgänger und eh für ein paar Fahrradfahrer, und er hätte ja motorisiertes Gerät und er darf nicht daher. .... Und der Mann, der hat das also ein paar Mal gemacht" (Interview 1).

In Interview 16 erzählt die behinderten Tochter, dass ein Mann nur einen „dummen" Kommentar an die Erzieherinnen, die gerade Rollstühle einen Berg hinauf geschoben haben, übrig hatte anstatt selbst mal mit anzupacken. Da sie die Situation vollständig mitbekommen hatte, kann die Erzieherin in der Situation nicht als „Puffer" bezeichnet werden.

> „ ...kennen sie das Kloster Andechs – **mhmmm** –, waren wir gewesen und das geht ja einen richtig schönen, schönen steilen Berg rauf. **Mhmmm.** Und da hat uns doch so ein, weiß gar nicht mehr, ein älterer Herr wird es gewesen sein, ja, hat uns angesprochen, oder vielmehr meine Lehrerin. Aber da hab ich mir auch gedacht, so eine Unverschämtheit ... da hat er so ungefähr gemeint, na, sie haben heut auch schon ihr, ihre Pflicht getan, oder so irgendwas..... Anstatt einmal wirklich mit hin zu greifen, ja muss man sich da noch solche Sachen anhören. ...Ich find das einfach, das klingt jetzt blöd, aber ich find das unverschämt" (Interview 16)

5.2.3 Folgen, Auswirkungen und Konsequenzen von Diskriminierung – zwangsläufig?

Um Informationen über Folgen, Auswirkungen und Konsequenzen von Diskriminierung zu erhalten, wurde den Interviewpersonen folgende Frage gestellt:

> *„Leider ist es in unserer Gesellschaft häufig so, dass Menschen mit Behinderungen als Menschen zweiter Klasse abgestempelt und von sogenannten 'Normalen' diskriminiert werden.*

Haben bestehende Vorurteile in der Gesellschaft Menschen mit Behinderungen gegenüber und Erlebnisse von Diskriminierung und Gewalt, wie im Zeitungsartikel beschrieben und wie evtl. auch schon selbst erlebt, auch Folgen/Auswirkungen/ Konsequenzen auf/ für Ihr konkretes Verhalten?"

Wie man im theoretischen Teil dieser Zulassungsarbeit erkennen konnte, handelt es sich bei den unterschiedlichen Formen von Diskriminierungen und Stigmatisierungen um Herabwürdigungen, welche sich gegen Menschen mit Behinderungen richten können. Wie beschrieben, werden jedoch nicht nur die behinderten Menschen von diesen negativen Reaktionen der sozialen Umwelt getroffen und betroffen, sondern auch die Personen, die sich mit den Stigmaträgern in der Gesellschaft bewegen. Dies sind in diesem Fall die Eltern der körperbehinderten Kinder. Auch sie werden also durch die Herabwürdigung ihrer Kinder getroffen, somit also auch selbst die Betroffenen, vor allem wenn sie bei Vorfällen ihre Rolle als „Puffer" einnehmen.

Da sich die Identität von Menschen aus dem Beziehungsverhältnis von Fremdbild, vermutetem Fremdbild und dem Selbstbild und anderen Erfahrungen mit und über die Welt ergibt (vgl. Cloerkes 1997, S. 179), ist die Frage nun berichtigt, ob und wie weit die Identität von Menschen, sei es der Betroffene selbst oder die Mutter oder der Vater eines behinderten Kindes durch dieses ihnen eventuell entgegengebrachte negative Fremdbild gefährdet ist.

Dieses kann auch zu einer Veränderung des vermuteten Fremdbildes („Was denke ich, wie mich die anderen sehen") führen.

Zu diesem negativen Fremdbild, welches behinderten Menschen teilweise entgegengebracht wird, und dem evtl. veränderten vermuteten Fremdbild kommt noch ein weiterer Faktor hinzu, welcher eine „beschädigte Identität" ebenfalls mit erzeugen könnte. Dabei handelt es sich um das Selbstbild. Menschen sehen sich und sehen andere und sie erleben sich in der Interaktion mit anderen. Dieses Bild von sich kann bei Menschen mit Behinderungen eben durch die Behinderung ein negatives Selbstbild sein.

An dieser Stelle ist noch einmal darauf hinzuweisen, dass die in der Gesellschaft erlebte Situation subjektiv als belastend erlebt werden muss, um identitätsrelevant zu sein.

Zudem kommt es erst dann zu einer „beschädigten Identität", wenn nach der primären und sekundären Einschätzung der Situation auch die dem Individuum zur Verfügung stehenden Identitätsstrategien versagen. Erst dann kann man von einer „beschädigten Identität" sprechen.

Im Folgenden werde ich einige Aussagen von Müttern und Vätern anführen, welche mögliche Folgen von Diskriminierung sowohl bei ihnen selbst, als auch bei ihren Kindern aufzeigen. Wenn die Eltern nach Folgen und Konsequenzen bei ihren Kindern gefragt werden, handelt es sich somit um Fremdurteile, welche nicht unbedingt mit der Sicht der Kinder zu 100% übereinstimmen müssen. Denn Eltern können nur durch die Reaktionen, das Verhalten oder von den Erzählungen ihrer Kinder Rückschlüsse auf mögliche Folgen ziehen.

Demgegenüber berichten manche Interviewpartner auch, dass sich in ihrem Verhalten nichts verändert hat, dass Vorurteile in der Gesellschaft Menschen mit Behinderung gegenüber sowie Erlebnisse von Diskriminierung also keine Folgen, Auswirkungen und Konsequenzen haben.

Wichtig ist es zusätzlich, dass man Auswirkungen, Folgen und Konsequenzen von Erlebnissen mit Diskriminierung nicht nur als etwas Negatives versteht.

Auswirkungen können sehr wohl auch positiv sein. Aber für wen positiv?

Wenn sich eine Mutter einer behinderten Tochter auf Grund von negativen Erfahrungen mit Nachbarn zurückzieht, dann kann dieses Zurückziehen eine Hilfe für die Mutter sein, nicht mehr mit diesen, für sie subjektiv als negativ und belastend erlebten Erfahrungen konfrontiert zu werden.

Dennoch, ein solches Sich-zurückdrängen-lassen zeugt evtl. von einer veränderten Identität.

Wie diese Mutter, welche sich zurückgezogen hat, auch berichtet, war sie vor diesen negativen Erfahrungen, auf Grund derer sie angefangen hat, sich zurückzuziehen, viel „leutseliger" und spontaner gewesen.

> „Ich zieh mich zurück, ja. Ich geh praktisch immer weiter in mein eigenes Schneckenhaus zurück ... Ja, da war ich, muss ich schon sagen, leutseliger. Da war ich spontaner und hab eigentlich auch viel schneller jemanden vertraut und jetzt dauert es wesentlich länger" (Interview 5).

5.2.3.1 Mögliche Konsequenzen diskriminierender Erfahrungen
– Kategorien und Auszüge aus Interviews

➤ **Kategorisierung der Antworten der Interviewpersonen**

In diesem Fall werden nur die unterschiedlichen Kategorien genannt, jedoch nicht die Anzahl der Nennungen. Auf den folgenden Seiten befinden sich Auszüge aus den Gesprächen zu diesen unterschiedlichen Kategorien.

1. Kategorie: **Diskriminierung erzeugt einen Schock, welcher eine sofortige Reaktion verhindert**

2. Kategorie: **Entwickeln von Misstrauen, weniger Spontaneität, Angst**

3. Kategorie: **Rückzug, bzw. „den Ort" nicht mehr aufsuchen**

4. Kategorie: **Zum Vermittler zwischen behinderten und nichtbehinderten Menschen werden**

5. Kategorie: **Trotz Diskriminierung „überall hin" bzw. sich wehren.**

6. Kategorie: **Weitere Konsequenzen**

7. Kategorie: **Auswirkungen und Konsequenzen auf die diskriminierten Jugendlichen nach Meinung der Eltern (Fremdurteil der Eltern)**

➤ **Auszüge aus den Antworten der Interviewpersonen:**

1. Kategorie: **Diskriminierung erzeugt einen Schock, welcher eine sofortige Reaktion verhindert**

Bei manchen Müttern ist es der Fall, dass sie auf eine Diskriminierung im ersten Moment geschockt und sprachlos sind. Sie würden gerne etwas sagen oder tun, aber es geht nicht. Ist aber dann ein wenig Zeit vergangen, haben die Mütter (in diesem Fall waren es nur Mütter, die sich in diese Richtung geäußert hatten) meist das Bedürfnis mit jemanden darüber zu reden, um sich mit dem Vorfall auseinanderzusetzen und diesen zu verarbeiten. Der Aspekt des „Mit-jemandem-redens" wurde im quantitativen Teil der Untersuchung durch die Variable 26,

„Ich möchte über Diskriminierung und derartige Zeitungsmeldungen mit jemandem reden", *erfasst (vgl. 5.3).*

„Ich, eigentlich hätt ich aufstehen müssen und hätt sagen müssen, sie sind doch irgendwie, also –

haben Sie dann da gar nicht reagiert in dem Moment?

Nein, ich war so geschockt erst einmal, ich hab das erst einmal verarbeiten müssen und dann hab ich gedacht, ach ... .

Wie haben dann Sie sich mit der Situation auseinander gesetzt, weil im ersten Moment waren sie ja –

ja, ich war schockiert. .... Auf jeden Fall, ich war erst einmal so, ... ich hab so eine Schreckenssekunde oder ein paar Sekunden gebraucht und dann hab ich gedacht, ach, der ist es nicht wert, hab ich mir gedacht" (Interview 22).

„Ich stand da wie angewurzelt. Ich konnt nicht mich bewegen. Ich glaub ich wäre dem Mann an die Gurgel. Er hat Glück gehabt, dass ich einen Schock hatte, ich heulte bloß, ich hab bloß geheult, ich bin dann rein, ich hab zu den Sanitätern gesagt, mit welcher Begründung kann er so was sagen, zu mir?" (Interview 26)

„Ich hab halt dann so, in solchen Situationen immer einen Kloß im Hals, ne. Ich kann halt dann einfach nicht, eigentlich möchte ich schreien und jemanden halb erschlagen oder so, aber es kommt nichts irgendwie. Ich bin halt dann doch irgendwie so, ich denk, das macht man nicht und so....

Und wie gehst Du damit um, wenn du so was gesagt kriegst? Den ersten Moment einen Kloß im Hals aber dann muss man ja das irgendwie verarbeiten.

Ja, es ärgert mich und ich erzähl es halt dann auch jedem. Also ich behalt das dann nicht nur für mich. Also ich erzähl das einfach überall und lasse halt die anderen Leute irgendwo auch wissen, wie es zugeht und so weiter und so fort" (Interview 21).

„Ja, des, im Moment war ich geschockt. Ich war fix und fertig nach dem Ganzen und dann hinterher hab ich mir gedacht, ich hätte ihm das, oder das, oder das sagen sollen" (Interview 16).

2. Kategorie: **Entwickeln von Misstrauen, weniger Spontaneität, Angst**

„Ich würde schon mal sagen ein gesundes Mißtrauen in der heutigen Zeit, wo auch vieles finanziell ausgelegt, wo es viele Betrüger gibt, also von der Seite schon einmal, oder auch Leute, die einfach nur an sich denken, die ungerecht sind gegenüber vielen" (Interview 14).

„Ja klar ... du gehst halt mit den Menschen vorsichtiger um. .. Du gehst halt mit den Menschen ganz anders um. ... du bist nicht mehr so spontan unbefangen wie früher, weil du guckst dann schon kritischer die Menschen an, wie sie damit umgehen ... wie sie auf dein Kind zugehen. Ich

denke ein bisschen eine Angst, dass jemand dein Kind nicht mag haste
immer ... Eh, weil du willst auf alle Fälle, dass sie akzeptiert werden, so
wie sie sind, ... Ich glaub, das ist ein Traum" (Interview 3)

„.... Dann hab ich immer diese Befürchtung eben, dass da vielleicht mal
was Ernstes daraus werden könnte. Denn ehm, die Kinder wissen manchmal ja auch gar nicht was sie da machen. ...ja nur in dem Moment ist es
halt so, dass er sich in dem Moment nicht wehren kann dagegen" (Interview 1).

„Ja. Das dann die Sache so richtig hoch putscht und dann eskaliert –
mhmmm – und dann ist er der absolute Loser" (Interview 1).

„Ja, da war ich, muss ich schon sagen, leutseliger. Da war ich spontaner
und hab eigentlich auch viel schneller jemanden vertraut und jetzt dauert
es wesentlich länger" (Interview 5).

„Ja, hat es schon Konsequenzen. Würde ich schon sagen. Also, wie ich
vorhin gesagt habe, man ist anders manchmal, man reagiert anders. .... Ist
hellhöriger, man ist feinfühliger, man beobachtet viel mehr, man schaut
immer, wie ich gesagt habe, wie gehen die jetzt mit deinen Kindern um,
.... manchmal ist es auch belastend. *Je mehr man beobachtet* – desto
mehr sieht man. ... man setzt sich dann auch viel mehr auseinander. Also
man würde viel leichter leben, wenn man das nicht sieht" (Interview 22).

Nach einer Erfahrung mit einem Arzt, welcher sich gegenüber dieser Mutter
sehr diskriminierend äußerte waren Hass und Misstrauen Ärzten allgemein gegenüber die Folge:

„Ich hasse Ärzte (lacht). .... ich bin sehr misstrauisch, und das bleibt halt
immer so irgendwo. ... ich hab dann auch wieder gute Erfahrungen gemacht und jetzt haben wir einen Urologen und der ist ja sehr zuvorkommend" (Interview 16).

3. Kategorie: **Rückzug, bzw. „den Ort" nicht mehr aufsuchen**

„Ich zieh mich zurück, ja. Ich geh praktisch immer weiter in mein eigenes
Schneckenhaus zurück und konzentriere mich praktisch nur auf die Familie und auf ein paar Bekannte außen herum, wo ich weiß, die verstehen
das oder haben selber auch mit einem kranken Kind zu tun, aber mehr
auch nicht." (Interview 5).

Nach einer für die Eltern sehr belastenden Erfahrung auf Grund einer Äußerung von „Freunden", beschreibt die Mutter ihre Gefühle und die Auswirkung im Verhalten wie folgt:

> „Es ist schon schlimm .. und du bist sowieso sehr verletzlich, wenn du erst gesagt kriegst, du rechnest ja nie damit, dass es dir passiert, dass Du ein behindertes Kind kriegst. .... Des, und wir haben auch dann eigentlich Jahre lang wo wir gar nicht mehr weggegangen sind, so mit Freunden oder so. Wo wir halt wirklich ganz gezielt, also für uns im Nachhinein war der Schock heilsam" (Interview 3).

Mit dem Ausdruck „meiden" meint die Mutter bei der folgenden Aussage, dass sie aufgrund der Behinderung ihrer Tochter, welche sich vor allem im Verhalten zeigt und von der Gesellschaft nicht verstanden wird, die Öffentlichkeit und vor allem große Menschenansammlungen meidet. Sie geht lieber mit ihrer Tochter auf Naturspaziergänge, was ihrer Meinung nach beiden mehr „bringt".

> „Auf mein Verhalten. Ja ich meide mit – das was wir gerade gesagt haben" (Interview 8).

Nach einem Vorfall mit einem Arzt war die Konsequenz dieser Mutter folgende:

> „Und ich hab dann ein halbes Jahr lang, bin ich mit ihr zu keinem Arzt gegangen" (Interview 16).

Der Vater einer, durch einen Unfall behinderten Tochter, hat selbst eine Behinderung. Nach einem Betriebsunfall wurde ihm ein Bein amputiert. Daher ist er selbst betroffen. Auch er zieht sich immer mehr zurück.

> „DASS ICH MICH AUCH, ALSO NACH DER GESCHICHTE, AUCH IMMER MEHR AUS DER ÖFFENTLICHKEIT MICH EIN BISSCHEN ZURÜCKGEZOGEN HAB, WAS ICH EIGENTLICH AUCH NICHT FÜR RICHTIG FINDE" (Interview 9)

An späterer Stelle bekräftigt der Mann nochmals sein „Sich-zurück-ziehen":

> „JA ... DASS ICH MITTLERWEILE SAG, ... ZIEH MICH JETZT ZURÜCK. WEIL ICH SAGE, WARUM SOLL ICH, MIT MEINER, WO ICH GESUNDHEITLICH ANGESCHLAGEN BIN, DANIELA UND DAS ALLES, WARUM SOLL ICH NUR UMEINANDER WÖRGELN UND DIE EIGENEN PROBLEME, QUASI, DIE SIND ...." (Interview 9).

Diese Mutter berichtet, dass sie sich mit ihrem Sohn zusammen mehr und mehr zu Hause aufhält.

> „Auch wenn hier ein Fest ist oder ich geh mit ihm durch die Straßen oder überhaupt hier gucken sie. .... Ich geh ja wenig raus, ich tu ihn meist hier raus stellen und da fühlt er sich dann wohl" (Interview 26).

Erst auf den zweiten Blick wird klar, warum dieses Zitat unter dem Punkt Rückzug angeführt wird. Die Interviewpartnerin berichtet von einer Konsequenz ihres Ehemannes. Ihr Sohn musste aufgrund seiner Behinderung den Kindergarten verlassen und da die Kirche der Träger des Kindergartens ist, hatte der Vorfall folgende Auswirkung auf den Ehemann der Frau:

> „...mein Mann also so enttäuscht war, dass, es war ja auch unsere Kirchengemeinde ... unter der wir getauft worden sind, wir sind also eh, haben geheiratet eh, die Kinder sind also getauft worden auch, mein Mann ist dann aus der Kirche ausgetreten" (Interview 2).

Die folgende Konsequenz einer Mutter beruht nicht auf einer selbst gemachten Erfahrung, sondern ist die Folge eines Gesprächs mit ihrer nichtbehinderten Tochter, in welchem die Tochter berichtete, dass sie zusammen mit ihren zu betreuenden behinderten Menschen aus einer Eisdiele verwiesen wurde.

> „Ja ich war wütend drüber. Aber, ich hab gesagt, ich, ich meide die Eisdiele. Ich bin früher öfter mal in die Eisdiele hineingegangen.
>
> *Seit dem gehen sie da einfach nicht mehr hin* ....Ich komm ja nicht so oft in die Stadt, aber gerade in der Eisdiele waren wir ein paar Mal drinnen, weil die so einen schönen Garten, gerade in der Innenstadt, und dann brauchen die uns auch nicht mehr ..." (Interview 16).

4. Kategorie: **Zum Vermittler zwischen behinderten und nichtbehinderten Menschen werden**

Bei dieser Äußerung einer Mutter werden schon ganz deutliche Lösungs- und Verbesserungsmöglichkeiten deutlich und auch die Rolle, welche sie dabei einnimmt:

> „....für mich diese Aussage von Weizsäcker zum Beispiel ganz was, es ist normal, verschieden zu sein ... ist eigentlich so mein Ausgangspunkt, auch für Diskussionen. ... Ja, und ich denk, ich sehe mich da eigentlich auch als aktiv, oder auch als vermittelnder Part schon, dass ich auch schon ein bisschen für meine Tochter sprechen kann, sprich für die Behinderten

sprechen kann. Dass ich aber dann genauso ehm, muss man die andere Seite sehen und dann versuchen den Mittelweg zu gehen und den anderen vielleicht manchmal zu zeigen, ehm, vielleicht siehst du es nur falsch, vielleicht müßtest du nur deinen Standpunkt ändern" (Interview 17).

Auch von dieser Mutter klingen schon Möglichkeiten an, wie man ein Zusammenleben besser anbahnen könnte, wenn sie sagt:

„Also ich bin halt jemand der immer gern darüber redet. Auch wenn ich merk, es gibt Schwierigkeiten. Dann sag ich, ich lade auch immer ganz gern die Leute ein und sag, ihr könnt gern mal mit mir die Kerstin im Zentrum besuchen. Weil da würde da man halt am ehesten mal sehen, wie das ist. ... Also ich bin jemand der auf die Leute zugeht" (Interview 19).

Die Mutter einer Tochter, welche auf dem Nachhauseweg von Schulkindern ausgelacht wurde (Interview 6), hat sofort gehandelt. Sie lud diese Kinder zu sich nach Hause ein, um den Vorfall zusammen mit ihnen zu klären. Somit begab sie sich in eine Vermittlerrolle.

„Reden wir mal drüber, ja. Und die Kinder sind auch am nächsten Tag in den Sandkasten gekommen und dann war die Caro mit dabei und dann war es entschärft. Und jetzt ist es kein Thema mehr. Ich hab halt gemerkt, wenn Du gleich so schießt, dann sind alle Mauern aufgebaut" (Interview 6).

5. Kategorie: **Trotz Diskriminierung „überall hin" bzw. sich wehren**.

„Überall hin" nehmen manche Eltern ihre behinderten Kinder, auch wenn sie mit Diskriminierung oder der Unwissenheit der Nichtbehinderten „rechnen müssen". Somit lassen sie sich nicht einschränken, würden aber sehr wohl reagieren bzw. sich wehren, wenn es zu einem negativen Vorfall kommen sollte.

„Eigentlich nicht, weil ich versuche, ich hab meinen Sohn eigentlich immer, ja, wie normal behandelt. .. Ich hab' ihn überall mit hin genommen, ob das Restaurants waren, oder Urlaub, wie gesagt, er ist nie ausgeschlossen worden, er ging überall mithin,und insofern ist das für mich, das beeinflußt mein Handeln nicht, also zumindest nicht im Umgang mit meinem Sohn ... jetzt ... zu reagieren, des schon, aber sonst im Leben hat es für mich keinen Einfluß" (Interview 23).

„... wir gehen eigentlich überall hin. .... gegebenen Falls würden wir uns in der Situation heraus wehren" (Interview 24).

6. Kategorie: **Weitere Konsequenzen**

„Ja, ... ich bin einfach selbstbewußter geworden in manchen Dingen. ... Oder auch mal aggressiv... Aber uns fällt halt auch viel mehr auf. Ich denk hier so in Deutschland .... da ist uns dann aufgefallen, dass in Deutschland noch einiges im Argen liegt. ... vom allgemeinen Verständnis, dass es die einfach gibt, dass die einfach da sind. .... Allerdings bei uns im Dorf nicht. Bei uns ist der Martin echt integriert" (Interview 10).

„Ich würde natürlich jetzt, wenn ich in die Situation käme, schon jemanden dann auch zur Seite springen, und da mich ein bisschen einmischen ...." (Interview 14).

„JA, ER HAT MICH DANN BÖSE ANGEGUCKT UND ICH HAB IHN DANN EBEN NOCH BÖSER ANGEGUCKT UND DANN WAR RU-HE. Es war ein rüber und nüber Starren, ne. UND DANN WAR RUHE. *Mhmmm*. WEIL SONST, EIN WORT UND ICH WÄRE AUFGE-STANDEN UND DANN HÄTTE ER NICHTS MEHR GEGESSEN" (Interview 13).

Eine „dicke Haut" als Folge von erfahrener Diskrimination und als Schutz gegen evtl. sich wieder ereignende Erfahrungen.

„Ich bin jetzt soweit und ich hab mir auch eine dicke Haut in dem Punkt zugelegt und da lass ich mir nichts mehr gefallen " (Interview 11)

Nachdem der Tochter dieser Mutter eine Äußerung entgegengebracht wurde, welche die Tochter sehr „sauer" stimmte, gab ihre Mutter ihr Verhaltensvorschläge bei einer evtl. sich wiederholenden Zusammenkunft mit der Person, welche sich diskriminierend geäußert hatte.

„ ... ich hab gesagt, wenn du diese Frau wieder siehst, die grüßt du auf jeden Fall nicht. Du kannst dich schon auf irgendeine Art wehren" (Interview 6).

Auswirkungen und Konsequenzen sogar für den Beruf dieser Mutter – Lehrerin – hat die Behinderung ihres Sohnes auf eine Lehrerin. Daneben insgesamt auf die Sichtweise für andere.

„.....viele Kinder die ich hatte auch anders gesehen habe. ..Dass ich dann gesagt habe, der kann das halt einfach nicht besser. Also mir hat die Situation vom D. auch viel gegeben, auch im Hinblick auf die Sichtweise für anderen, muss ich sagen" (Interview 15).

7. Kategorie: **Auswirkungen und Konsequenzen auf die diskriminierten Jugendlichen nach Meinung der Eltern (Fremdurteil der Eltern)**

An dieser Stelle werden nun einige Auswirkungen und Konsequenzen, teilweise vielleicht auch Reaktionen von Diskriminierung gegenüber behinderten Kindern und Jugendlichen angeführt. Die Interviewauszüge werden jedoch nicht genauer kategorisiert, sondern lediglich aufgelistet:

„Also wenn er seine Ruhe will, dann fährt er einfach weiter und tut als hätte er nichts gemerkt. .... Eh, also je nachdem wer es ist, anscheinend, und was er für ne Laune hat geht er auch auf diese ärgern ein. Also er fährt dann mit seinem Rollstuhl hinter denen her" (Interview 1).

„Er will auch, er würde auch gar nicht wollen, dass ich jetzt dann, ... er will nicht, dass ich mitmische und das ist auch irgendwo eh zu verstehen er ist ... in einem Alter, wo er versucht alles alleine zu regeln. Und da muss ich ihn auch lassen. Wenn er dann sagt, ich schaff´s nicht, das ist was anderes, dann bin ich da." (Interview 1).

„ ... und er versucht seinen Standpunkt auch zu klären und er redet ja auch mit jedem offen über seine Behinderung" (Interview 1).

„Naja, das hat ihn schon beschäftigt. Er hat die Sache schon mal zu Hause angesprochen. *Mhmmm*. Damals. *Also er kam dann nach dem Abend heim und hat erzählt* – ja, ja, er hat erzählt, was da also los war, ja mhmmm.

Und hat er da irgendetwas von seinen Gefühlen erzählt? Oder – er regt sich dann halt immer auf. Er kann sich dann unheimlich reinsteigern und aufregen. Aber das war wie gesagt nur ein einziges Mal gewesen" (Interview 2).

„ICH HAB ALSO FESTGESTELLT, SIE WOLLT NEULICH MAL EINE BESUCHEN UND HAT ES DANN ABER AUCH NICHT ÜBERS HERZ GEBRACHT, DIE ZU BESUCHEN, SONDERN HAT WIEDER UMGEDREHT UND IST DANN ZU IHRER SCHWESTER. NE, WEIL NÄMLICH DIE WIEDER KOMMT UND DANN HAT SIE ZU MIR ZU HAUSE GESAGT, ICH BIN BLOSS ZU MEINER SCHWESTER GEGANGEN, DIE IST DA UNTEN VERHEIRATET, UND ICH WAR JA VOR DREI ODER VIER WOCHEN SCHON MAL BEI IHR, UND DA

HAT SIE DANN AUCH KEINE ZEIT GEHABT. ALSO SIE IST DANN
GEKOMMEN UND HAT GESAGT SIE HAT KEINE ZEIT" (Interview
9).

„sie hat ihre Grenzpunkte hat sie halt schon ziemlich früh erkannt und in
den letzten drei Jahren, zwei, drei Jahren tut sich da auch total zurück ziehen. .... Sie weiß wo ihre Grenzen sind und will sich auch nicht irgendwie,
sich .... dann auch nicht verletzten lassen. Das ist so eine Art Schutzfak-
tor" (Interview 24).

„Weil sie es von sich aus nicht gewollt hat. ... Ja das hat mit ihren Narben
zu tun gehabt, das hat mit ihren blauen Lippen zu tun gehabt ..." (Interview 21).

„sie erzählt also schon immer so über ihre Gefühle. Dass sie halt eben
zum Beispiel auch sagt, es wäre vielleicht besser, wenn ich in einem Rollstuhl sitzen würde, ... dass man es halt klipp und klar sehen würde oder so.
Und das sind halt, das sind schon so Sachen, die sie stark belasten" (Interview 21).

*„Darf ich noch einmal auf das zurückkommen, was sie vorher erzählt
haben mit der Frau aus Russland; als die Caro daheim kam* – stinke
sauer und aufgeregt. Sauer, aufgeregt – und da wirklich in ihrer Men-
schenwürde getroffen. Aber nicht nur sehr sich beleidigt gefühlt, sondern
auch wir Eltern, so, wie kannst du das von meinen Eltern sagen. ... Sie hat
es dann im Tagebuch festgehalten" (Interview 6).

*„Wie war das dann damals als sich die Freunde so zurück gezogen ha-
ben, so für sie?*

Für die Bettina sehr schlimm, sehr schlimm. Sie wollt dann auch gar nicht
mehr heim. Sie ist dann auch nicht mehr gekommen. Also sie ist dann in
Gailingen geblieben und dann bin ich immer, ich hab halt dann immer geschaut, dass ich ein paar Tage, oder wenn ich Urlaub hatte, war ich dann
dort" (Interview 12).

5.2.3.2 Keine Auswirkungen, Folgen oder Konsequenzen
   – Kategorien und Auszüge aus Interviews

➢ **Kategorisierung der Antworten der Interviewpartner**

1. Kategorie: **Keine Auswirkungen, Folgen oder Konsequenzen im Verhalten ohne spezifischere Erklärungen**

2. Kategorie: **Ausführlichere Antworten, warum keine Auswirkungen auftreten**

3. Kategorie: **Negative Erfahrungen finden statt – ohne Konsequenz**

➢ **Auszüge aus den Antworten zu diesem Themenbereich**

1. Kategorie: **Keine Auswirkungen, Folgen oder Konsequenzen im Verhalten ohne spezifischere Erklärungen**

„Nein, überhaupt nicht. *Mhmmm*. Überhaupt nicht" (Interview 1).

„Nein" (Interview 6)

„(Kopfbewegung)

Es ist also nicht der Fall. Sie gehen also mit allen Menschen weiterhin so um, wie es die ganze Zeit ist. *Mhmmm* " (Interview 7).

„Nein" (Interview 11).

„Nein" (Interview 20).

„Nein, eigentlich nicht" (Interview 21).

„Ne, da hab ich nix" (Interview 27).

2. Kategorie: **Ausführlichere Antworten, warum keine Auswirkungen auftreten**

„Also ich bin eigentlich so ganz normal. Ich geh auch auf Leute zu, wir haben auch einen großen Freundeskreis hier und da geben wir uns eigentlich ganz normal.... deswegen gehe ich genau so in die Stadt, wie sonst auch, mit der X" (Interview 25).

„Ja, ich geh schon raus, ... dann interessiert mich das gar nicht. Ist egal. Dann mach ich mir da gar keine große, gucken sie, gucken sie nicht, ist mir egal" (Interview 26).

3. Kategorie: **Negative Erfahrungen finden statt – ohne Konsequenz**

Wenn diese Mutter, die die negativen Erfahrungen mit den positiven aufrechnet und dann letztlich zu der Schlussfolgerung kommt, dass die negativen Erlebnisse keine Auswirkungen haben, nun zum Beispiel – die Annahme sei mir erlaubt – keine positiven Begegnungen mehr, sondern nur noch negative Begegnungen in der Gesellschaft hätte, dann könnten evtl. Auswirkungen eintreten.

„Nein, das steckt uns nicht an. Das waren ja so viele positive Begegnungen und der eine, na also, armes Würstchen würde ich da mal sagen" (Interview 13).

Ähnlich ist das folgende Beispiel zu verstehen.

„HÄTTEN, ABER WIR HABEN FAST KEINE DISKRIMINIERUNG ... WANN ES SICH GÄBE, DAS WAHRSCHEINLICH HÄTTEN. .. SO ICH KANN VERSTEHEN DIE PERSONEN, DIE PERSONEN, DIE HABEN ERLEBT SOLCHE, JA" (Interview 18).

Dass Erfahrungen keine Auswirkungen haben, wie bei dieser Mutter, ist manchmal doch die Folge von bestimmten Strategien. In diesem Fall fängt die Frau von Tag zu Tag neu an, das Vergangene wird in gewisser Weise „vergessen".

„Ne, das war so und das ist rum. Ich denk mir, neuer Tag, neue Situation" (Interview 4).

5.2.4 Positive Erlebnisse und Erfahrungen – ja, die gibt es auch!

Da die dargestellten, teilweise sehr heftigen Erlebnisse von Diskriminierung gegenüber behinderten Menschen und deren Eltern den Eindruck erwecken könnten, dass es nur negative Reaktionen gegenüber behinderten Menschen gibt, muss an dieser Stelle eingelenkt und Folgendes betont werden.

Positiven Reaktionen und einem als angenehm empfundenen Verhalten begegnen Eltern körperbehinderter Kinder, sowie die Kinder selbst, erfreulicherweise auch.

Negative Erfahrungen sind nicht der Regelfall!

Manche Eltern geben sogar an, dass sie keine Erfahrungen mit Diskriminierungen gemacht haben. Andere Mütter und Väter berichten von positiven Auswirkungen der Behinderung des eigenen Kindes auf sie selbst, z.B. bezüglich ihrer Einstellung behinderten Menschen gegenüber.

„Wir sehen es mittlerweile auch als Bereicherung für die ganze Familie. Weil man andere Prioritäten setzen und vieles ehm, mehr zu schätzen weiß, weil man sieht, wie die Schritte, wie klein sie sind, wie die Erfolge manchmal Stück für Stück und dann weiß man vieles manchmal besser zu schätzen, was einem so an Gutem widerfährt" (Interview 19).

Eltern erzählen, dass sich Mitmenschen ihnen gegenüber im Großen und Ganzen positiv bzw. „normal" verhalten und sie nicht der Meinung sind, dass eine Familie mit einem behinderten Kind in der Gesellschaft weniger gut angesehen ist

Durch die Themenstellung der Zulassungsarbeit wurde jedoch das Augenmerk auf schon erlebte negative Situationen gerichtet, also Diskriminierung focussiert, woraufhin die Eltern vor allem negative Geschehnisse berichtet haben. Diese negativen Geschehnisse liegen teilweise sogar Jahre zurück, sind aber immer noch präsent und führen beim Erzählen teilweise immer noch zu Unverständnis und Erregung. Und gerade das ist der ausschlaggebende Punkt.

Viele positive oder als normal empfundene Reaktionen, wie zum Beispiel das Anbieten von Hilfe, freundliches Verhalten, Zulächeln, gezeigtes Interesse und konkrete Hilfestellungen von Seiten der Mitmenschen in der Gesellschaft, begegnen den Eltern sehr wohl, was sich durch die Auswertung der quantitativen Ergebnisse beweisen lässt (vgl. 5.2.4.1).

Eine einzige extrem negative, die Betroffenen (Kind und/oder Eltern) belastende und sie beschäftigende Situation jedoch, kann all das Positive zunichte machen und schwerwiegende Folgen hinterlassen. Solange man sich als Eltern bestimmte Reaktionen der Gesellschaft noch erklären und somit Verständnis für die „Unwissenden" aufbringen kann (Coping), haben vereinzelt auftretende Erlebnisse von Diskriminierung noch keine Auswirkungen oder werden durch positive Erfahrungen aufgehoben. Ein einziges sehr negatives Geschehen kann dieses „Gleichgewicht" jedoch zerstören und negative Folgen, Auswirkungen und Konsequenzen für den Diskriminierten mit sich bringen. Dies ist das Verhängnisvolle an, wie manche Eltern es nennen, „unwissentlich" ausgesprochenen diskriminierenden Äußerungen und Handlungen.

Negative, als diskriminierend empfundene Erfahrungen gehen also nicht eins zu eins auf mit den positiven Erlebnissen, sondern oft wiegen viele positive Erfahrungen im Umgang mit sogenannten „Normalen" in der Gesellschaft weniger als eine sehr negative Diskriminierung.

Im Verlauf des Gesprächs mit den Interviewpartnern wurde folgende Frage gestellt:

„Wie verhalten sich Mitmenschen gegenüber Ihnen aufgrund der Behinderung ihres Kindes?"

Nach weiteren Fragen wurden die Eltern mit unterschiedlichen Reaktionen, denen sie vielleicht in der Gesellschaft schon einmal begegnet sind, konfrontiert. Auf einem Fragebogen konnten sie diese Reaktionen je nachdem, ob sie entsprechende Erfahrungen mit diesen gemacht haben, bewerten.

Daraufhin wurde die anschließende Frage an die Interviewpersonen gerichtet:

„Wird die Art und Weise wie nichtbehinderte Menschen mit Ihrem Kind umgehen, von Ihnen als sehr positiv oder doch als verletzend empfunden?"

Die Auswertung der Antworten zu den beiden Fragestellungen (5.2.4.1 und 5.2.4.4), ein Einblick in die entsprechenden quantitativen Forschungsergebnisse (5.2.4.2) sowie Beispiele für positive Erfahrungen in der Gesellschaft (5.2.4.3) werden im Folgenden aufgezeigt.

5.2.4.1 „Verhalten" hauptsächlich gegenüber den Eltern aufgrund der Behinderung des Kindes

Bei diesem Unterpunkt und dem Abschnitt 5.2.4.4 handelt es sich um zwei sehr eng miteinander in Verbindung stehende Aspekte. Zum einen wird in diesem Abschnitt nach dem Verhalten gegenüber den Eltern aufgrund der Behinderung des Kindes gefragt. Der nächste Abschnitt befasst sich dann mit dem „Umgang im Großen und Ganzen" gegenüber dem behinderten Kind selbst.

Nachdem als Einstieg in das Interview Zeitungsmeldungen vorgelegt wurden, in welchen Diskriminierung gegenüber Menschen mit Behinderungen sehr deutlich wurden und die Eltern nach Gefühlen diesen Meldung gegenüber und auch nach eigenen Erlebnissen von Herabwürdigung gefragt wurden, geht es nun um die Frage, wie sich Mitmenschen gegenüber den Eltern aufgrund der Behinderung ihrer Kinder verhalten. Somit richtet sich die Fragestellung auf die Gegenwart, das „Hier und Jetzt".

Im Laufe des Interviews berichten die Eltern, dass es ein Prozess war, bis sie zuallererst einmal die Behinderung ihres Kindes bzw. ihrer Kinder voll und ganz akzeptieren oder annehmen konnten. Nun erleben sie das Verhalten der Mitmenschen ihnen und ihrem Kind gegenüber aus einer ganz anderen Sichtweise, da sie sich bereits mit der Behinderung auseinandergesetzt haben und diese immer mehr annehmen und akzeptieren können. Aber es darf nicht vergessen werden, dass die Anwesenheit von Eltern negative Tendenzen in der sozialen Umwelt teilweise egalisiert, sie also erst gar nicht aufkommen lässt. Von daher sind die Aussagen der Eltern ein bisschen „mit Vorsicht zu genießen", vor allem wenn man an die Untersuchung von Tröster denkt, welcher eine Scheinakzeptanz und gesellschaftlich erwünschtes Verhalten gegenüber Menschen mit Behinderung nachweisen konnte, obwohl in vielen Menschen eine Abneigung gegenüber behinderten Menschen besteht.

Das Innen (kognitive Ebene) und das Außen (konative Ebene) sind oft zwei Welten.

➤ **Kategorisierung der Antworten der Interviewpersonen**

In diesem Fall werden nur die Kategorien und die entsprechenden Antworten der Interviewpersonen dargelegt. Auf eine systematische Auswertung der Kategorien wird verzichtet.

1. Kategorie: **„Positives" Verhalten**

2. Kategorie: **„Normales" Verhalten**

   Unterkategorien:

   - „Normales" Verhalten den Eltern gegenüber

   - Nachfragen

3. Kategorie: **Bedauern und Mitleid**

4. Kategorie: **Von Mitmenschen gezeigtes Unverständnis**

5. Kategorie: **Sonstige Antworten**

➤ **Auszüge aus den Antworten nach den Kategorien geordnet:**

1. Kategorie: **„Positives" Verhalten**

   „Eher äußerst positiv. Wir waren in Afrika... . Ich hab eher das Gefühl, viele gucken und dann fragen sie...; ne, das ist in Ordnung" (Interview 6).

   „Eigentlich sehr positiv, nett, aufgeschlossen. *Mhmmm.* Zu 90 Prozent, ja. 95." (Interview 13).

   „.... sind da recht positiv" (Interview 14)

   „Also wie gesagt, ich kann eigentlich nichts negatives in der Richtung feststellen. Eher zuvorkommend" (Interview 17).

„Ja also bei uns im Ort würde ich sagen, wir sind ein sehr kleiner Ort, hab ich schon gesagt, jeder kennt jeden. Also die behandeln mich genauso..." (Interview 22).

Diese Mutter spricht auch von einem positiven Verhalten, schließt sogleich jedoch auch eine als sehr negativ erlebte Situation mit an, welche aber ihre doch positive Sichtweise des Verhaltens von Mitmenschen ihr gegenüber auf Grund der Behinderung ihrer Tochter nicht ins Wanken bringt.

„Positiv. .. Auf jeden Fall positiv, ja..... Also wenn ich mal Schwierigkeiten hab mit dem Rollstuhl oder was, Treppe hoch zu gehen. Also da ist dann immer mal jemand da, der mir hilft mit dem Rollstuhl ... Krankenhaus .... sind wir mal in die Kaffeeteria und da war es teilweise, da war es schlimm, das Gebabbel .... Und die haben gegafft und das war zum Kotzen" (Interview 25).

Die nachfolgende Aussage bringt einen weiteren Aspekt mit ins Spiel. Die Informiertheit der Nichtbehinderten über eine Behinderung beim Mitmenschen, da erst sie den Grundstein für eine positiv ablaufende Interaktion nach Meinung mancher Eltern bewirken kann. Dass dies so ist kann man unter dem Punkt, „was können Eltern ... tun, um Spannungen abzubauen" nachlesen.

„Freunde und Bekannte eigentlich super. ... Die darüber informiert sind" (Interview 21).

2. Kategorie: „Normales" Verhalten

Was ist nun „normales" Verhalten Eltern mit einem behinderten Kind gegenüber?

Ich denke, die Mütter, welche schon vor dem behinderten Kind nichtbehinderte Kinder hatten, setzen das Verhalten in Relation zu dem Verhalten ihnen gegenüber auf Grund ihrer nichtbehinderten Kinder und können dann mit Recht sagen, es ist normal, wenn sich dem gegenüber nichts geändert hat.

- „Normales" Verhalten den Eltern gegenüber

„Mir? *Mhmmm*. Ganz normal. Ganz normal. Oft hör ich dann wohl, sie haben aber dann viel Arbeit, und dann sag ich, ja gut, Arbeit hat man immer" (Interview 1).

„Da hab ich keine negativen Erfahrungen gemacht. Zu 90 % auch normal" (Interview 27).

„Ja in unserem Bekanntenkreis, toll. Keine Probleme. ... sie haben mir ...
geholfen, dass sie den Andreas einfach akzeptiert haben" (Interview 11).

„NAJA, ALSO MAN KANN SO NICHT GERADE KLAGEN" (Interview 9).

„Also in der Verwandtschaft gibt es eigentlich keine Probleme, die gehen
eigentlich alle auf ihn zu und

...grundsätzlich muss ich sagen, haben wir Bekannte oder Freunde, die da
sehr auf uns zugehen und das auch, wie soll ich denn sagen, die das verstehen, dass man halt manchmal nicht so locker irgendwo hingehen können, wie andere" (Interview 15).

„So hier im Ort normal. – *Ich hab bis jetzt noch keine schlechte Erfahrung
hier gemacht. Sowohl hier in der Straße, als auch unten im Ort.* Wir gehen auch runter, wenn ein Fest ist, oder wenn eine Veranstaltung ist, da
wird ihr auch Platz eingeräumt" (Interview 16; Mutter und *Tochter*).

Eltern die diese Erfahrungen nicht machen konnten, da sie entweder nur ihr behindertes Kind bzw. ihre behinderten Kinder haben oder eben das behinderte
Kind das erste Kind der Familie ist, bezeichnen meiner Meinung nach das Verhalten der Gesellschaft ihnen gegenüber dann als normal, wenn es nicht als diskriminierend empfunden wird.

„Ganz normal" (Interview 4).

„...ich denk einmal, dass sie mich deswegen nicht diskriminieren"(Interview 2).

„Die meisten ..., das ist kein Thema" (Interview 19).

„Ganz gut, also ganz normal, ganz unauffällig" (Interview 23).

Wie schon bei einem vorherigen Gesprächsausschnitt, so fügt auch in diesem die
Mutter dem nicht negativen Verhalten der Mitmenschen im Wohngebiet ein als
sehr gravierend empfundenes Erlebnis mit an.

„Es ist, ich mein, jetzt in dem Wohngebiet kennen uns die meisten. ....
kann ich jetzt eigentlich nicht sagen, dass wir jetzt irgendwo negative Erfahrungen mit gemacht haben.

Ehm, einer, der ... zu meinem Schwiegervater gesagt, und der ist allerdings auch achtundsiebzig, und da war, er, wie hat er gesagt, früher war

also doch nicht immer alles so schlecht. Beim Hitler gäbe es so etwas nicht, oder hätte so etwas nicht gegeben" (Interview 20).

- **Nachfragen**

„... ich mein manche fragen dann schon, wie es ihr geht und so und dass es bestimmt schon schwierig ist mit ihr" (Interview 7).

Auch der folgende Absatz aus einem Interview zeigt, dass Nachbarn nach dem Unfall, der zu der Behinderung der Tochter geführt hat, nachgefragt haben, wie es denn der Tochter geht.

„Und jetzt von den Nachbarn her? Ne, also die waren damals, da ist unser Telefon immer gegangen" (Interview 12).

3. Kategorie: **Bedauern und Mitleid**

„Mitleid, Bedauern, die Mitleidstour ist da sehr arg. Wie geht ihr damit um, wie kommt ihr damit zurecht, und wir bewundern euch ja, dass ihr den Michael zu Hause habt und das ist denke ich das größte, muss ich schon sagen, Bedauern, Mitleid, die ganze Kategorie da" (Interview 3).

„...DA HABEN WIR NICHTS, WIR WERDEN DA NICHT DIREKT DARAUF ANGESPROCHEN.

... ich denk dass halt viele, dass halt viele in der Stadt sich zurückhalten oder ein bisschen vielleicht so ein Bedauern oder Mitleid oder vielleicht dann doch unterschwellig oder insgesamt empfinden. Aber das ist so..." (Interview 24).

4. Kategorie: **Von Mitmenschen gezeigtes Unverständnis Eltern behinderter Kinder gegenüber**

„Mhmmm, ich denke sie verstehen es nicht" (Interview 10).

„....also eigentlich verstehen nicht unsere Situation. Also sie sind eher, irgendwie wir können nicht. Also die denken so, die andere Familien, verstehen, akzeptieren ... und ich denke, das überrascht die anderen, ..." (Interview 18).

5. Kategorie: **Sonstige Antworten**

Von nettem Verhalten über übergehen der Behinderung bis hin zu einen Bogen drum rum machen

„Ja, manche eigentlich recht nett und auch besorgt oder fürsorglich oder interessiert,

und manche übergehen das einfach, die, ja, die tun als wäre überhaupt nichts, als wäre das Kind ganz in Ordnung.

Und wieder andere die machen einen großen Bogen um einen rum, wenn sie es wissen.

Und positiv ist dann schon, entweder das Umgehen, oder das Interessiert sein? Ja" (Interview 5).

Die Gesprächspartnerin in Interview 26 hat sich auf diese Frage nicht direkt geäußert. Zum Verhalten von Mitmenschen allgemein berichtet sie immer wieder im laufenden Interview. Dieses ist häufig ein aus dem Weg gehen, teilweise auch ein Angestarrt werden. Dieses Angestarrt werden empfindet sie teils fast normal und teils aber auch als verletzend.

Vom Hoffen auf Toleranz, Unwissenheit, Hilflosigkeit und teilweise auch gezielter Boshaftigkeit

„... also zum Beispiel Freunde. Die wissen halt, dass wir mehr an das Haus gebunden ... .Dass da mehr, dass es schwieriger für uns ist, am Alltagsleben teilzunehmen. Das wissen die Verwandtschaft und Freunde inzwischen auch. ...

Wenn sie mal mit der Behinderung umgehen, ... da können wir auf Toleranz hoffen.

Und wenn das ganze Dorf schon die Neugierde befriedigt hat, uns ausgequetscht hat wie eine Zitrone, können wir auch da auf ein bisschen mehr Toleranz hoffen. ...

Unwissenheit, Hilflosigkeit, aber teilweise auch gezielte Boshaftigkeit" (Interview 8).

5.2.4.2 Darstellung einiger quantitativer Forschungsergebnisse zu positiven Erfahrungen in der Gesellschaft

Wie schon unter 5.2.4 angedeutet, werde ich nun einige positive Reaktionen in der Gesellschaft behinderten Menschen und ihren Eltern gegenüber auflisten. Durch die Auswertung der jeweiligen Variablen wird sodann gezeigt, dass Eltern positive Erfahrungen in der Gesellschaft gemacht haben und wie sie diese bewerten.

Bei den folgenden Variablen handelt es sich um den Eltern in den Fragebögen zur Bewertung vorgelegten möglichen positiven Reaktionen, welche ihnen in der Gesellschaft evtl. schon widerfahren sind. Dabei wurde den Eltern die Vorgabe gemacht, Reaktionen nur dann zu bewerten, wenn sie sie schon einmal selbst erlebt haben.

Wenn dennoch, wie bei Variable 63, „Aktive Übergriffe", fünf Bewertungen vorliegen, obwohl keine persönlichen Erfahrungen laut Interview gemacht wurden, so daher, dass manche Eltern dennoch eine Bewertung abgeben wollten. In diesem Fall wurden „Aktive Übergriffe" von drei Personen „als sehr verletzend empfunden" und von zwei Interviewpartnern „als negativ empfunden" bewertet.

Doch nun zu den **von mir als positiv eingeschätzten möglichen Reaktionen** körperbehinderter Menschen gegenüber, der Anzahl der Nennungen bei 32 Fragebögen und den unterschiedlichen Bewertungen dieser durch die Gesprächspartner.

Wie aus der „Abbildung zu der Bewertung der positiven Reaktionen in der Gesellschaft" auf der folgenden Seite ersichtlich ist, erleben durchschnittlich 90% der Personen, welche diesen Fragebogenteil bewertet haben die angeführten Reaktionen in der Gesellschaft. Insgesamt knapp 97% haben zum Beispiel „freundliches Verhalten" entgegengebracht bekommen. „Konkrete Hilfestellungen" werden überwiegend als „sehr positiv", „freundliches Verhalten" als meist als „sehr positiv empfunden" bzw. „als positiv empfunden" bewertet. Auch „gezeigtes Interesse", „Zulächeln" und „Ermunterung" werden als positive Reaktionen angesehen. Wenn Mitmenschen ihre Hilfe anbieten, so wird das von „als sehr positiv empfunden" bis auf jeden Fall „als angenehm empfunden" bewertet. Das Zugesprochen-bekommen von Mut sieht eine Mutter als „als nicht angebracht empfunden" an, wobei die restlichen Mütter und Väter es überwiegend „als angenehm empfunden" und „als positiv empfunden" bewerten.

Abbildung zur Bewertung der positiven Reaktionen in der Gesellschaft:

Variablen	A. N.	0	1	2	3	4	5	6
39, konkrete Hilfestellung	29 90,6%	19	6	4			-	-
41, gezeigtes Interesse	30 93,8%	10	13	5	2		-	-
45, Zulächeln	30 93,8%	9	15	4	2		-	-
46, Ermunterung	29 90,6%	7	17	4	1		-	-
49, freundliches Verhalten	31 96,9%	10	10	7	4		-	-
50, zusprechen von Mut	24 75%	3	11	9		1 (von 24!) ca. 4%	-	-
51, Anbieten von Hilfe	30 93,8%	9	10	10	1		-	-

Erklärung:

- A. N.: Anzahl der Nennungen bei 32 Fragebögen - 4 - als nicht angebracht empfunden
- 0 - als sehr positiv empfunden   - 5 - als negativ empfunden
- 1 - als positiv empfunden   - 6 - als sehr verletzend empfunden
- 2 - als angenehm empfunden
- 3 – als normal empfunden

Eine Übersicht aller quantitativ erfasster Forschungsergebnisse liegt in 5.3 vor.

Dass also auch positive Erfahrungen in der Gesellschaft gemacht werden, was diese Auswertung deutlich darlegt, wird im nächsten Abschnitt „Beispiele für positive Erfahrungen in der Gesellschaft" (5.2.4.3) durch Auszüge aus Interviews verdeutlicht werden.

5.2.4.3 Beispiele für positive Erfahrungen in der Gesellschaft

Wie beschrieben darf man die dargestellten Vorkommnisse und negativen Erlebnisse in der Gesellschaft nicht als ein, einer Familie bzw. einem Kind tagtäglich und immer widerfahrendes Phänomen verstehen. Selbst wenn Eltern eine sehr negative Erfahrung im Interview erzählt haben, haben sie bis auch von positiven Geschehnissen berichtet.

So erzählen die Eltern zum Beispiel Folgendes:

„ ... ich muss sagen, wenn ich irgendwo bin, ich kriege überall geholfen. Ich kann echt nichts sagen" (Interview 4).

„Zu dem Negativen eh, kann ich eigentlich wenig sagen, muss ich ganz ehrlich sagen. *Das ist schön.* Aber ich hab mir gedacht, man sollt auch mal so etwas sagen, ich denk es muss nicht immer nur negativ sein ...“ (Interview 4).

Die Eltern einer schwerstbehinderten Tochter teilen mir im Gespräch mit, dass sie eigentlich gar nicht teilnehmen wollten, da sie nur positive Erfahrungen mit und durch ihre behinderte Tochter machen.

„WIR DACHTEN, WIR SOLLTEN NICHT ZU DIESEM INTERVIEW MIT IHNEN SICH EINEN MACHEN, WEIL WIR HABEN NICHT SO VIEL ZU SAGEN. ... FAST ALLE ZEIGEN SYMPATHIE. DAS IST DAS SCHÖNE. UND FAST JEDER SO IST, DAS IST IN GUTER ... .

Da die Leute wollten für uns Geld sammeln in der Kirche oder so was (lacht). Wir wußten nicht, wie ein Geschenk uns machen, also Geschenke ... geschenkt. Und das war so ganz spontan, auch – ZUM BEISPIEL IN ÖSTERREICH, WO WIR ÖFTER ZUM SKIFAHREN IM WINTER SIND, IST EIN SKILIFT ... UND BEI SKILIFT DER MANN, PAS-SIERTE BEIM LETZTEN MAL, DER HAT BEMERKT, ICH BIN DER VATER VON BEHINDERTER TOCHTER. KEINE BEZAHLUNG. UND DAS IST AUCH EIN AUSDRUCK GROSSER SYMPATHIE. WIR SIND EINIGERMASSEN PRIVILEGIERT VIELEN SITUATIO-NEN“ (Interview 18).

Auch die weiteren Auszüge belegen positive Reaktionen in der Gesellschaft:

„Der wird eigentlich immer zuvorkommend behandelt. Selbst wenn ich den Rollstuhl aus dem Auto heraushole ... und dann kommt schon einer gesprungen und hilft mir, weil es ja doch ein bisschen umständlich ist“ (Interview 2).

„ ... wir haben drei ganz liebe Nachbarn dahinter, auch in unserem Alter, aber die eine ist ganz spontan auf mich zugekommen und hat gesagt, du hör mal ich sag dir gleich, ich hab keine Erfahrungen mit behinderten Kindern, aber ich hab damit keine Probleme und der Michael soll halt sa-gen, wenn ich ihn verkehrt anfasse oder sag Du mir des oder so und die anderen zwei haben das auch so gehandhabt und von dort an hatten wir keine Probleme mehr“ (Interview 3).

„ ... wir waren jetzt auf Hochzeit, am Freitag, bei Freunden von uns – *mhmmm* – die wissen, dass ich nicht länger als bis acht oder neun bleiben kann, weil er dann einfach nicht er im Rollstuhl sitzen kann. Da ist des, da gibt's keine Diskussion" (Interview 3).

„... von Erwachsenen ... eigentlich immer hilfsbereit und zuvorkommend. Eher ein bisschen ängstlich dann, nichts falsch zu machen. Sind die meisten eigentlich" (Interview 14).

„Wir haben bis jetzt überwiegend positive Erfahrungen gemacht in der Bevölkerung. Vor allem hier in H. sind wir sehr gut angenommen ... und erfahren eigentlich nur Hilfsbereitschaft" (Interview 16).

„...wobei ich sagen muss, dass wir im Grunde selber keine schlechten Erfahrungen machen. Ich erlebe eher Menschen um mich herum, die hilfsbereit sind. Die einem eher anbieten, ob sie halt da und dort helfen können" (Interview 17).

„Des klappt gut, sowohl mit Jugendlichen und mit Erwachsenen. ..... . Ich meine, sie werden nicht unmittelbar auf ihn zugehen, weil sie ja nicht wissen, was sie mit ihm machen sollen, und wieweit er des weiß, aber da hab ich noch nie irgendwas erlebt, daß da was böses kam" (Interview 23).

„Im Großen und Ganzen so noch nicht, weil die Jeaunine ist eigentlich ein Kind, die geht auf die Leute dann mehr oder weniger zu, ... die nimmt dann immer gleich den Wind aus den Segeln, dass die eigentlich überall akzeptiert wird, jetzt, eh, wo wir halt hinkommen" (Interview 24).

„... also im Dorf, da wird er überall mit hin genommen. Da haben wir ihn überall dabei und da kennen ihn auch die meisten Leute" (Interview 10).

Diese Mutter erklärt zu Beginn des Interviews, dass sie noch keine Diskriminierung erlebt hat. Im Laufe des Interviews fällt ihr jedoch ein Vorfall mit dem Regelkindergarten ein, aus dem ihr Sohn verwiesen wurde.

„Der S. ist eigentlich immer überall wo er war, im Lokal, ist er eigentlich immer ohne Probleme angenommen worden. Wir haben noch nie da Gewalt erlebt, oder Diskriminierung" (Interview 2).

5.2.4.4 „Umgang" mit dem behinderten Kind zu 73% als positiv empfunden

„Wenn sie das nun noch einmal Revue passieren lassen. Wird die Art und Weise, wie nichtbehinderte Menschen mit ihrem Kind „umgehen", von ihnen als sehr positiv oder doch eher als verletzend empfunden?"

Nachdem ich den Eltern im Laufe des Interview schon einmal die Frage gestellt hatte, wie sich Mitmenschen ihnen und ihren Kindern gegenüber aufgrund der Behinderung ihrer Kinder verhalten (vgl. 5.2.4.1), wurde den Eltern kurze Zeit später der, in Auszügen beschriebene Fragenkatalog vorgelegt (vgl. 5.2.4.2). Die übrigen Ergebnisse hierzu befinden sich in der Darstellung der Ergebnisse der quantitativen Forschung (vgl. 5.3).

Im Anschluss an die Fragebögen wurde dann die zu Beginn erwähnte Frage, in Form einer den Eltern abverlangten resümierenden Stellungnahme zum „Umgang im Großen und Ganzen", gestellt. Die Antworten liegen in Kategorien eingeteilt vor.

➢ **Folgende Kategorien konnten gebildet werden:**

1. Kategorie: **„Normaler" bis „sehr positiver" Umgang
   mit dem behinderten Kind** (gesamt 73, 1% aller Interviews)   19 Nennungen

   Unterkategorien:

   - Umgang insgesamt als „sehr positiv" bzw. „positiv" empfunden (30,8%)   8 Nennungen

   - Umgang als „angenehm" bzw. als „normal" empfunden (26,9%)   7 Nennungen

   - Umgang „eigentlich als positiv" empfunden. (15,4%).   4 Nennungen

2. Kategorie: **„Teilweise positiver" Umgang** (gesamt 11,5% aller Interviews) 3 Nennungen

3. Kategorie: **„Negativer" Umgang** (gesamt 15,4% aller Interviews)   4 Nennungen

Es wird deutlich, dass die meisten Interviewpartner den Umgang mit ihrem behinderten Kind als normal bzw. positiv empfinden und zwar bei 19 von 26 Interviews (73,1%).

➢ **Auszüge der „Resümee-Antworten" in gekürzter Form**

1. Kategorie: **„Normaler" bis „sehr positiver" Umgang**

   - Der Umgang wird insgesamt **„sehr positiv"** bzw. **„positiv"** empfunden, wobei manche Gesprächspartner hierzu auch Erklärungen abgeben.

   „Positiv. *Schön*. Schon positiv" (Interview 3).

   „Sehr positiv" (Interview 4).

„Ganz positiv" (Interview 11).

„Sehr positiv. *Sehr positiv. Ja, das ist das ja auch, was sie vorhin erzählt haben mit den Nachbarn* – ja, und ich muss aber sagen, dass das wahrscheinlich auch an der Region liegt, wo wir wohnen. In der Großstadt kann das ganz anders aussehen" (Interview 15).

„Also wie gesagt, ich würde es positiv sehen. Ich denk auch, so wie es mir auch selber geht, dass man manchmal von dem Anderssein auch manchmal nicht mit fliegenden Fahnen drauf zu geht, das muss man halt jedem zugestehen. ... Ich muss sagen, es war auch für mich selber ein Lernprogramm" (Interview 17).

„POSITIV!" (Interview 18)

„Positiv" (Interview 19).

„Wie die Menschen mit Nici umgehen? Positiv, sehr positiv" (Interview 27).

- Der Umgang wird als „**angenehm**" bzw. als „**normal**" empfunden.

„....gerade diese Übergriffe, die so stattfinden, oder solche negativen Erfahrungen, die mein Sohn oder ich in der Beziehung gemacht haben, sind ja wirklich die Ausnahme. Gott sei Dank. .... Es ist eigentlich wirklich, was heißt als positiv empfunden, ich würde jetzt hinschreiben, angenehm empfunden. ... Da die Leute ja auch manchmal verunsichert sind, aber sie gehen immer noch angenehm mit ihm um" (Interview 1).

„Als normal empfunden, weil es hier oben normal ist und weil wir, es ist einfach so" (Interview 6).

Im Interview 13 wurde diese Frage nicht direkt gestellt, da es sich im Interviewverlauf nicht anbot. Dennoch kann man aus den Aussagen der Mutter und ihres Lebensgefährten schließen, dass es im Großen und Ganzen positiv bzw. normal ist, wie Mitmenschen mit dem behinderten Kind umgehen. Mit Hilfe der Ergebnisse der quantitativen Forschung ist das sicherlich noch einmal zu bestärken. Das selbe trifft für Interview 16 zu.

„Nein, ich würde es nicht als verletzend, also das, was ich erzählt habe sind wirklich dann halt Erlebnisse, aber so im Großen und Ganzen..." (Interview 22).

„POSITIV, NORMAL. ALSO DIE MEISTEN NEHMEN SIE SO WIE SIE IST. ALSO SIE IST JA AUCH VON IHRER ART SEHR NETT" (Interview 24).

„Es hält sich die Waage. Ich hab bis jetzt eigentlich hauptsächlich nur Positives erlebt, bis auf ein paar kleine Sachen. *Also ist es dann so, dass ... die einzelnen negativen Sachen sind so gravierend, dass man letztendlich sagen muss, es hält sich die Waage?* Eh, nein, eigentlich nicht. Nein, würde ich eigentlich nicht sagen. Also ich denke, das Positive überwiegt mehr, doch, auf jeden Fall, doch, ja" (Interview 26)

- Der Umgang wird „**eigentlich als positiv**" empfunden.

„Eigentlich als positiv. *Gut.* Menschen sind halt oft unsicher, sind ängstlich, ich denk es entwickelt sich da oft ein Gespräch, wo die Leute dann was mitnehmen für sich selbst" (Interview 14).

„Ich denk, es ist halt immer schwierig, weil es unseren Kindern nicht anzusehen ist. Ich mein, in dem Moment ist es schwer. Allerdings gibt es Situationen, wo auch ganz Fremde relativ gelassen mit umgehen, weil sie es dann doch schnell merken..... *Also ist es im Großen und Ganzen eigentlich schon so, dass selbst mit Personen, die sie und die ihre Kinder vorher nicht kennen, dass es da eigentlich positiv ist.* Ja, doch" (Interview 20).

„Also im Großen und Ganzen eigentlich positiv. Also verletzend wäre Quatsch. Weil es kommen ab und zu Hämmer, aber das ganz Große ist eh ..., also muss ich schon sagen" (Interview 21).

„Also im Großen und Ganzen ist es in unserem Umfeld eigentlich positiv" (Interview 23).

2. Kategorie: „**Teilweise positiver**" Umgang

„Teilweise positiv, aber teilweise sehr verletzend" (Interview 8).

Eltern unterscheiden den Umgang von Erwachsenen im Gegensatz zu Kindern und Jugendlichen ihren Kindern gegenüber.

„Da muss man unterscheiden zwischen Erwachsenen und Kindern.

Also erwachsene Menschen, das wird also von mir als sehr positiv empfunden. Weil erwachsene Menschen, die gehen also unheimlich auf den

Sven ein, und mit denen versteht er sich auch sehr gut. .... Ältere Erwachsene, Männer und Frauen, ...

Eh, ja eh, jüngere, jüngere Menschen, die gehen halt dem Sven aus dem Weg, da sie mit dem Sven einfach nichts anfangen können" (Interview 2).

„Also hier in T. eigentlich die Erwachsenen schon o.k.. ... *mit den Jugendlichen* ... Ja, teils teils" (Interview 12).

3. Kategorie: **„Negativer" Umgang**

Bedingt durch diskriminierende Äußerungen und Unverständnis durch nicht-behinderte Menschen empfinden es manche Eltern jedoch als „negativ", wie sich die Gesellschaft im Großen und Ganzen behinderten Menschen gegenüber verhält und wie sie mit ihnen umgeht. Auch hier sprechen die Interviewpartner teilweise auch Gründe für ihre Meinung an.

„Doch eher als verletzend irgendwie, weil eigentlich keiner danach fragt, warum und weshalb, sondern einfach nur einem aus dem Weg geht. *Und dann auch durch den fehlenden Kontakt?* Ja" (Interview 5).

„Schon irgendwie negativ" (Interview 7).

„ALSO MANCHMAL ALS VERLETZEND, POSITIV KANN ICH NICHT SAGEN. *Also im Großen und Ganzen auf jeden Fall nicht positiv.* NICHT POSITIV! ALSO SO, NICHT POSITIV, AUF KEINEN FALL. .... DA DENKT KEIN MENSCH AN DIE BESCHWERDEN .... UND DAS FIND ICH ALSO SCHON ALS VERLETZEND" (Interview 9).

„Das ist schon verletzend, es ist auch trotzdem verletzend, weil es mein Kind ist. ... Und im Großen und Ganzen, ganz allgemein? Nein, da denk ich halt, die Leute wissen es nicht besser, jeder denkt nur an sich" (Interview 10).

5.2.5 Exkurs: Zum Abbau gesellschaftlicher Barrieren – Gegenüberstellung einer Untersuchung von Fries zu der von mir durchgeführten Untersuchung

5.2.5.1 Fragestellung

„Was können allgemein nichtbehinderte und auch behinderte Menschen, sowie Sie als Eltern eines behinderten Kindes tun, um Vorurteile, Spannungen und Diskriminierung bis hin zu Gewalt zwischen nichtbehinderten Menschen und behinderten zu vermeiden, zu reduzieren, zu verändern oder zum Positiven hin zu wenden?"

Diese Frage wurde in meinen Interviewleitfaden in Anlehnung an eine Untersuchung von Fries (1999) aufgenommen. In dieser Untersuchung („Zum Abbau gesellschaftlicher Barrieren: Aussagen behinderter Menschen") befragte Fries die Betroffene selbst, also Menschen mit einer Körperbehinderung.

Seine Fragestellung lautete wie folgt:

*„Was können **behinderte Menschen** Ihrer Meinung nach tun, um Spannungen und Diskriminierungen zwischen nichtbehinderten Menschen und Menschen mit sichtbaren Einschränkungen (Körperbehinderungen) zu vermeiden?" (Fries in: Behindertenpädagogik in Bayern, 42. Jahrgang, 3/99, S. 188).*

Zu beachten ist, dass bei der Untersuchung von Fries 75 **körperbehinderte Menschen** (zu dieser Frage 59), im Gegensatz dazu bei meiner Untersuchung 27 **Mütter und/oder Väter körperbehinderter Kinder** (bei dieser Frage 25) befragt wurden.

Fries weist bei der Darstellung der Ergebnisse darauf hin, dass *„auch Mehrfachnennungen möglich waren" (ebd., S. 188).*

5.2.5.2 Die Ergebnisse der Untersuchung von Fries

Fries teilt die Antworten der befragten Personen folgenden Kategorien zu:

1. Kategorie: **Kontaktaufnahme** (gesamt 59,3% aller Antworten) **35 Nennungen**

    Unterkategorien:

    - Auf Nichtbehinderte zugehen (32,2%) 19 Nennungen
    - In die Öffentlichkeit gehen (18,6%) 11 Nennungen
    - Kontakt allgemein (8,5%) 5 Nennungen

2. Kategorie: **Aufklären, Informieren** (30,5%)   **18 Nennungen**

3. Kategorie: **Sich wehren** (6,8 %)   **4 Nennungen**

4. Kategorie: **Geduld, Verständnis haben** (5,1%)   **3 Nennungen**

5. Kategorie: **Sich der Gesellschaft anpassen** (5,1%)   **3 Nennungen**

6. Kategorie: **Kann man nicht tun** (3,4%)   **2 Nennungen**

7. Kategorie: **Sonstige Antworten** (3,4%)   **2 Nennungen**

(vgl. Fries in „Behindertenpädagogik in Bayern", 42. Jahrgang, 3/99; S. 188).

Es wird deutlich, dass die Interviewpartner

> *„in fast 60% aller Antworten 'Kontaktaufnahme' als Weg zur Beseitigung möglicher Probleme zwischen behinderten und nichtbehinderten Menschen (unter verschiedensten Aspekten) einräumten" (ebd., S 188).*

In 30,5% wird Informieren als Möglichkeit genannt.

5.2.5.3 Die Ergebnisse meiner Untersuchung sowie eine Gegenüberstellung zu der Untersuchung von Fries

Nun werde ich die unterschiedlichen Kategorien aufzeigen, welche sich bei den von mir durchgeführten problemzentrierten Interviews ergaben.

Im Anschluss an die Kategorien und die Gegenüberstellung befinden sich die Auszüge aus Interviews zur gestellten Frage.

Es liegen insgesamt 25 Aussagen vor, „wobei auch Mehrfachnennungen möglich waren" (ebd., 188).

Auf den folgenden Seiten werden nun die unterschiedlichen Kategorien dargestellt, eine Gegenüberstellung zu bzw. ein Vergleich mit der Untersuchung von Fries unternommen sowie eine Kurzzusammenfassung angeführt.

Ausführliche Auszüge aus den Antworten zu der gestellten Frage und weitere mögliche Maßnahmen gegen Diskriminierung und um Spannungen abzubauen bilden den Abschluss dieses Exkurses.

➢ **Kategorisierung der Antworten nach in diesen angesprochenen Themenbereichen:**

1. Kategorie: **Kontaktaufnahme** (gesamt 70% aller Antworten)   **35 Nennungen**

   Unterkategorien:

   - Kontakt allgemein (z.B. auch Miteinander) (20%)   10 Nennungen

   - In die Öffentlichkeit gehen, bzw. sich nicht zurückziehen (18%)   9 Nennungen

- Kontakt schon bei Kindern (Erziehung nichtbehinderter Kinder, integrative Kindergärten bzw. Integration als Chance) (16%)   8 Nennungen

- Vermehrter Aufwand für die Eltern (➜ Kontakt) (6%)   3 Nennungen

- Gespräch mit Nichtbehinderten suchen (6%)   2 Nennungen

- Gespräch mit Behinderten suchen (2%)   1 Nennung

- Auf behinderte Menschen zugehen (2%)   1 Nennung

- Direkte Beschäftigung (2%)   1 Nennung

2. Kategorie: **Aufklären, Informieren** (gesamt 22% aller Antworten)   **11 Nennungen**

Unterkategorien:

- Aufklären und Informieren (20%)   10 Nennungen

- Ängste abbauen (2%)   1 Nennung

3. Kategorie: **Möglichkeiten für nichtbehinderte Menschen, welche mit Behinderung „nichts zu tun" haben** (gesamt 4% aller Antworten)   **2 Nennungen**

Unterkategorien:

- Sich informieren (2%)   1 Nennung

- Akzeptanz üben (2%)   1 Nennung

4. Kategorie : **Versuchen, negative Erfahrungen wegzustecken** (2%)   **1 Nennung**

5. Kategorie: **Einander achten** (2%)   **1 Nennung**

➢ **Gegenüberstellung bzw. Vergleich zu der von Fries durchgeführten Untersuchung**

Was bei der Übersicht der Ergebnisse meiner Untersuchung im Vergleich zu der Übersicht der Ergebnisse von Fries auffällt, ist, dass die beiden ersten Kategorien, „**Kontaktaufnahme**" und „**Aufklären, Informieren**", auch nach Meinung der Eltern körperbehinderter Kinder die beiden Grundpfeiler darstellen, um Spannungen zwischen behinderten und nichtbehinderten Menschen abzubauen. Dies hatte sich ja schon bei der Untersuchung von Fries herausgestellt. Es ist sogar so, dass die Nennungen dieser beiden ersten Kategorien fast prozentual übereinstimmen, was folgende Tabelle zeigt.

	Untersuchung Fries bei körperbehinderten Menschen	Untersuchung Grieb bei Eltern körperbehinderter Kinder
1. Kategorie: **Kontaktaufnahme**	59,3% aller Antworten	70% aller Antworten
2. Kategorie: Aufklärung und Information	30,5% aller Antworten	22% aller Antworten
Summe 1. und 2. Kategorie	**90,8% aller Antworten**	**92% aller Antworten**

Dennoch können Unterschiede bei den Unterkategorien festgestellt werden.

Die Eltern körperbehinderter Kinder betonen in der 1. Kategorie vor allem den „Kontakt allgemein" und das „in die Öffentlichkeit gehen" und nennen zudem noch den Gesichtspunkt „Kontakt schon bei Kindern" (Erziehung nichtbehinderter Kinder, integrative Kindergärten bzw. Integration als Chance) anzubahnen, um Einstellungen nichtbehinderter Menschen schon frühzeitig zum Positiven in Bezug auf Menschen mit Behinderungen zu führen.

Hier kann auf die Kontakthypothese verwiesen werden, wonach nicht jeder Kontakt zu positiven Einstellungen führt und nicht jeder, der schon Kontakt hat, positive Einstellungen gegenüber Menschen mit Behinderungen besitzt.

„Zwischen Kontakt mit behinderten Menschen und den Einstellungen gegenüber Behinderten existiert eine Kausalbeziehung. Fraglich ist allerdings, ob Kontakt in dem Maße zu einer positiveren Haltung gegenüber Behinderten führen kann, wie dies oft erwartet wird. Kontakt kann nämlich unter Umständen sogar negative Auswirkungen haben" (Cloerkes 1997, S. 126).

Die Aussage einer Mutter will ich an dieser Stelle anführen, da sie dies sehr treffend formuliert:

„Denken sie dann, dass dann auch nach dem Schritt der Aufklärung der Kontakt was Positives hätte?

Nicht unbedingt. Es kann sein, dass der Mensch dann auch einsieht, was da ist und was nicht, ne, und seine Meinung da ändert und es kann auch sein das Gegenteil" (Interview 11).

➢ **Kurz-Zusammenfassung von 5.2.5.3**

Als Ergebnis dieser Auswertung kann man festhalten, dass „Kontakt" und das „Informieren" bzw. „Aufklären" nach Meinung von Eltern körperbehinderter Kinder als die wichtigsten Möglichkeiten angesehen werden, um negative Einstellungen zu vermeiden, Spannungen abzubauen und Vorurteilen entgegenzuwirken.

Zu diesen Erkenntnissen kommen die Eltern vor allem aus dem täglichen Leben mit dem behinderten Kind.

➢ **Ausführliche Auszüge aus den Antworten zu der gestellten Frage:**

„Nichtbehinderte tun erst immer dann irgendwann was, wenn er in irgendeiner Art davon betroffen ist. Sei es als Nachbar, sei es beruflich, im Bekanntenkreis, oder familiär. Vorher nicht. Das sag ich ihnen, weil es bei mir so war. ... Also die Alltäglichkeit nehmen die Menschen sehr gefangen. Ein gesunder Egoismus ist schon richtig, aber der Egoismus heute ist ja schon auch ein bisschen übertrieben .... Die Leute, die jetzt irgendwie mit Behinderten auf welche Weise auch immer in Kontakt geraten, die beschäftigen sich wahrscheinlich schon eher damit. ... Immer! Ich denke mir, dass sobald jemand in irgendeiner Art und Weise mit Behinderten zu tun hat, der, ehm, sieht den Behinderten ganz anders. .... sondern, ab da wo er sich einmal damit beschäftigen muss, weiss er, aha, das ist ein Mensch! ... direkte Beschäftigung. Oder Nachbarn, so wie hier, unsere Nachbarn. ...Von da passiert schon etwas. Immer von da passiert etwas." (Interview 1).

„Ich denk mir das einzige, was man tun kann, dass man viel Kontakt ... aufrecht erhält und dass so die Ängste ... abgebaut wird. Aber wenn halt einer nicht will ... . Aber an die jungen glaub ich mal ist schwer dranzukommen" (Interview 2).

„DAS IST GANZ EINFACH. IN DEN KINDERGARTEN ... WENN ABER DIE KINDER ALLE IN SO EIN HEUCHELHOF ZUSAMMENGEKARRT WERDEN UND KEIN ANDERER HAT EBEN DIESE BERÜHRUNG ... KINDER UNTEREINDANDER ... HABEN KEINERLEI

PROBLEME MITEINANDER GEHABT, ... DIESER KONTAKT... –
*Also das ist schon ein Punkt, dass so ein Kontakt, wenn man den evtl. ab
Kindheit, im Kindergarten anfangen würde –* WENN ALLE KINDER,
EH, DIESEN KONTAKT HÄTTEN, ALSO IN JEDER KLASSE SO EIN
BEHINDERTES KIND WÄR, DANN HÄTTEN DIE KEINE PROB-
LEME DAMIT – das stimmt –, WEIL DIE DAS VON KIND AUF
NICHT ANDERS GELERNT HABEN... UND EIN KIND LERNT
HALT VIEL BESSER, ALS WENN DU ERST ALS ERWACHSENER
IRGENDETWAS LERNEN MUSST. UND WENN DU ALS KIND
LERNST, MIT DEM BEHINDERTEN KIND UMZUGEHEN, DANN
KANNSTE DAS IMMER. .... Ne, das stimmt schon so wie er es sagt."
(Interview 3).

„.... einfach, positiv dem Ganzen gegenüberstehen. Man muss sich halt
auch der Menschheit stellen, also man muss in die Öffentlichkeit gehen
und darf sich nicht zurückziehen. Das würde ich als das Wichtigste finden.

*Also ist dann auch wieder der Kontakt, wie vorhin, wie es im Kinder-
garten war,–* ja, der Kontakt ist wichtig ..... ich denke das Zurückziehen
ist das schlechteste was man machen kann, denn ich glaub, da wird man
noch empfindlicher für Blicke und für Worte " (Interview 4).

„Ja, einfach das Gespräch mit Eltern suchen" *(Also sie sprechen jetzt für
Nichtbehinderte)* „die halt irgendwo ein behindertes Kind halt haben. Also irgendwie da mal sich Informationen zu holen, bevor man irgendwie
welche Urteile fällt. Ja, genau, um dann die Vorurteile, die sie haben, abzubauen. Weil es gibt ja so viele Vorurteile, die eigentlich vielleicht nicht
wären, wenn man ein bisschen Informationen über das Ganze hätte. *Also
wäre Information das, was sie denken, dass in die Richtung hinarbeiten
könnte, einfach –* ja, das verbessern könnte – *einen besseren Umgang
schaffen könnte"* (Interview 5).

„Die Caro war also in einem integrativen Kindergarten in Darmstadt und
überhaupt behindertengerecht eingerichtet. Das war eine Studentenge-
meinschaft. Klasse! Und ich hab halt dann die Kinder eingeladen. Und
dann über Liebe zu mir, weil ich denen halt dann Märchen erzählt habe,
ist dann auch die Vertrautheit und die Zuneigung zur Caro gewachsen. Es
geht nur so. Also es ist immer ein vermehrter Aufwand von den Eltern

nötig. ... die Caro sitzt hier oder fährt draußen spazieren, ein jeder sieht sie und was halt auch einfach immer da ist, ist vertraut und somit auch akzeptiert" (Interview 6).

„Auf die zugehen – *auf den Behinderten zugehen* – auf den Behinderten zugehen, was mit denen unternehmen, ... *Und umgekehrt, was könnten Behinderte tun?* Ja, vielleicht offen über Behinderung reden..." (Interview 7).

„Aufklärungsarbeit. Miteinander von Behinderten und Nichtbehinderten. ... Gemeinsame Aktivitäten. .... vielmehr Kontakte ... und Akzeptanz vor allen Dingen bei den Nichtbehinderten. Die Andersartigkeit wirkt einfach erschreckend auf einen Gesunden. Macht hilflos. Und dass gehört abgebaut" (Interview 8).

„JA, DASS MAN EINANDER ACHTET, SO WIE ES SICH EIGENTLICH FÜR MENSCHEN GEHÖRT...... DASS MAN AUCH MEHR AUF EINANDER ZUGEHT, JA" (Interview 9).

„... wir reden auch darüber ... ich erzähl auch von der Schule und ich erzähl von seinen Festen. ... ich hab jetzt auch, ich bin im Kreis mit dieser Agenda, da hab ich halt den Vorschlag gemacht, Behinderte mehr zu integrieren in unserem Dorf. ... Kindergartenkinder oder Schulkinder da einfach mal ins Zentrum gehen und das dann anschauen oder einmal ein Feste besuchen oder Kinder einladen. .... Aber ich denk mir, dass ich in der Beziehung einfach auch Arbeit leiste... " (Interview 10).

„Einfach nur die Leute aufklären, wenn sie aufgeklärt werden wollen. ... wenn ... die einen angreifen jetzt verbal oder auch handgreiflich werden, da muss man schon dazwischen gehen.... weil wenn man einen nicht aufklärt, kann es derjenige auch nicht wissen. ... Ich kann ja mit einem Reden wie viel man will, man kann ihm ja erklären und alles mögliche. ... *Denken sie dann, dass dann auch nach dem Schritt der Aufklärung der Kontakt was positives hätte*? Nicht unbedingt. Es kann sein, dass der Mensch dann auch einsieht, was da ist und was nicht, ne, und seine Meinung da ändert und es kann auch sein das Gegenteil..." (Interview 11).

„Dass man sich nicht versteckt. *Dass man einfach raus geht, den Kontakt sucht* – ja, GANZ GENAU. Dass es etwas ganz normales ist,.. . Dass man jetzt nicht nur mit so behinderte Gruppen irgendwo unterwegs ist, sondern einfach ganz normal sich unter das Volk mischt.." (Interview 13).

„... das Kind erst mal überall mit hin zu nehmen. .. Es gehört zur Familie und es wird auch in die Öffentlichkeit rein gebracht ... (Restaurant, ...) ... . Das es da natürlich auch Reibungspunkte gibt, und die Leute auseinander setzen. ... . Oder im Urlaub auch mitnehmen.

.... Auseinandersetzung, das Gespräch suchen. ... Und dann Informationen geben, auf jeden Fall ..." (Interview 14).

„Aufklärung und mehr Miteinander ..., dass es halt Anders- sein gibt und wenn man das aber weiß und woher das kommt, und dass das auch ein Mensch dahinter steht, der ein Individuum ist, da kann man das bis zu einem gewissen Punkt schon lernen. Es hat viel mit Erziehung zu tun. *Also Erziehung und Aufklärung auf jeden Fall.* Find ich, ja" (Interview 15).

„...darüber reden. ... oft Kinder die einfach unbefangen fragen. Und die haben es eigentlich einfacher die Kinder, drum find ich also ist wichtig, dass Kinder mit Behinderten in Kontakt kommen. *Also der Kontakt ist wichtig.* Es ist ganz schön, diese Behinderteneinrichtungen, aber der Kontakt zu Nichtbehinderten geht dabei doch ... – *was mir persönlich sehr gut gefällt. .... eine Werkstatt, die für sowohl als auch. ... im gleichen Gebäude Behinderte und Nichtbehinderte ...* " (Interview 16).

„... Angebote auf der einen Seite, Angebote auf der anderen Seite, und das liegt halt an uns, ob wir sie wahrnehmen. ... nur so kann man auch immer wieder ein Stück den anderen miterleben. ... aufeinander zugehen. .... und nicht so tausend 'Abers' anzuführen. Warum es nicht geht" (Interview 17).

„ISOLATION VON BEHINDERTEN PERSONEN IST SCHLECHTE SACHE; UND GEMEINSAMES LEBEN IST EINE GUTE LÖSUNG FÜR GESELLSCHAFT, NICHT NUR FÜR BEHINDERTE PERSONEN" (Interview 18).

„Einfach raus gehen, an die Öffentlichkeit gehen und die Leute wirklich auch, ja, ansprechen, wenn man das Gefühl hat, da möchte einer vielleicht einfach mal mit einem darüber reden. Offen sein, sich nicht verstecken, sich nicht einengen, das ist das Wichtigste. Raus und auch eben dann solche Sachen wie angeschaut werden oder auch mal eine dumme Bemerkung erfahren, versuchen weg zu stecken und zu sagen, das ist unsere Aufgabe im Grund genommen, die Betroffenen müssen schauen, dass die Einstellungen der anderen ein bisschen aufweichen. *Also ist es zum einen das Informieren, wenn sie eben auf die Leute zugehen und da sie auf die Leute zugehen auch das Kontakt suchen.* Ja" (Interview 19).

„Ich denk halt, dass man so ganz normal mit Behinderten das Leben gestaltet, dass man halt das so normal wie möglich halt macht. ... Kinder eigentlich über all mit hin nehmen ...." (Interview 20).

„Ich denk, einfach viel drüber reden, mit den Leuten. ... Informieren einfach, ja, ja, dass halt mehr Leute besser über die ganzen Sachen Bescheid wissen. *Mhmmm.* Wobei das halt ein Problem ist. Ich denk die Leute, die haben selber so viele anderen Interessen. Freizeit, Hobby, Beruf, dass sie sich um solche Sachen manchmal gar nicht kümmern können. ... schon in der Grundschule, das ein bisschen irgendwie mit einzubeziehen..." (Interview 21).

„Ich denk, es kommt schon auf die Eltern an, ... man sollte eigentlich immer sprechen mit den anderen, ... über Behinderung. *Und die dann informieren? Oder* – Ja, vielleicht dann manchmal so sagen, er verhält sich so und so, ..." (Interview 22).

„Sich füreinander vielmehr interessieren, vielleicht ein bißchen mehr drüber reden ... . Den anderen informieren, denk ich mal, ist ein großer Punkt, wir reden zu wenig drüber. ... vielleicht sollte man da als Nichtbehinderter seinen Kindern da schon einen gewissen Weg zeigen. ... Vor allem noch wenn man es in der unmittelbaren Gegend hat. *Dann auch der Kontakt im frühen Kindesalter, daß man dann* – denk ich, ist vielleicht nicht schlecht, ist sicherlich ganz gut,..." (Interview 23).

„Normalität rein bringen, ... agieren, wenn da irgendwelche, wie gesagt, Konfrontationen sind, sprich, sprich Reden oder irgendwie in dem Moment im Prinzip durch die Erziehung in unserem Fall dagegen reagieren. ... DAS PROBLEM IST HALT EINFACH, DASS DIE MENSCHEN VIEL ZU WENIG MIT BEHINDERTEN ZUSAMMENKOMMEN ALSO NORMALE MENSCHEN.

Also denken sie, es wäre einfach mehr Kontakt notwendig. JA, UND DANN WÜRDEN VIELE MENSCHEN BESTIMMT AUCH ANDERS UMGEHEN DAMIT ..." (Interview 24).

172

„Wenn man die gleich aufklärt, wo man kennenlernt, dann können die sagen, ja, o.k., wir wollen den Kontakt, oder bleiben Feind. Dann weiß man Bescheid.." (Interview 25).

„Informieren, also sich nicht zurückziehen, sondern in die Öffentlichkeit gehen und wenn Fragen gestellt werden oder auch, wenn keine gestellt werden, Informationen geben.

Mhmmm, und denken sie dann auch, dass durch des in die Öffentlichkeit gehen, der Kontakt sich auch positiv auswirken kann? ... Ja, weil, wie z. B. durch die Schulfest oder Zirkusveranstaltungen, alle mit den Geschwistern, von andern Schulen oder von der andern Schule, da nehme ich den Nicolas immer mit, und er hat seinen Kontakt mit den gesunden Kindern und das ist eigentlich nur positiv..." (Interview 27).

➢ **Weitere Maßnahmen gegen Diskriminierung und um Spannungen abzubauen, welche im Laufe des Interviews, nebst der speziellen Frage zu Möglichkeiten Spannungen abzubauen, genannt wurden**

In manchen Fällen ist der Weg über das Gericht sinnvoll!

„ ... vor ein paar Wochen ruft der Orthopäde an, er hat die Winterfusssäcke für alle Kinder neu bestellt, die es abgelehnt bekommen haben in der Zeit von September bis März, eh, sie sind jetzt mittlerweile wieder in den Hilfsmittelkatalog wieder mit hinein gekommen, weil es hat einer prozessiert. Also du musst prozessieren, dass du dein Recht bekommst. Und das muss ich ganz ehrlich sagen, den Weg hab ich bis jetzt immer noch vermieden. Ich hab mir gedacht, mein Gott, meine Nerven brauche ich echt für was anderes, wie jetzt da für einen Prozess ..." (Interview 4)

Als nichtbehinderter Mensch lernen, mit behinderten Personen umzugehen!

„Ich denke mir halt, das müssen sie einfach lernen. Wir denken immer, die müssen das lernen mit dem Martin umzugehen, sowie wir. Wir konnten es uns auch nicht aussuchen, wir mussten es auch lernen und da muss einfach die Gesellschaft auch lernen" (Interview 10).

„Und ich find, innerhalb der Familie ist es eigentlich schon, dadurch, dass sie so hinein geboren wurden, dass sie automatisch mit dazugehören, und die Gesellschaft muss einfach lernen, genauso diese Leute anzunehmen" (Interview 27).

Behinderung ist nicht ansteckend!

„Wenn die Leute das nicht akzeptieren können, oder sich schämen oder sich ekeln, das ist ja bei den meisten der Fall, wenn sie sagen, oh Gott, dann sag ich immer, er ist behindert, aber nicht ansteckend" (Interview 11).

Jeder Mensch ist fähig mit behinderten Menschen „normal" umzugehen, wenn er informiert wird, was auf ihn zukommt!

„Die Menschen können grundsätzlich, wenn sie darauf hingewiesen werden, oder wenn sie darauf vorbereitet werden, mit solchen Situationen umgehen" (Interview 15).

Nichtbehinderte Kinder auf ihre Beschützerrolle behinderten Kindern gegenüber aufmerksam machen!

„ ...und ich hab dann auch, es waren sehr viele Kinder außen rum und ich hab das damals mir zur Aufgabe gemacht, dass ich den Kinder dies erkläre; ... dass er das nicht kann und dass sie jetzt da praktisch auch ein bisschen Verantwortung haben ... und sie wären praktisch mehr oder weniger in der Beschützerrolle" (Interview 15).

Behindertes Leben ist genauso normal wie ein anderes Leben!

„Auf der anderen Seite denk ich, ist natürlich für mich behindertes Leben genauso normal wie ein anderes Leben und von daher denk ich, müssen es halt die anderen Menschen auch mit ertragen, wenn halt dann Behinderte da sind, dass sie dann auch neben ihnen auch leben (Interview 17).

Den Anstarrer einfach mal ansprechen!!

„ ... es gab früher Situationen, wo dann jemand da gestanden war, Kinnlade runter und dann wirklich so geguckt hat. Dann hab ich schon gesagt, wenn sie wissen wollen, was mit dem Kind los ist, dann können sie mich ruhig fragen. Und das war dann eher für den Anstarrer abschreckend. ... Ich bin der Meinung, man sollte dann ruhig die Leute ansprechen, wenn irgendjemand guckt" (Interview 19).

In einem anderen Interview bietet sich gerade hierzu ein gutes Beispiel:

„...in der Straßenbahn und da wurde er auch so von Leuten angestarrt, ne, und dann hat dieses Mädchen, was eigentlich mit ihm aufgewachsen ist und für die des ganz normal war, dann zu der einen Frau gesagt, ... guck nicht so blöd, hast noch nie ein behindertes Kind gesehen. So ganz öffentlich und laut und also des warn denn die Erwachsenen, die dann eben, denen fielen bald die Augen raus, und, aber des ist heute ja auch noch sehr oft so" (Interview 23).

5.3 Kurzer Einblick in die quantitativen Ergebnisse

Bei den quantitativen Ergebnissen der wissenschaftlich-empirischen Untersuchung handelt es sich um die Ergebnissse aus den, den Eltern körperbehinderter Kinder vorgelegten Fragebögen.

Insgesamt wurden, wie schon an anderer Stelle beschrieben (5.1 „Beschreibung der Stichprobe – ein Rückblick als Einblick"), 27 Interviews geführt, wobei jedoch insgesamt 33 Personen an diesen Interviews teilgenommen haben.

Es sei an dieser Stelle darauf hingewiesen, dass es sich bei den quantitativen Ergebnissen ab Interviewpersonnummer 28 (Variable 1) bis einschließlich 32 um die jeweiligen Männer der Ehepaare handelt, die an einem Interview zusammen teilgenommen hatten. Somit gehören die „Interviewpersonen" 3 und 28, 13 und 29, 18 und 30, 24 und 32 zusammen.

Bei Interviewpersonnummer 33 handelt es sich um die körperbehinderte Tochter der Gesprächspartnerin 16.

Auf Grund der ausführlichen „Kategorisierung und Analyse der Interviews mit Auszügen aus Fragebögen" (vgl. 5.2) werden auf den Seiten 176 bis 181 die mit Hilfe eines Computerprogrammes aufgelisteten quantitativen Ergebnisse dargestellt.

5.3.1 Kurzer Überblick

Variablen	Thema der Fragestellung
1 – 10	[I] Informationen über das Kind
11 – 35	[II]Was empfinden Sie, wenn Sie an erlebte Diskriminierung gegenüber ihrem Kind und an die Zeitungsmeldungen denken?
36 – 58	[III] Bitte kreuzen Sie an und bewerten sie die von Ihnen erlebten Reaktionen bis hin zu Diskriminierungen.
59 – 67	[III] Bitte kreuzen Sie an und bewerten sie die von Ihnen erlebten Reaktionen bis hin zu Diskriminierungen.
68 – 70	Keine Ergebnisse
71 – 75	[IV] Reaktion der Umwelt behinderten Menschen gegenüber und die soziale Akzeptanz
76 – 82	[V] Ursache für zwischenmenschliche Schwierigkeiten bis hin zu Gewalt zwischen Menschen mit Behinderungen und Menschen ohne Behinderungen
83 – 99	[VI] „Bewertung des Gesprächs durch den Befragten"

Auf den nächsten Seiten befinden sich neben den Ergebnistabellen der unterschiedlichen Gesichtspunkte – in der Horizontalen sind die Bewertungen einer Interviewperson angeführt, in der Vertikalen sind die 33 Interviewpersonen aufgelistet sowie die 99 Variablen – zusätzlich noch die entsprechenden „Variablenerklärungen", sowie die unterschiedlichen Bewertungsskalen dieser Variabelen.

Fett gedruckte „Variablenerklärungen" liegen ausgewertet in der Arbeit vor.

Quantitative Ergebnisse – „Auswertung" der Fragebögen

```
*DRUCK                                WinMEDAS  07.08.00 13:35:3   SEITE 1

Alle 33 Probanden

           1 2     3 4 5 6 7 8 9 10

    1    1  1 17.0 1 1 3 1 3 1   2
    2    2  1 19.5 1 1 2 1 1 2   2
    3    3  3 14.0 1 1 1 1 4 1   2
    4    4  1 13.5 2 1 3 1 1 2   2
    5    5  1 15.0 2 1 3 1 1 1   1
    6    6  1 17.0 2 1 3 1 1 1   1
    7    7  1 14.0 2 4 2 1 1 2   2
    8    8  1 17.0 2 1 1 1 4 2   2
    9    9  2 16.0 2 2 6 1 3 2   2
   10   10  1 16.0 1 1 3 1 2 2   2
   11   11  1 14.0 1 1 2 1 3 1   1
   12   12  1 16.0 2 2 3 1 3 2   2
   13   13  3 13.0 1 1 1 1 4 2   2
   14   14  1 12.0 1 1 2 1 1 2   2
   15   15  1 17.0 1 4 2 1 3 2   1
   16   16  4 20.0 2 1 4 1 3 1   2
   17   17  1 16.0 2 1 4 1 2 1   1
   18   18  3 15.0 2 1 4 1 1 1   1
   19   19  1 18.0 2 1 2 1 1 2   2
   20   20  3 16.0 1 4 2 2 - 1   2
   21   21  1 17.0 2 1 2 1 3 1   1
   22   22  1 15.0 1 3 2 2 3 2   2
   23   23  1 20.0 1 1 1 1 4 2   2
   24   24  3 14.0 2 2 1 1 4 2   2
   25   25  1 18.0 2 2 3 1 1 2   2
   26   26  1 18.0 1 2 2 1 3 1   2
   27   27  1 13.0 1 1 6 1 2 2   2
   28   28  5      - - - - - -   -
   29   29  5      - - - - - -   -
   30   30  5      - - - - - -   -
   31   31  5      - - - - - -   -
   32   32  5      - - - - - -   -
   33   33  4      - - - - - -   -
```

[I] Informationen über das Kind

1.) Interviewpersonnummer.

2.) Interviewperson: **1** nur Mutter; **2** nur Vater, **3** Eltern (Mütter) ; **4** Mutter mit Tochter ; **5** Eltern (Väter: 28 zu 3; 29 zu 13; 30 zu 18; 31 zu 20; 32 zu 24); **6** Ergebnisse Tochter (Tochter 33 zu 16)

3.) Alter des Kindes

4.) Geschlecht: 1 männlich   2 weiblich

5.) „Grund" der Behinderung: 1 seit Geburt   2 Unfall   3 Krankheit   4 nicht erkannt

6.) Anzahl der Kinder

7.) davon behinderte Kinder

8.) Stellung des behinderten Kindes in der Geschwisterreihe:
     1 ältestes   2 mittleres   3 jüngstes Kind   4 Einzelkind

9.) Wohnort: 1 Stadt   2 Land

10.) Besiedelungsdichte: 1 dicht   2 dünn besiedelt

*DRUCK   WinMEDAS   07.08.00 04:50:3   SEITE 1

Alle 33 Probanden

	11	12	13	14	15	16	17	18	19	20	21	22	23	24	25	26	27	28	29	30	31	32	33	34	35
1	6	5	3	6	0	6	5	2	1	0	0	0	5	1	0	5	3	-	3	1	0	0	5	1	2
2	5	5	3	3	0	6	6	3	1	0	0	1	5	1	0	3	5	-	5	1	1	1	2	6	5
3	6	6	2	6	0	6	6	2	0	0	0	0	6	0	0	6	0	2	6	0	0	0	0	6	0
4	5	6	5	5	0	6	6	6	-	0	1	6	3	0	0	0	3	-	6	1	4	0	3	3	0
5	5	5	6	6	0	5	6	5	2	2	0	1	5	1	0	5	5	5	5	1	1	0	3	5	3
6	3	2	1	3	0	3	6	6	1	0	3	0	6	0	0	6	3	-	5	3	0	3	3	0	0
7	4	5	5	5	1	5	5	5	2	3	3	3	4	3	1	4	5	3	5	2	5	2	2	5	2
8	6	5	2	4	0	6	6	5	3	0	1	6	6	5	5	5	1	-	5	0	5	0	1	6	6
9	3	5	5	6	1	5	4	1	5	2	1	1	5	1	3	2	3	5	1	1	2	1	2	4	5
10	5	5	3	6	1	3	4	3	5	5	3	2	5	0	1	6	5	6	5	0	5	0	4	5	6
11	0	0	3	2	0	6	6	5	6	0	1	0	6	0	0	6	5	3	6	0	0	0	6	0	0
12	4	5	4	6	1	6	5	5	0	1	1	1	5	1	1	5	5	5	5	2	3	0	1	5	5
13	0	6	5	5	1	6	6	4	2	1	1	5	5	3	1	5	2	2	5	0	2	0	0	4	5
14	2	0	1	3	1	3	2	1	5	1	1	3	2	1	1	5	3	5	6	2	1	1	6	3	2
15	5	6	3	6	0	6	5	4	3	3	2	1	1	1	0	5	1	-	5	3	3	1	2	3	2
16	1	1	1	5	1	4	6	1	1	3	1	0	3	6	0	6	5	5	5	3	0	0	0	1	1
17	3	6	4	6	1	6	3	1	1	3	1	3	3	1	0	6	1	5	5	1	1	1	4	1	1
18	0	1	1	2	0	5	2	0	3	1	4	1	3	1	0	1	4	0	2	4	1	1	3	2	2
19	6	5	1	5	0	5	5	3	1	0	1	0	5	0	0	5	-	-	5	0	3	0	4	4	0
20	0	6	0	6	0	6	6	6	6	6	0	0	0	6	4	0	6	0	6	0	4	0	2	6	5
21	5	5	4	4	0	5	6	5	1	0	0	0	6	1	0	6	0	-	5	0	0	0	3	6	6
22	6	5	6	5	0	5	6	0	0	0	0	0	6	1	0	6	0	-	5	0	0	0	-	1	1
23	6	5	0	6	0	5	1	1	0	0	0	3	5	0	0	5	5	5	5	0	0	0	1	3	5
24	3	1	3	4	0	5	5	2	1	1	1	0	6	0	0	5	1	0	5	1	0	0	1	3	5
25	5	5	3	6	0	6	6	5	3	2	-	5	5	5	1	3	1	5	3	1	3	0	3	1	1
26	3	3	2	6	0	5	4	4	1	0	0	6	0	0	6	6	6	4	2	0	6	0	3	1	2
27	5	1	2	5	1	5	5	2	-	1	1	1	5	1	1	5	5	-	1	1	1	1	3	2	2
28	-	-	-	-	-	-	-	-	-	-	-	-	-	-	-	-	-	-	-	-	-	-	-	-	-
29	5	0	3	5	0	5	5	5	6	0	0	6	5	1	0	6	5	5	6	0	0	0	6	0	0
30	0	1	1	3	0	5	1	0	3	1	3	1	3	2	0	1	3	0	2	5	1	1	1	3	2
31	3	2	1	4	3	4	1	1	5	3	2	1	4	1	0	1	5	1	0	0	1	1	2	4	1
32	0	0	3	3	0	5	5	3	1	1	1	0	6	1	0	4	1	1	6	0	1	0	0	5	4
33	1	5	5	5	1	5	6	5	1	1	1	5	5	1	1	5	5	5	1	1	1	1	1	3	5

[II] Was empfinden Sie, wenn Sie an erlebte Diskriminierung gegenüber ihrem Kind und an die Zeitungsmeldungen denken?

0 ---------------- -----1 --------------- 2 ----------------- 3 ------------- 4 ------------- 5 -------------- 6

| stimmt überhaupt nicht | stimmt nicht | stimmt weniger | stimmt etwas | stimmt mehr | stimmt | stimmt auf jeden Fall |

11.)   (1) Geben mir das Gefühl, behinderte Menschen sein minderwertig
12.)   (2) Machen mir Angst
13.)   (3) Lassen mich Hilflosigkeit fühlen
14.)   (4) Machen mich traurig
15.)   (5) Lassen mich kalt
16.)   (6) Machen mir Sorgen
17.)   (7) Machen mich wütend
18.)   (8) Machen mich aggressiv
19.)   (9) Es gibt wichtigere Dinge, über die ich nachdenken muss
20.)   (10) Ich denke an etwas Angenehmes
21.)   (11) Ich nehme das von der leichten Seite
22.)   (12) Ich möchte am liebsten nicht an die Zukunft meines Kindes denken
23.)   (13) Diese Meldungen werden mir so schnell nicht aus dem Kopf gehen
24.)   (14) Ich will diese Meldungen am liebsten gleich vergessen
25.)   (15) Ich möchte mein Kind vor Diskriminierung und Gewalt schützen und ... nur selten .. Öffentlichkeit
26.)   (16) Ich möchte über Diskriminierung und derartige Zeitungsmeldungen mit jemanden reden
27.)   (17) Es ist nun mal so, ich versuche damit zurecht zu kommen
28.)   (18) Ich möchte das verstehen, mir erklären können
29.)   (19) Ich habe das Bedürfnis, die Meinung von jemand anderen dazu zu hören
30.)   (20) Ich denke, das ist alles halb so schlimm
31.)   (21) Ich tue etwas, das mich ablenkt
32.)   (22) Uns passiert so etwas nicht, das geht uns nichts an
33.)   (23) Damit werde ich schon fertig
34.)   (24) Das macht mich der Gesellschaft gegenüber mißtrauisch
35.)   (25) Ich könnte mit der Behinderung meines Kindes besser leben, wenn es solche Meldungen nicht gäbe

Alle 33 Probanden

	36	37	38	39	40	41	42	43	44	45	46	47	48	49	50	51	52	53	54	55	56	57	58
1	5	3	5	0	5	1	6	5	6	1	0	5	4	1	1	1	2	3	3	5	3	3	3
2	-	-	-	0	-	1	-	-	-	1	1	-	-	1	1	0	-	3	3	5	3	3	3
3	3	3	3	2	6	2	-	-	6	0	1	6	-	2	1	1	3	3	5	4	1	3	3
4	3	-	-	2	6	2	-	-	-	2	0	4	-	0	2	1	2	2	-	-	4	-	-
5	-	6	-	2	6	0	-	5	6	1	2	3	-	-	1	-	-	-	-	6	3	-	4
6	3	5	-	1	6	3	-	-	-	1	1	4	-	3	4	1	3	3	4	3	3	3	3
7	4	4	4	2	4	2	4	4	5	1	1	3	4	3	2	2	5	3	-	4	3	-	4
8	5	6	6	1	6	3	-	6	6	1	1	4	4	2	1	0	5	4	3	5	3	25	4
9	5	4	6	0	4	1	6	3	5	1	1	3	4	0	1	3	-	-	-	6	5	3	5
10	5	-	-	-	6	0	-	3	-	0	0	5	-	0	2	1	1	2	-	5	3	4	3
11	3	-	4	0	-	0	-	-	6	0	-	5	-	1	-	0	-	-	-	-	3	3	-
12	6	6	6	0	4	1	6	5	5	2	1	3	4	2	2	2	6	4	3	5	4	3	4
13	6	5	-	0	5	1	-	-	-	2	2	5	4	0	0	2	2	3	-	-	4	5	4
14	3	-	-	0	3	1	-	4	-	3	3	4	-	2	1	0	0	1	-	-	1	3	3
15	5	-	-	-	4	-	5	-	-	-	2	-	-	2	2	2	-	-	5	5	-	-	-
16	4	-	4	0	6	1	-	-	-	1	1	-	5	1	1	2	3	-	-	3	3	-	
17	3	6	-	1	-	1	-	-	-	1	1	5	-	3	2	0	-	1	4	-	3	3	3
18	3	-	-	0	-	2	-	4	-	1	1	3	3	1	2	2	-	3	3	4	4	2	3
19	6	-	-	1	4	1	-	-	-	1	1	4	-	1	-	1	-	3	-	-	-	-	-
20	5	5	6	0	5	0	3	6	6	0	0	6	5	0	-	0	-	5	6	6	6	1	5
21	4	6	-	-	6	1	-	-	-	1	1	3	-	0	1	1	2	3	4	4	4	3	4
22	-	6	6	0	6	0	-	-	-	3	1	2	-	3	0	0	-	5	-	5	3	-	-
23	3	-	-	1	-	1	-	-	-	2	2	-	-	0	-	2	1	3	-	-	-	-	-
24	3	-	-	0	-	2	-	-	-	0	0	4	-	1	-	2	3	3	-	-	-	-	-
25	6	-	-	0	6	-	-	-	5	0	0	5	-	0	0	0	-	3	5	6	5	6	-
26	3	-	-	0	6	1	-	6	5	-	-	4	-	1	-	0	-	3	-	6	2	-	-
27	4	-	-	1	6	2	-	-	-	0	1	-	4	2	1	1	-	-	-	-	-	-	-
28	-	-	-	-	-	-	-	-	-	-	-	-	-	-	-	-	-	-	-	-	-	-	-
29	6	6	-	0	6	0	-	6	-	0	-	6	6	0	-	-	0	6	-	-	-	-	-
30	4	-	-	0	-	2	-	4	-	1	1	3	3	1	2	2	-	3	3	4	3	3	3
31	4	-	6	0	6	1	-	-	-	1	1	-	-	2	2	2	-	4	-	-	-	-	-
32	3	-	-	0	-	1	-	-	-	0	0	5	-	1	-	2	4	3	-	-	-	-	-
33	-	-	-	0	-	1	-	-	-	1	1	3	5	0	1	1	-	3	-	-	3	-	-

[III] Bitte kreuzen Sie an und bewerten sie die von Ihnen erlebten Reaktionen bis hin zu Diskriminierungen wie folgt:

0	1	2	3	4	5	6
als sehr positiv empfunden	als positiv empfunden	als angenehm empfunden	als normal empfunden	als nicht angebracht	als negativ empfunden	als sehr verletzend empfunden

36.) ☐ **Anstarren**
37.) ☐ Witze auf Kosten Behinderter
38.) ☐ Spott/ Hänselei
39.) ☐ **konkrete Hilfestellungen**
40.) ☐ diskriminierende Äußerungen
41.) ☐ **gezeigtes Interesse**
42.) ☐ Aggression (körperliche Gewalt)
43.) ☐ Ignoriert werden
44.) ☐ Ignorieren hilfesuchender Behinderter
45.) ☐ **Zulächeln**
46.) ☐ **Ermunterung**
47.) ☐ Äußerung von Mitleid
48.) ☐ Aufgedrängte Hilfe
49.) ☐ **Freundliches Verhalten**
50.) ☐ **Zusprechen von Mut**
51.) ☐ **Anbieten von Hilfe**
52.) ☐ Faszination
53.) ☐ **Anschauen**
54.) ☐ Erschrecken
55.) ☐ Taktlosigkeit
56.) ☐ Neugierde
57.) ☐ Zurückhaltung
58.) ☐ Ängstlichkeit

Alle 33 Probanden

	59	60	61	62	63	64	65	66	67	68	69	70
1	3	5	6	-	5	1	6	6	6	-	-	-
2	3	-	-	-	-	3	5	5	-	-	-	-
3	3	6	-	-	-	1	6	6	-	-	-	-
4	-	5	6	-	-	1	-	-	-	-	-	-
5	3	5	5	6	-	3	4	5	-	-	-	-
6	3	3	6	6	-	3	-	-	-	-	-	-
7	4	4	6	5	-	3	5	6	4	-	-	-
8	3	5	6	4	6	3	5	5	6	-	-	-
9	4	6	6	6	6	5	6	6	6	-	-	-
10	3	3	-	6	-	0	-	-	-	-	-	-
11	-	-	-	-	-	0	-	-	-	-	-	-
12	3	6	6	6	6	2	5	6	6	-	-	-
13	4	-	-	-	-	1	-	-	-	-	-	-
14	3	-	-	-	-	-	-	-	-	-	-	-
15	-	-	-	6	-	3	-	-	-	-	-	-
16	3	-	-	-	-	1	-	-	-	-	-	-
17	-	-	-	-	-	1	-	-	-	-	-	-
18	3	-	-	-	-	3	-	-	-	-	-	-
19	3	-	-	-	-	1	-	-	-	-	-	-
20	0	6	6	6	5	1	6	6	6	-	-	-
21	3	6	6	6	-	3	-	-	-	-	-	-
22	3	5	-	-	-	4	-	6	-	-	-	-
23	3	-	-	-	-	1	-	-	-	-	-	-
24	-	-	-	-	-	-	-	-	-	-	-	-
25	-	6	6	6	-	4	-	6	-	-	-	-
26	-	6	6	6	-	2	-	-	-	-	-	-
27	-	-	-	-	-	-	-	-	-	-	-	-
28	-	-	-	-	-	-	-	-	-	-	-	-
29	-	-	-	-	-	0	-	-	-	-	-	-
30	3	-	-	-	-	3	-	-	-	-	-	-
31	-	-	-	-	-	-	-	-	-	5	2	2
32	-	-	-	-	-	-	-	-	-	-	-	-
33	-	-	-	-	-	1	-	-	-	-	-	-

Was empfinden Sie, wenn Sie an erlebte Diskriminierung gegenüber ihrem Kind und an die Zeitungsmeldungen denken?

0 -------------- -----1 -------------- 2 ----------------- 3 ------------- 4 ------------- 5 -------------- 6

| stimmt überhaupt nicht | stimmt nicht | stimmt weniger | stimmt etwas | stimmt mehr | stimmt | stimmt auf jeden Fall |

59.) ☐ Verunsicherung
60.) ☐ deutliche Zurückweisung
61.) ☐Beschimpfungen
62.) ☐Schuldzuweisung
63.) ☐ Aktive Übergriffe
64.) ☐ Wissbegierde; Fragen zur Behinderung gestellt bekommen
65.) ☐Isolation
66.) ☐Gemieden werden
67.) ☐Bedroht werden

Wenn Sie das nun noch einmal Revue passieren lassen .... . Diese Antworten wurden qualitativ erfasst, können aber bei Bedarf in quantitativ Ergebnisse umgewandelt werden!

68.) → Wird die Art und Weise, wie nichtbehinderte Menschen mit ihrem Kind „umgehen", von ihnen als sehr positiv oder doch eher als verletzend empfunden?
    1 verletzend   2 negativ   3 weder noch   4 positiv   5 sehr positiv
69.) → Haben Sie das Gefühl, dass Ihr Kind aufgrund seiner Behinderung von Gebieten des menschlichen Zusammenlebens ausgegrenzt ist?
    1 ja   2 nein
70.) → „Eine Familie mit einem behinderten Kind ist in der Gesellschaft weniger gut angesehen." Trifft das Ihrer Meinung nach zu?
    1 ja   2 nein

Alle 33 Probanden

	71	72	73	74	75	76	77	78	79	80	81	82
1	3	2	6	5	2	1	5	5	3	1	4	1
2	5	6	5	6	6	2	5	6	3	1	3	2
3	6	6	6	6	2	6	6	6	4	0	6	1
4	6	6	6	5	0	5	6	6	3	0	0	2
5	5	5	5	5	5	6	5	5	5	5	5	2
6	4	3	5	5	3	4	5	5	5	3	3	1
7	2	2	3	3	2	3	4	4	3	2	3	2
8	6	6	5	6	0	6	5	5	1	0	6	1
9	5	5	4	6	5	3	4	5	4	2	3	2
10	5	5	6	4	6	6	6	6	5	2	5	2
11	0	0	5	1	1	5	6	6	3	3	1	1
12	5	5	5	5	5	5	5	5	5	2	5	2
13	3	5	5	5	6	5	6	5	5	1	5	2
14	3	4	5	4	2	2	3	4	3	2	3	2
15	6	6	6	5	4	5	6	6	6	5	3	2
16	5	-	1	5	5	5	5	5	5	3	-	1
17	3	4	4	6	4	5	6	5	5	5	5	1
18	5	5	5	5	5	3	5	5	4	2	5	2
19	6	6	5	6	3	6	6	5	3	5	1	
20	6	5	5	6	-	5	6	6	5	1	5	2
21	4	4	4	4	2	2	5	5	4	2	3	2
22	5	5	5	5	5	5	5	6	5	2	5	2
23	6	6	5	2	3	5	5	6	1	5	2	2
24	6	5	6	3	3	3	5	5	3	2	2	2
25	4	6	6	5	6	6	5	6	5	6	6	2
26	-	6	6	6	6	-	5	-	-	-	-	2
27	5	5	5	5	1	5	5	5	5	5	5	2
28	6	6	6	6	6	6	6	6	4	0	6	1
29	3	6	5	5	5	6	5	6	5	0	5	2
30	5	5	5	5	5	3	5	5	3	2	5	2
31	-	-	-	-	-	-	-	-	-	-	-	-
32	6	5	6	4	5	3	6	6	3	0	1	2
33	6	6	5	5	5	3	5	5	5	4	5	-

[IV] Hängt Ihrer Meinung nach die Reaktion der Umwelt behinderten Menschen gegenüber und die soziale Akzeptanz von folgenden Faktoren ab? Bewertungen bitte anhand folgender Skala:

0 --------------- 1 ---------------- 2 --------------- 3-------------- 4 ------------- 5 --------------- 6

| stimmt überhaupt nicht | stimmt nicht | stimmt weniger | stimmt etwas | stimmt mehr | stimmt | stimmt auf jeden Fall |

71.) 1. Art der Behinderung
72.) 2. Schwere der Behinderung
73.) 3. Körperliche Sichtbarkeit der Behinderung
74.) 4. Verhalten des behinderten Kindes
75.) 5. Alter des Menschen mit Behinderung

[V] Was könnte Ihrer Meinung nach die Ursache für zwischenmenschliche Schwierigkeiten bis hin zu Gewalt zwischen Menschen mit Behinderungen und Menschen ohne Behinderungen sein?

0 --------------- 1 ---------------- 2 --------------- 3-------------- 4 ------------- 5 --------------- 6

| stimmt überhaupt nicht | stimmt nicht | stimmt weniger | stimmt etwas | stimmt mehr | stimmt | stimmt auf jeden Fall |

76.) 1. Vorurteile der Gesellschaft
77.) 2. mangelnde Kenntnisse über behinderte Menschen
78.) 3. mangelnder Umgang / Kontakt mit Menschen mit Behinderungen
79.) 4. Verhalten des Menschen mit Behinderungen
80.) 5. Neid auf bevorzugte Behandlung Behinderter, z.B. Behindertenparkplätze, ...
81.) 6. Sichtbarkeit von Behinderungen
82.) 7. Fallen Ihnen („jetzt") zudem noch weitere Ursachen ein?

Alle 33 Probanden

	83	84	85	86	87	88	89	90	91	92	93	94	95	96	97	98	99
1	1	1	1	1	1	3	5	5	5	5	1	1	5	3	3	3	3
2	1	1	1	1	3	3	5	2	5	3	3	2	5	2	2	2	2
3	1	1	1	1	1	3	5	5	5	5	1	1	2	1	1	1	1
4	1	1	1	1	1	3	5	3	5	4	3	2	5	2	2	3	3
5	2	2	2	2	2	3	4	2	4	4	1	2	3	2	2	2	2
6	1	2	2	2	2	3	3	5	5	5	2	2	5	2	2	2	2
7	1	1	1	2	1	4	4	1	3	1	1	1	5	5	5	5	5
8	1	1	1	1	1	1	1	5	5	5	3	1	1	5	2	5	5
9	2	1	2	1	1	3	5	4	5	5	2	1	5	2	2	2	2
10	1	1	1	1	2	1	5	1	2	2	2	1	3	5	5	3	1
11	1	1	1	1	1	5	5	5	5	5	1	1	5	5	1	1	1
12	1	1	1	1	1	4	5	1	5	5	1	1	1	1	-	-	-
13	1	-	-	1	1	2	5	5	3	3	3	1	1	1	1	1	1
14	1	1	1	1	1	5	5	5	5	5	1	1	5	1	1	1	1
15	1	1	1	1	1	1	1	1	5	5	2	1	2	5	5	5	5
16	1	1	1	1	1	3	6	6	6	6	1	1	5	5	5	5	5
17	1	1	1	1	1	1	5	3	4	4	2	1	3	-	-	-	-
18	1	1	1	1	1	2	5	5	4	5	1	1.	5	3	2	4	4
19	1	1	1	1	1	2	5	5	5	5	2	2	5	3	3	3	3
20	1	1	1	1	1	3	5	4	5	5	3	2	5	4	1	1	1
21	1	1	1	1	1	3	5	5	5	5	1	1	3	2	2	2	2
22	1	1	1	1	1	2	5	2	1	5	1	1	2	2	5	2	3
23	1	1	1	1	1	5	5	5	5	5	1	1	5	1	1	-	1
24	1	-	-	1	1	2	2	3	5	5	3	1	1	1	2	2	2
25	1	1	1	1	1	1	5	1	5	5	1	1	4	1	4	4	1
26	1	1	1	1	1	4	5	5	5	5	1	1	3	5	5	5	5
27	1	1	1	1	1	5	5	5	5	5	1	1	5	1	1	1	1
28	1	1	1	1	1	3	5	5	5	5	1	2	1	1	1	1	1
29	1	-	-	1	1	2	5	5	3	3	3	1	1	1	1	1	-
30	1	1	1	1	1	2	5	5	4	5	1	1	5	3	2	4	4
31	-	-	-	-	-	-	-	-	-	-	-	-	-	-	-	-	-
32	1	-	-	1	1	2	2	3	5	5	3	1	1	1	2	2	2
33	-	-	-	-	-	-	-	-	-	-	-	-	-	-	-	-	-

[VI] „Bewertung des Gesprächs durch den Befragten" in Form eines Fragebogens!

1= völlige Zustimmung   bis   5 = „trifft auf keinen Fall zu!"

83.) Haben Sie frei über „Probleme" reden können ?

84.) Fühlten Sie sich vom Interviewer angehört?
85.) Fühlten Sie sich vom Interviewer angenommen?
86.) Fühlten Sie sich vom Interviewer verstanden?

87.) Empfanden Sie die Gesprächsatmosphäre als angenehm und persönlich?

88.) Waren einige „Fragen" für Sie schwer zu beantworten?
89.) Waren einige „Fragen" für Ihnen unangenehm?

90.) Fiel Ihnen die Erinnerung an Vergangenes schwer?

91.) Empfanden Sie das Gespräch als lang?
92.) Empfanden Sie das Gespräch als anstrengend?

93.) Hat Ihnen das Gespräch gut getan?

94.) War das Gespräch für Sie interessant?

95.) War das Gespräch für sie seelisch belastend?

96.) War das Gespräch anregend für weiteres Nachdenken und gemeinsame Gespräche mit Ihrem Kind?
97.) War das Gespräch anregend für weiteres Nachdenken und gemeinsame Gespräche mit Bekannten?
98.) War das Gespräch anregend für weiteres Nachdenken und gemeinsame Gespräche mit Freunden?
99.) War das Gespräch anregend für weiteres Nachdenken und gemeinsame Gespräche mit Verwandten?

6 Schlusswort

Die vorliegende Untersuchung verfolgte die Absicht, Informationen über Diskriminierung gegenüber Menschen mit Behinderungen, insbesondere gegenüber körperbehinderten Kinder und Jugendlichen zu erhalten. Meine anfänglichen Zweifel, nicht ausreichend Material durch Interviews zu bekommen, zeigten sich nach kurzer Zeit als total unbegründet. Eltern stellten sich für Interviews zur Verfügung und so durfte ich in die Rolle eines Vertrauten schlupfen.

Mir viel in der ersten Zeit, in der ich die Interviews gehalten habe, auf, dass manche Eltern durch die Themenstellung ein bisschen verwirrt wirkten und das Wort Diskriminierung lieber durch Unwissenheit oder Taktlosigkeit der sogenannten „Normalen" ersetzt hätten. Die Themenstellung sowie das Wort Diskriminierung klangen ihnen teilweise zu negativ. Diskriminierung verbindet zum Beispiel eine Mutter mit den Vorkommnissen im Dritten Reich oder bei absichtlichen gewalttätigen Übergriffen gegenüber Menschen mit Behinderungen. Ansonsten bevorzugt sie das Wort Unwissenheit der Nichtbehinderten. Neben dieser Unwissenheit berichteten Eltern auch von einem großen Maß an Verständnis, den Personen gegenüber, welche manchmal verletzend wirken; sei es durch Worte oder Blicke. In solchen Momenten, wo manche Eltern z.B. mit ihrem Kind in der Stadt unterwegs sind und das Angeschaut werden registrieren, erinnern sie sich doch sehr oft daran, wie sie vor der Geburt des Kindes selbst mit Menschen mit Behinderungen umgegangen sind und vielleicht auch geschaut haben oder ihnen sogar aus dem Weg gegangen sind.

Dennoch finden Diskriminierungen statt und wenn sie als solche von Menschen mit Behinderungen aufgefasst bzw. verstanden werden, haben sie auch Auswirkungen. Diese Auswirkungen treffen dann nicht nur die Kinder selbst, sondern meist auch die Eltern, welche diskriminierende Situationen entweder selbst miterleben oder von ihren Kinder erzählt bekommen. Hier kommt dann die „Pufferfunktion" der Eltern zum Einsatz. Diese Erkenntnis hat sich auch erst im Laufe der Arbeit mehr und mehr herauskristallisiert. Dieser Puffer kann Wirkungen jedoch nur sehr selten total abfangen – wobei dann die Eltern voll davon getroffen werden können – und somit wirken Diskriminierungen selbst durch diesen Puffer hindurch und führen bei Menschen mit Behinderungen vielleicht zu folgenden Fragen:

„Ich überlege mir, warum sind die so?
Wie gesagt, ich bin, oder Behinderte überhaupt, sind auch nur Menschen.
Warum sind andere Menschen so unfreundlich gegenüber Behinderten?
Da überlege ich mir wirklich manchmal, WARUM?" (Interview 16).

7 Literaturverzeichnis

Asanger, Wenninger: Handwörterbuch Psychologie. 1999.

Bertelsmann: Die neue deutsche Rechtschreibung. Gütersloh 1996.

Broda, M.: Wahrnehmung und Bewältigung chronischer Krankheiten. Weinheim 1987.

Bierbauer, G.: Sozialpsychologie. Stuttgart, Berlin, Köln 1996.

Cicourel, A.: Methode und Messung in der Soziologie. Frankfurt a. M. 1974.

Cloerkes, G.: Einstellungen und Verhalten gegenüber Körperbehinderten. Berlin 1979.

Cloerkes, G.: Einstellung und Verhalten gegenüber Behinderten. Eine Bestandsaufnahme der Ergebnisse internationaler Forschung. Berlin (Marhold) 1985.

Cloerkes, G.: Soziologie der Behinderten – Eine Einführung. Heidelberg 1997.

Cloerkes, G.: Die Kontakthypothese in der Diskussion um eine Verbesserung der sozialen Teilhabechancen Behinderter. Zeitschrift für Heilpädagogik 33 (1982a), 561-568.

Cloerkes, G.: Die Problematik widersprüchlicher Normen in der sozialen Reaktion auf Behinderte. Vierteljahresschrift für Heilpädagogik und ihre Nachbargebiete (VHN) 52 (1984), 25-40.

Dorsch, Häcker, Stapf: Dorsch Psychologisches Wörterbuch. Bern 1987.

Filipp, S.- H.: Kritische Lebensereignisse. Weinheim 1995.

Fischer Taschenbuch Verlag: Das neue Fischer Lexikon in Farbe. Frankfurt a. M. 1981.

Flick, U.: Qualitative Forschung – Theorien, Methoden, Anwendung in Psychologie und Sozialwissenschaften. Reinbek bei Hamburg 1995.

Flick U., von Kardorff E., Keupp H., von Rosenstiel L. und Wolff S.: Handbuch Qualitative Sozialforschung./Handbuch Qualitativer Sozialforschung – Grundlagen, Konzepte, Methoden und Anwendungen. München 1991.

Frey, D.: Sozialpsychologie. München, Wien, Baltimore 1983.

Frey, H.- P.: Stigma und Identität. Weinheim und Basel 1983.

Fries, A.: Prüfungskolloquium 1999/2000. Seminar an der Bayer. Julius-Maximilians- Universität Würzburg. Würzburg 1999/2000

Fries, A.: Zum Abbau gesellschaftlicher Barrieren: Aussagen behinderter Menschen. In: Behindertenpädagogik in Bayern, 42. Jahrgang, 3/99.

Götz, S.: Facharbeit zum Thema: Phantasiereisen zur Förderung des Selbstwertgefühls bei Kindern im Elementarbereich. Würzburg 2000.

Haußer, K.: Identitätspsychologie. Berlin, Heidelberg 1995.

Heiden, H.-G.: Niemand darf wegen seiner Behinderung benachteiligt werden. Reinbeck bei Hamburg 1996.

Hermann, U.: Die neue deutsche Rechtschreibung. 1996.

Hinze, D.: Väter und Mütter behinderter Kinder – Der Prozess der Auseinandersetzung im Vergleich. Heidelberg 1991.

Hinze: Väter und Mütter behinderter Kinder. Heidelberg 1993.

Hohmeier, J.: Einstellung und Verhalten gegenüber Körperbehinderten. Münster 1979.

„Internet":

http://www.zeitzuleben.de/inhalte/persoenlichkeitsentwicklung/selbstmanagment//nlp_9_selbstbild.html

„Internet": Lexikon. Wissenswertes zur Erwachsenenbildung.

http://www.111er.de/lexikon/inhalte.htm#TOP

Kerlinger, F. N.: Grundlagen der Sozialwissenschaften. Band 2. Weinheim und Basel 1979.

König, R.: Handbuch der empirischen Sozialforschung. Band 2.

Grundlegende Methoden und Techniken der empirischen Sozialforschung. Stuttgart 1973.

Koolwijk, J.: Techniken der empirischen Sozialforschung, Band 4. München 1974.

Krause, M. P.: Elterliche Bewältigung und Entwicklung des behinderten Kindes. Frankfurt a. M. 1997.

Lamnek, S.: Qualitative Sozialforschung. Band 1: Methodologie. München 1988.

Lamnek, S.: Qualitative Sozialforschung. Band 2: Methoden und Techniken. München 1989.

Lang, M.: Bewältigungsprozesse in Familien mit einem behinderten Kind. In: Probst, H.: Mit Behinderung muss gerechnet werden. H.; Lahn 1999.

Markefka, M.: Vorurteile, Minderheiten, Diskriminierung – Ein Beitrag zum Verständnis sozialer Gegensätze. Neuwied, Kriftel, Berlin 1995.

Mayring, P.: Qualitative Inhaltsanalyse – Grundlagen und Techniken. Weinheim 1994.

Mc Call, G./ Simons, J.: Identität und Interaktion. Düsseldorf 1974.

Neubauer, W.: Selbstkonzept und Identität im Kindes- und Jugendalter. München 1976.

Nippert, I.: Die Geburt eines behinderten Kindes – Belastung und Bewältigung aus der Sicht betroffener Mütter und ihrer Familien. Stuttgart 1988.

Oerter/ Montada: Entwicklungspsychologie – Ein Lehrbuch. Weinheim 1995.

Radtke, Stocker, Belabarba: Kommunikationstechniken. Pocket Power.

Schnell, Hill, Esser: Methoden der empirischen Sozialforschung. München 1989.

Schulz von Thun, F.: Miteinander Reden Band 1 und 2. Hamburg 1981 und 1989

Seywald, A.: Anstossnahme an sichtbar Behinderten. Rheinstetten-Neu. 1980.

Spöhring, W.: Qualitative Sozialforschung. Stuttgart 1995.

Thomann, Schulz von Thun: Klärungshilfe. Hamburg 1988.

Tröster, H.: Interaktionsspannungen zwischen Körperbehinderten und Nichtbehinderten. Göttingen 1988.

Waibel, E. M.: Erziehung und Selbstwert. Donauwörth 1994.

Watzlawik, Beavin, Jackson: Menschliche Kommunikation. Bern 1969.

Witzel: Verfahren der qualitativen Sozialforschung. Frankfurt am Main 1982.

Anhang

Oliver GRIEB
Tannenstraße 21
97273 Kürnach
Tel.: 09367/ 99779

Würzburg, 24. März 2000

Liebe Eltern,

im Rahmen meines Sonderpädagogik– Studiums werde ich mich bei meiner Zulassungsarbeit zum ersten Staatsexamen mit einer wissenschaftlichen Untersuchung beschäftigen.

Das Thema lautet:

**„Diskriminierung und Gewalt gegenüber Menschen mit Behinderungen
– Folgen für das Erleben und Verhalten behinderter Kinder und Jugendlicher
und deren Eltern und Formen der Verarbeitung"**

Mit Hilfe von Interviews mit Ihnen, den Eltern, erhoffe ich mir, aktuelle Informationen aus Ihrer Sicht, über dieses Thema zu bekommen. Die Informationen werden anschließend ausgewertet.

Diskriminierung und Gewalt haben vielfältige Gesichter. Es gibt sowohl körperliche, offensichtliche Gewalt als auch „versteckte" Gewalt in Form von Worten, Blicken und Gesten oder fehlenden Hilfsangeboten der Gesellschaft für Menschen mit Behinderungen.

Daher bitte ich sie um Ihre Unterstützung, in dem Sie an einem Interview teilnehmen.

Durch Ihre Hilfsbereitschaft würden Sie mir bei meiner Untersuchung sehr helfen. Je mehr Eltern an einem Interview Interesse zeigen und für ein solches die nötige Stunde aufbringen, umso aussagekräftiger werden die Ergebnisse.

Bei Interesse setze ich Sie gerne auch über die Ergebnisse der Untersuchung in Kenntnis.

Sämtliche Angaben werden streng vertraulich behandelt, Anonymität ist selbstverständlich gewährleistet. In meiner Arbeit sowie in einer möglichen Veröffentlichung der Ergebnisse werde ich die Namen abändern.

Bitte geben Sie die „Bereitschaftserklärung" sobald als möglich ihrer Tochter/ ihrem Sohn mit in die Schule zurück. Die LehrerInnen werden die Abschnitte an mich weiterleiten; daraufhin werde ich mich dann für eine Terminabsprache persönlich bei Ihnen melden.

Bei etwaigen Fragen oder Unklarheiten können Sie mich unter folgender Telefonnummer erreichen: 09367 / 99779.

Ich möchte Ihnen schon im Voraus für die Mithilfe danken.

Bitte geben Sie den Abschnitt auf der folgenden Seite **bis Montag, den 27. März**, Ihrem Kind wieder mit in die Schule.

Mit freundlichen Grüßen

Oliver Grieb

192

Bereitschaftserklärung:

Bitte füllen Sie diesen Abschnitt sowohl bei Interesse an einem Interview,
als auch bei Desinteresse, mit eventueller Angabe von Gründen, aus und
geben diesen bis Montag, den 27. März, Ihrem Kind wieder mit in die Schule.

✂------------------------------✂------------------------------✂

☐ **Gerne sind wir (bin ich) bereit an einem Interview zu dem oben genannten
Themenbereich teilzunehmen.**

Bitte geben Sie Ihre Adresse, Ihre Telefonnummer unter der Sie zu erreichen sind und Uhr-
zeiten zu denen sie zu erreichen sind an:

Unsere (Meine) Adresse lautet: _____

_____

_____

Unsere (Meine) Telefonnummer lautet:_____

Ich (wir) sind am besten   am   _____

Um _____ zu erreichen.

Die folgenden Angaben sind sehr wichtig:

Alter des behinderten Kindes:_____

Art und Schwere der Behinderung: _____

_____

☐**An einer Teilnahme an einem Interview zu oben genannten Thema sind wir (bin ich)
nicht interessiert.**

Bitte geben Sie Gründe an:
_____

_____

.... den................ 2000 ....
Ort   Datum   Unterschrift der Eltern (Mutter und /oder Vater)

Interviewleitfaden zum Thema:

> ## „Diskrimination gegenüber Menschen mit Behinderungen – Folgen für das Erleben und Verhalten behinderter Kinder und Jugendlicher und deren Eltern und Formen der Verarbeitung"

A) Vor Gespräch:
- Kurze Vorstellung, fragen nach Motivation zur Teilnahme.
- Jeder Gesprächsteilnehmer wird nochmals über die Zielsetzung der Untersuchung informiert.
- Voraussichtliche Gesprächsdauer andeuten.
- Auf offenen Charaktere der Gesprächsführung verweisen.
- Die Tonbandaufzeichnung begründen – nur so eine konzentrierte Befragung und eine vollständige und objektive Auswertung möglich.
- Auf Wahrung der Anonymität verweisen.
- Erläutern des thematischen Aufbaus.

BEGINN DER TONBANDAUFZEICHNUNG !!

B) „Fragen zum Kind" auf vorgefertigten Fragebogen oder in Form eines Gesprächs!

- Name: _____

- Alter:_____

- Geschlecht: ☐ männlich
  ☐ weiblich

- Anzahl der Kinder:_____   davon behinderte Kinder: _____

- Stellung des behinderten Kindes in der Geschwisterreihe: ☐ jüngstes, ☐mittleres, ☐ ältestes Kind

- Art der Behinderung:

  _____

- Schwere der Behinderung (Sichtbarkeit, „Visibilität"):

  _____

- Wohnort: ☐ Stadt
  ☐ Land

- Besiedelungsdichte: ☐Dicht besiedelt
  ☐ Dünn besiedelt

C) „Fragen zum Thema" in Form qualitativer und quantitativer Methoden der Sozial-forschung

<u>**1.) Einstieg + ITEMLISTE VON HERRN DR. FRIES**</u>
<u>**2.)Themenbereich Diskrimination**</u>
3.) Fragen zu Ursachen von Diskrimination und Gewalt

1.) <u>**Einstieg**</u> mit einem Zeitungsartikel (➔eine deutliche Diskriminierung behinderter Menschen wird ersichtlich; den Eltern vorlesen und ihnen zum Mitlesen geben!)

„Ich werde Ihnen nun Textausschnitte aus Zeitungsmeldungen vorlesen. Wenn Sie wollen, können Sie die Texte auch mitlesen."

In einer Zeitungsmeldung konnte man vor einigen Jahren folgendes lesen:

Ein Ehepaar, das in der Türkei Urlaub machte, erhielt durch ein Gerichtsurteil die Hälfte der Reisekosten wieder zurückerstattet, da im gleichen Hotel und zur selben Zeit eine Gruppe behinderter Menschen auch ihren Urlaub verbrachte. Der Richter, der dieses Urteil fällte, begründete seine Entscheidung damit, dass der Anblick behinderter Menschen dem Ehepaar nicht „zumutbar" sei.
(Spontane Antwort)
Weiter konnte man in dieser Zeitung lesen, dass den Bewohnern eines Heimes für geistig- und körperlich behinderte Kinder grundsätzlich der Zugang zum örtlichen Schwimmbad verweigert wurde.
(Spontane Antwort)
In einer Fernsehsendung berichteten körperbehinderte Menschen, dass sie in der Fußgängerzone der Stadt von Passanten angestarrt wurden.
(Spontane Antwort)

Wenn Sie keine Fragen dazu haben:

1.1 Sagen Sie mir bitte, was ihnen beim Anhören einer solchen Meldung aus der Zeitung durch den Kopf geht?

Sollte keine Antwort kommen, nachfragen: Fällt Ihnen dazu irgendetwas ein?

1.2 Haben Sie Diskriminierung und/ oder Gewalt gegen Ihr Kind oder generell gegen Menschen mit Behinderungen schon einmal konkret erlebt, evtl. in ähnlicher Weise?

- Bitte beschreiben Sie die **Situation** (Anlaß, Ort, beteiligte Personen, Art der Gewalt....)
- Welches **Alter und Geschlecht** hatte die „**gewalttätige**" **Person**?
- Haben Sie bzw. Ihr Kind in der konkreten Situation **reagiert**? <u>**Wenn ja,**</u> wie ...
- Wie haben Sie sich damit auseinander gesetzt?
- Evtl. Gefühle in ihnen!

1.3 Hat Ihnen Ihr Kind auch schon einmal von einer solchen Situation erzählt? (konkrete Situation) (NUR FRAGEN, WENN KIND DAZU IN LAGE IST)

- Situation; Alter und Geschlecht der „gewalttätigen" Person; wie es reagiert hat
- Hat Ihnen Ihr Kind auch etwas über seine Gefühle erzählt?
- Wie haben Sie sich mit diesem Vorfall auseinander gesetzt?

1.4 Wie denken Sie (FREMDURTEIL), dass Ihre Tochter, Ihr Sohn mit solchen und anderen Arten von Gewalt und Diskriminierung umgeht?

1.5 Stellen Sie Folgen/ Auswirkungen/ **Konsequenzen bei Ihrem Kind** fest; bei dessen Verhalten (im Umgang mit anderen Menschen, an fremden Orten, ..)?

1.6 An dieser Stelle möchte ich Sie bitten, folgende Aussagen durchzulesen, zu bewerten und anzukreuzen, was sie empfinden, wenn Sie an erlebte Diskriminierung gegenüber ihrem Kind und an die Zeitungsmeldungen denken?"

Sollte Ihnen irgendetwas unklar sein, fragen Sie bitte nach.

(B) Bei schönem Wetter fahre ich gerne in den Wald.

0 ---------------- 1 ------------ 2 ------------ 3 ------------ 4 ------------ 5 ----------- 6

| stimmt überhaupt nicht | stimmt nicht | stimmt weniger | stimmt etwas | stimmt mehr | stimmt | stimmt auf jeden Fall |

Diese Items wurden mir von Herrn Dr. Fries zur Verfügung gestellt, dürfen aber NICHT weitergegeben werden, noch anderweitig verwendet werden!

„Bewerten Sie bitte nun folgende Aussagen:
Was empfinden Sie, wenn Sie an erlebte Diskriminierung gegenüber ihrem Kind und an die Zeitungsmeldungen denken?

(1)   Geben mir das Gefühl, behinderte Menschen sein minderwertig

0 ---------------- 1 ------------- 2 ------------- 3 ------------- 4 ------------- 5 ------------ 6
stimmt   stimmt   stimmt   stimmt   stimmt   stimmt   stimmt
überhaupt   nicht   weniger   etwas   mehr   auf jeden
nicht   Fall

(2)   Machen mir Angst

0 ---------------- 1 ------------- 2 ------------- 3 ------------- 4 ------------- 5 ------------ 6
stimmt   stimmt   stimmt   stimmt   stimmt   stimmt   stimmt
überhaupt   nicht   weniger   etwas   mehr   auf jeden
nicht   Fall

(3)   Lassen mich Hilflosigkeit fühlen

0 ---------------- 1 ------------- 2 ------------- 3 ------------- 4 ------------- 5 ------------ 6
stimmt   stimmt   stimmt   stimmt   stimmt   stimmt   stimmt
überhaupt   nicht   weniger   etwas   mehr   auf jeden
nicht   Fall

(4)   Machen mich traurig

0 ---------------- 1 ------------- 2 ------------- 3 ------------- 4 ------------- 5 ------------ 6
stimmt   stimmt   stimmt   stimmt   stimmt   stimmt   stimmt
überhaupt   nicht   weniger   etwas   mehr   auf jeden
nicht   Fall

(5)   Lassen mich kalt

0 ---------------- 1 ------------- 2 ------------- 3 ------------- 4 ------------- 5 ------------ 6
stimmt   stimmt   stimmt   stimmt   stimmt   stimmt   stimmt
überhaupt   nicht   weniger   etwas   mehr   auf jeden
nicht   Fall

(6)   Machen mir Sorgen

0 ---------------- 1 ------------- 2 ------------- 3 ------------- 4 ------------- 5 ------------ 6
stimmt   stimmt   stimmt   stimmt   stimmt   stimmt   stimmt
überhaupt nicht   weniger   etwas   mehr   auf jeden
nicht   Fall

„Bewerten Sie bitte nun folgende Aussagen:
Was empfinden Sie, wenn Sie an erlebte Diskriminierung gegenüber ihrem Kind und an
die Zeitungsmeldungen denken?

(7)   Machen mich wütend

0 ---------------- 1 ------------- 2 ------------- 3 ------------- 4 ------------- 5 ------------ 6
stimmt   stimmt   stimmt   stimmt   stimmt   stimmt   stimmt
überhaupt   nicht   weniger   etwas   mehr   auf jeden
nicht   Fall

(8)   Machen mich aggressiv

0 ---------------- 1 ------------- 2 ------------- 3 ------------- 4 ------------- 5 ------------ 6
stimmt   stimmt   stimmt   stimmt   stimmt   stimmt   stimmt
überhaupt   nicht   weniger   etwas   mehr   auf jeden
nicht   Fall

(9)   Es gibt wichtigere Dinge, über die ich nachdenken muss

0 ---------------- 1 ------------- 2 ------------- 3 ------------- 4 ------------- 5 ------------ 6
stimmt   stimmt   stimmt   stimmt   stimmt   stimmt   stimmt
überhaupt   nicht   weniger   etwas   mehr   auf jeden
nicht   Fall

(10)   Ich denke an etwas Angenehmes

0 ---------------- 1 ------------- 2 ------------- 3 ------------- 4 ------------- 5 ------------ 6
stimmt   stimmt   stimmt   stimmt   stimmt   stimmt   stimmt
überhaupt   nicht   weniger   etwas   mehr   auf jeden
nicht   Fall

(11)   Ich nehme das von der leichten Seite

0 ---------------- 1 ------------- 2 ------------- 3 ------------- 4 ------------- 5 ------------ 6
stimmt   stimmt   stimmt   stimmt   stimmt   stimmt   stimmt
überhaupt   nicht   weniger   etwas   mehr   auf jeden
nicht   Fall

(12)   Ich möchte am liebsten nicht an die Zukunft meines Kindes denken

0 ---------------- 1 ------------- 2 ------------- 3 ------------- 4 ------------- 5 ------------ 6
stimmt   stimmt   stimmt   stimmt   stimmt   stimmt   stimmt
überhaupt   nicht   weniger   etwas   mehr   auf jeden
nicht   Fall

„Bewerten Sie bitte nun folgende Aussagen:
Was empfinden Sie, wenn Sie an erlebte Diskriminierung gegenüber ihrem Kind und an die Zeitungsmeldungen denken?

(13)   Diese Meldungen werden mir so schnell nicht aus dem Kopf gehen

```
0 ---------------- 1 ------------- 2 ------------- 3 ------------- 4 ------------- 5 ------------ 6
stimmt        stimmt      stimmt      stimmt      stimmt      stimmt      stimmt
überhaupt     nicht       weniger     etwas       mehr                    auf jeden
nicht                                                                     Fall
```

(14)   Ich will diese Meldungen am liebsten gleich vergessen

```
0 ---------------- 1 ------------- 2 ------------- 3 ------------- 4 ------------- 5 ------------ 6
stimmt        stimmt      stimmt      stimmt      stimmt      stimmt      stimmt
überhaupt     nicht       weniger     etwas       mehr                    auf jeden
nicht                                                                     Fall
```

(15)   Ich möchte mein Kind vor Diskriminierung und Gewalt schützen und ge-
         he deshalb nur selten mit meinem Kind in die Öffentlichkeit

```
0 ---------------- 1 ------------- 2 ------------- 3 ------------- 4 ------------- 5 ------------ 6
stimmt        stimmt      stimmt      stimmt      stimmt      stimmt      stimmt
überhaupt     nicht       weniger     etwas       mehr                    auf jeden
nicht                                                                     Fall
```

(16)   Ich möchte über Diskriminierung und derartige Zeitungsmeldungen mit
         jemanden reden

```
0 ---------------- 1 ------------- 2 ------------- 3 ------------- 4 ------------- 5 ------------ 6
stimmt        stimmt      stimmt      stimmt      stimmt      stimmt      stimmt
überhaupt     nicht       weniger     etwas       mehr                    auf jeden
nicht                                                                     Fall
```

(17)   Es ist nun mal so, ich versuche damit zurecht zu kommen

```
0 ---------------- 1 ------------- 2 ------------- 3 ------------- 4 ------------- 5 ------------ 6
stimmt        stimmt      stimmt      stimmt      stimmt      stimmt      stimmt
überhaupt     nicht       weniger     etwas       mehr                    auf jeden
nicht                                                                     Fall
```

(18)   Ich möchte das verstehen, mir erklären können
         (Bitte äußern sie sich zu dieser Aussage!)

```
0 ---------------- 1 ------------- 2 ------------- 3 ------------- 4 ------------- 5 ------------ 6
stimmt        stimmt      stimmt      stimmt      stimmt      stimmt      stimmt
überhaupt     nicht       weniger     etwas       mehr                    auf jeden
nicht                                                                     Fall
```

„Bewerten Sie bitte nun folgende Aussagen:
Was empfinden Sie, wenn Sie an erlebte Diskriminierung gegenüber ihrem Kind und an
die Zeitungsmeldungen denken?

(19)   **Ich habe das Bedürfnis, die Meinung von jemand anderen dazu zu hören**

0 ---------------- 1 ------------- 2 ------------- 3 ------------- 4 ------------- 5 ------------ 6
stimmt   stimmt   stimmt   stimmt   stimmt   stimmt   stimmt
überhaupt   nicht   weniger   etwas   mehr   auf jeden
nicht   Fall

(20)   **Ich denke, das ist alles halb so schlimm**

0 ---------------- 1 ------------- 2 ------------- 3 ------------- 4 ------------- 5 ------------ 6
stimmt   stimmt   stimmt   stimmt   stimmt   stimmt   stimmt
überhaupt   nicht   weniger   etwas   mehr   auf jeden
nicht   Fall

(21)   **Ich tue etwas, das mich ablenkt**

0 ---------------- 1 ------------- 2 ------------- 3 ------------- 4 ------------- 5 ------------ 6
stimmt   stimmt   stimmt   stimmt   stimmt   stimmt   stimmt
überhaupt   nicht   weniger   etwas   mehr   auf jeden
nicht   Fall

(22)   **Uns passiert so etwas nicht, das geht uns nichts an**

0 ---------------- 1 ------------- 2 ------------- 3 ------------- 4 ------------- 5 ------------ 6
stimmt   stimmt   stimmt   stimmt   stimmt   stimmt   stimmt
überhaupt   nicht   weniger   etwas   mehr   auf jeden
nicht   Fall

(23)   **Damit werde ich schon fertig**

0 ---------------- 1 ------------- 2 ------------- 3 ------------- 4 ------------- 5 ------------ 6
stimmt   stimmt   stimmt   stimmt   stimmt   stimmt   stimmt
überhaupt   nicht   weniger   etwas   mehr   auf jeden
nicht   Fall

(24)   **Das macht mich der Gesellschaft gegenüber mißtrauisch**

0 ---------------- 1 ------------- 2 ------------- 3 ------------- 4 ------------- 5 ------------ 6
stimmt   stimmt   stimmt   stimmt   stimmt   stimmt   stimmt
überhaupt   nicht   weniger   etwas   mehr   auf jeden
nicht   Fall

(25)   **Ich könnte mit der Behinderung meines Kindes besser leben, wenn es
            solche Meldungen nicht gäbe**

0 ---------------- 1 ------------- 2 ------------- 3 ------------- 4 ------------- 5 ------------ 6
stimmt   stimmt   stimmt   stimmt   stimmt   stimmt   stimmt
überhaupt   nicht   weniger   etwas   mehr   auf jeden
nicht   Fall

2.) Themenbereich Diskriminierung:
Leider ist es in unserer Gesellschaft häufig so, dass Menschen mit Be-
hinderungen (wie ihr Sohn, Ihre Tochter) als Menschen zweiter Klasse
abgestempelt und von sogenannten „Normalen" diskriminiert werden.

2.1 Haben bestehende Vorurteile in der Gesellschaft Menschen mit Behinderun-
gen gegenüber und Erlebnisse von Diskriminierung und Gewalt, wie im
Zeitungsartikel beschrieben und wie evtl. auch schon selbst erlebt, auch
Folgen/Auswirkungen/ Konsequenzen auf/ für Ihr konkretes Verhalten?

2.2 Wie verhalten sich Mitmenschen gegenüber Ihnen (1) **aufgrund der Behin-**
derung Ihres Kindes und gegenüber ihrem Kind (2) - beim Einkaufen, im
Urlaub, auf Festen, ...?
(Verwandte, Freunde, Nachbarn, Öffentlichkeit)

- Stellen Sie bei dem Verhalten Ihrem Kind gegenüber einen Unterschied fest, je nachdem ob die Mitmenschen über die Behinderung Ihres Kindes **informiert** sind, oder
nicht? **Wenn ja**, wie zeigt sich dieser Unterschied?

- Wie **begründen Sie** das Verhalten, welches ihrem Kind und Ihnen selbst entgegengebracht wird?

- Welche der folgenden **Reaktionen** gegenüber Ihrem Kind haben Sie oder Ihr Kind
schon erlebt? (abgestufte Urteile! dies wird den Eltern an dieser Stelle **als 2. Kurz-**
fragebogen vorgelegt. Es dient auch der Rhythmisierung! Folgende Seiten!)

Bitte kreuzen Sie an und bewerten sie die von Ihnen erlebten Reaktionen bis hin zu Dis-
kriminierungen wie folgt:

0 ----------- 1 --------------- 2 ------------- 3 ------------- 4 ------------ 5 -------------- 6

Eine solche Skalierung mit Abstufungen wird den Eltern als große Kopie vorgelegt!

2.3 Was können allgemein nichtbehinderte – und behinderte Menschen,
sowie Sie als Eltern eines behinderten Kindes (und auch Ihr Kind) **tun**, um
Vorurteile, Spannungen und Diskriminierung bis hin zu Gewalt zwischen nichtbehinderten Menschen und Menschen mit einer sichtbaren Einschränkung der Bewegung (Körperbehinderung) **zu vermeiden, zu**
reduzieren, zu verändern oder zum Positiven hin zu wenden?

2.4 Wie belastend erleben Sie die Behinderung ihrer Tochter/ ihres Sohnes
(psychisch und körperlich)?

2.5 Wie gehen Sie allgemein mit der Behinderung ihres Kindes um?

Bitte kreuzen Sie an und bewerten sie <u>die von Ihnen erlebten Reaktionen bis hin zu Dis-kriminierungen</u> wie folgt:

0 -------------- 1 ----------------- 2 --------------- 3 ------------- 4 ------------- 5 -------------- 6

| Als sehr positiv empfunden | Als positiv empfunden | Als ange- nehm empfunden | Als normal empfunden | Als nicht angebracht empfunden | Als negativ empfunden | Als sehr verletzend empfunden |

☐ Anstarren   0 ------ 1 ------ 2 ------ 3 ------ 4 ------ 5 ------ 6

☐ Witze auf Kosten Behinderter   0 ------ 1 ------ 2 ------ 3 ------ 4 ------ 5 ------ 6

☐ Spott/ Hänselei   0 ------ 1 ------ 2 ------ 3 ------ 4 ------ 5 ------ 6

☐ konkrete Hilfestellungen   0 ------ 1 ------ 2 ------ 3 ------ 4 ------ 5 ------ 6

☐ diskriminierende Äußerungen   0 ------ 1 ------ 2 ------ 3 ------ 4 ------ 5 ------ 6

☐ gezeigtes Interesse   0 ------ 1 ------ 2 ------ 3 ------ 4 ------ 5 ------ 6

☐ Aggression (körperliche Gewalt)   0 ------ 1 ------ 2 ------ 3 ------ 4 ------ 5 ------ 6

☐ Ignoriert werden   0 ------ 1 ------ 2 ------ 3 ------ 4 ------ 5 ------ 6

☐ Ignorieren hilfesuchender
    Behinderter   0 ------ 1 ------ 2 ------ 3 ------ 4 ------ 5 ------ 6

☐ Zulächeln   0 ------ 1 ------ 2 ------ 3 ------ 4 ------ 5 ------ 6

☐ Ermunterung   0 ------ 1 ------ 2 ------ 3 ------ 4 ------ 5 ------ 6

☐ Äußerung von Mitleid   0 ------ 1 ------ 2 ------ 3 ------ 4 ------ 5 ------ 6

☐ Aufgedrängte Hilfe   0 ------ 1 ------ 2 ------ 3 ------ 4 ------ 5 ------ 6

☐ Freundliches Verhalten   0 ------ 1 ------ 2 ------ 3 ------ 4 ------ 5 ------ 6

☐ Zusprechen von Mut   0 ------ 1 ------ 2 ------ 3 ------ 4 ------ 5 ------ 6

☐ Anbieten von Hilfe   0 ------ 1 ------ 2 ------ 3 ------ 4 ------ 5 ------ 6

☐ Faszination   0 ------ 1 ------ 2 ------ 3 ------ 4 ------ 5 ------ 6

☐ Anschauen   0 ------ 1 ------ 2 ------ 3 ------ 4 ------ 5 ------ 6

☐ Erschrecken   0 ------ 1 ------ 2 ------ 3 ------ 4 ------ 5 ------ 6

Bitte kreuzen Sie an und bewerten sie <u>die von Ihnen erlebten Reaktionen bis hin zu Diskriminierungen:</u>

☐ Taktlosigkeit   0 ------ 1 ------ 2 ------ 3 ------ 4 ------ 5 ------ 6

☐ Neugierde   0 ------ 1 ------ 2 ------ 3 ------ 4 ------ 5 ------ 6

☐ Zurückhaltung   0 ------ 1 ------ 2 ------ 3 ------ 4 ------ 5 ------ 6

☐ Ängstlichkeit   0 ------ 1 ------ 2 ------ 3 ------ 4 ------ 5 ------ 6

☐ Verunsicherung   0 ------ 1 ------ 2 ------ 3 ------ 4 ------ 5 ------ 6

☐ deutliche Zurückweisung   0 ------ 1 ------ 2 ------ 3 ------ 4 ------ 5 ------ 6

☐ Beschimpfungen   0 ------ 1 ------ 2 ------ 3 ------ 4 ------ 5 ------ 6

☐ Schuldzuweisung   0 ------ 1 ------ 2 ------ 3 ------ 4 ------ 5 ------ 6

☐ Aktive Übergriffe   0 ------ 1 ------ 2 ------ 3 ------ 4 ------ 5 ------ 6

☐ Wissbegierde; Fragen zur
    Behinderung gestellt bekommen   0 ------ 1 ------ 2 ------ 3 ------ 4 ------ 5 ------ 6

☐ Isolation   0 ------ 1 ------ 2 ------ 3 ------ 4 ------ 5 ------ 6

☐ Gemieden werden   0 ------ 1 ------ 2 ------ 3 ------ 4 ------ 5 ------ 6

☐ Bedroht werden   0 ------ 1 ------ 2 ------ 3 ------ 4 ------ 5 ------ 6

Wenn Sie das nun noch einmal Revue passieren lassen:

➔ Wird die Art und Weise, wie nichtbehinderte Menschen mit ihrem Kind „umgehen", von ihnen als sehr positiv oder doch eher als verletzend empfunden?

➔ Haben Sie das Gefühl, dass Ihr Kind aufgrund seiner Behinderung von Gebieten des menschlichen Zusammenlebens ausgegrenzt ist?

➔ „Eine Familie mit einem behinderten Kind ist in der Gesellschaft weniger gut angesehen." Trifft das Ihrer Meinung nach zu?

3.) Fragen zu Ursachen von Diskrimination und Gewalt:

Und nun noch 2 Fragen, bei denen ich sie bitte spontan zu antworten und ihre Antworten auch zu bewerten! (Fragebögen auf folgenden Seiten)

3.1 **Hängt** Ihrer Meinung nach die **Reaktion** der Umwelt und die soziale Akzeptanz von folgenden Faktoren ab?

1. Art der Behinderung

2. Schwere der Behinderung

3. Körperliche Sichtbarkeit der Behinderung

4. Verhalten des behinderten Kindes

5. Alter des Menschen mit Behinderung

3.2 Was könnte ihrer Meinung nach die **Ursache** für zwischenmenschliche Schwierigkeiten bis hin zu Gewalt zwischen Menschen mit Behinderungen und Menschen ohne Behinderungen sein?

1. Vorurteile der Gesellschaft

2. Mangelnde Kenntnis über behinderte Menschen

3. Mangelnder Umgang/ Kontakt mit Menschen mit Behinderungen

4. Verhalten des Menschen mit Behinderung

5. Neid auf bevorzugte Behandlung Behinderter, zB. Behindertenparkplätze

6. Sichtbarkeit von Behinderungen

7. Fallen Ihnen zudem noch weitere Ursachen ein?

Hängt Ihrer Meinung nach die Reaktion der Umwelt behinderten Menschen gegenüber und die soziale Akzeptanz von folgenden Faktoren ab?

1. **Art der Behinderung,**

0 ---------------- 1 ------------- 2 ------------- 3 ------------- 4 ------------- 5 ------------ 6

stimmt   stimmt   stimmt   stimmt   stimmt   stimmt   stimmt
überhaupt   nicht   weniger   etwas   mehr   auf jeden
nicht   Fall

2. **Schwere der Behinderung**

0 ---------------- 1 ------------- 2 ------------- 3 ------------- 4 ------------- 5 ------------ 6

stimmt überhaupt nicht / stimmt nicht / stimmt weniger / stimmt etwas / stimmt mehr / stimmt / stimmt auf jeden Fall

3. **Körperliche Sichtbarkeit der Behinderung**

0 ---------------- 1 ------------- 2 ------------- 3 ------------- 4 ------------- 5 ------------ 6

stimmt überhaupt nicht / stimmt nicht / stimmt weniger / stimmt etwas / stimmt mehr / stimmt / stimmt auf jeden Fall

4. **Verhalten des behinderten Kindes**

0 ---------------- 1 ------------- 2 ------------- 3 ------------- 4 ------------- 5 ------------ 6

stimmt überhaupt nicht / stimmt nicht / stimmt weniger / stimmt etwas / stimmt mehr / stimmt / stimmt auf jeden Fall

5. **Alter des Menschen mit Behinderung**

0 ---------------- 1 ------------- 2 ------------- 3 ------------- 4 ------------- 5 ------------ 6

stimmt überhaupt nicht / stimmt nicht / stimmt weniger / stimmt etwas / stimmt mehr / stimmt / stimmt auf jeden Fall

Was könnte ihrer Meinung nach die Ursache für zwischenmenschliche Schwierigkeiten bis hin zu Gewalt zwischen Menschen mit Behinderungen und Menschen ohne Behinderungen sein?

1. **Vorurteile der Gesellschaft**

0 ---------------- 1 ------------ 2 ------------ 3 ------------ 4 ------------ 5 ------------ 6

stimmt	stimmt	stimmt	stimmt	stimmt	stimmt	stimmt
überhaupt	nicht	weniger	etwas	mehr		auf jeden
nicht						Fall

2. **mangelnde Kenntnisse über behinderte Menschen**

0 ---------------- 1 ------------ 2 ------------ 3 ------------ 4 ------------ 5 ------------ 6

stimmt	stimmt	stimmt	stimmt	stimmt	stimmt	stimmt
überhaupt	nicht	weniger	etwas	mehr		auf jeden
nicht						Fall

3. **mangelnder Umgang / Kontakt mit Menschen mit Behinderungen**

0 ---------------- 1 ------------ 2 ------------ 3 ------------ 4 ------------ 5 ------------ 6

stimmt	stimmt	stimmt	stimmt	stimmt	stimmt	stimmt
überhaupt	nicht	weniger	etwas	mehr		auf jeden
nicht						Fall

4. **Verhalten des Menschen mit Behinderungen**

0 ---------------- 1 ------------ 2 ------------ 3 ------------ 4 ------------ 5 ------------ 6

stimmt	stimmt	stimmt	stimmt	stimmt	stimmt	stimmt
überhaupt	nicht	weniger	etwas	mehr		auf jeden
nicht						Fall

5. **Neid auf bevorzugte Behandlung Behinderter, z.B.   Behindertenparkplätze, ...**

0 ---------------- 1 ------------ 2 ------------ 3 ------------ 4 ------------ 5 ------------ 6

stimmt	stimmt	stimmt	stimmt	stimmt	stimmt	stimmt
überhaupt	nicht	weniger	etwas	mehr		auf jeden
nicht						Fall

6. **Sichtbarkeit von Behinderungen**

0 ---------------- 1 ------------ 2 ------------ 3 ------------ 4 ------------ 5 ------------ 6

stimmt	stimmt	stimmt	stimmt	stimmt	stimmt	stimmt
überhaupt	nicht	weniger	etwas	mehr		auf jeden
nicht						Fall

7. **Fallen Ihnen zudem noch weitere Ursachen ein?**

_____

_____

D) Nach dem Gespräch: „Bewertung des Gesprächs durch den Befragten" in Form eines Fragebogens! (Quantitativ!)

Zum Abschluss nehmen Sie sich bitte noch zwei Minuten zur Beantwortung folgender Fragen zur Bewertung unseres Gesprächs:

Beachten Sie dabei:

> **1 = völlige Zustimmung**
> **bis**
> **5 = „trifft auf keinen Fall zu!"**

- Beispiel: 1 – 2 – 3 – 4 – 5

- Haben Sie frei über Probleme reden können ?   1 – 2 – 3 – 4 – 5

- Fühlten Sie sich vom Interviewer

       angehört   1 – 2 – 3 – 4 – 5
       angenommen   1 – 2 – 3 – 4 – 5
       verstanden   1 – 2 – 3 – 4 – 5

- Empfanden Sie die Gesprächsatmosphäre als angenehm und persönlich?   1 – 2 – 3 – 4 – 5

- Waren einige „Fragen" für Sie

       schwer zu beantworten   1 – 2 – 3 – 4 – 5
       Ihnen unangenehm   1 – 2 – 3 – 4 – 5

- Fiel Ihnen die Erinnerung an Vergangenes schwer?   1 – 2 – 3 – 4 – 5

- Empfanden Sie das Gespräch als

       lang   1 – 2 – 3 – 4 – 5
       anstrengend   1 – 2 – 3 – 4 – 5

- Hat Ihnen das Gespräch gut getan?   1 – 2 – 3 – 4 – 5

- War das Gespräch für Sie interessant?   1 – 2 – 3 – 4 – 5

- War das Gespräch für sie seelisch belastend?   1 – 2 – 3 – 4 – 5

- War das Gespräch anregend für weiteres Nachdenken und gemeinsame Gespräche mit

       Ihrem Kind   1 – 2 – 3 – 4 – 5
       Bekannten   1 – 2 – 3 – 4 – 5
       Freunden   1 – 2 – 3 – 4 – 5
       Verwandten   1 – 2 – 3 – 4 – 5

www.ingramcontent.com/pod-product-compliance
Lightning Source LLC
Chambersburg PA
CBHW022314280326
41932CB00010B/1097